W0404907

Mosaik
bei GOLDMANN

Buch

Zu wissen, wie man gut, interessant, verständlich und noch dazu korrekt schreibt, sollte eigentlich für jeden Journalisten eine Selbstverständlichkeit sein. Dass die Realität leider anders aussieht, belegt Wolf Schneider mit zahlreichen, oft unfreiwillig komischen Beispielen aus Presse und Rundfunk. Er beklagt das typische Politikerdeutsch ebenso wie den inflationären Gebrauch von Anglizismen oder falsch verwendete Satzzeichen. Zugleich gibt er allen, die mit Sprache zu tun haben, Rezepte an die Hand, wie sie solche Fehler vermeiden und es selbst besser machen können.

Autor

Wolf Schneider arbeitete mehrere Jahrzehnte lang als Journalist, Fernsehmoderator und Autor erfolgreicher Sachbücher und war zudem Leiter der Hamburger Journalistenschule.

WOLF
SCHNEIDER

Deutsch für Profis

Wege zu gutem Stil

Illustriert
von Luis Murschetz

Mosaik
bei GOLDMANN

Herausgeber der Originalausgabe:
Victor Schuller

Redaktion der Originalausgabe:
Hans-Joachim Maass

Dieser Band ist bereits als Goldmann-Taschenbuch
Nr. 11536 erschienen.

Umwelthinweis:
Alle bedruckten Materialien dieses Taschenbuches
sind chlorfrei und umweltschonend.

Überarbeitete Taschenbuchausgabe April 2001
Wilhelm Goldmann Verlag München
in der Verlagsgruppe Random House GmbH

Umschlaggestaltung: Design Team München
unter Verwendung eines Fotos
von Bavaria/Image Life
Satz: Uhl+Massopust, Aalen
Druck: GGP Media, Pößneck
Verlagsnummer: 16175
Kö · Herstellung: Max Widmaier
Made in Germany
ISBN 3-442-16175-4
www.goldmann-verlag.de

9 10 8

Inhalt

1. KAPITEL

Der Duden hat kapituliert

Es genügt nicht, keine Gedanken
zu haben; man muss auch unfähig sein,
sie auszudrücken.

Karl Kraus

Wer sich aus Funk und Presse informieren will, wird großenteils mit miserablem Deutsch bedient. Das *Fernsehen* bekommt dies wenigstens dann und wann zu hören: Die Fernsehnachrichten seien für die meisten Adressaten undurchschaubar und damit unsozial (Küchenhoff 1975). Nur 20 Prozent der Zuschauer könnten die Fernsehinformationen „einigermaßen verstehen" (Wember 1976). Das Fernsehen sei „die ärmliche Sprachschule der Nation" (Leonhardt 1980).

Doch gegen die *Zeitungen* richtet sich kaum Kritik, obwohl ihr Deutsch nicht weniger erbärmlich ist – die renommierten überregionalen eingeschlossen, denen dieses Buch die meisten seiner abschreckenden Beispiele entnimmt.

Und merkwürdig: In allen Redaktionen von Presse und Funk gibt es selbstverständlich Redakteure, die das genauso sehen; sie wissen, dass diese Agenturmeldung hätte umgeschrieben werden müssen und dass jener Korrespondent Schachtelsätze liebt, die doppelt so kompliziert sind wie die von Kleist, doch halb so gut. Nur tun die Redakteure nichts dagegen. Keine Zeit? Das wird ständig behauptet – und durch jede erfolgreiche Boulevardzeitung widerlegt. Auf den Willen kommt es an.

So habe ich mir mit diesem Buch dreierlei vorgenommen: dem guten Willen Mut zu machen, wo er im Ansatz da ist; die bequemsten Wege zu besserem Deutsch (oder mindestens die am wenigsten unbequemen) darzulegen; schließlich die nachwachsende Journalisten-Generation auf diese Aufgabe einzustimmen. Ein Quantum Systematik scheint mir dazu der beste Weg: Übersicht, handfeste Beispiele und, wo immer möglich, praktische Rezepte.

Systematisch bin zunächst ich selber vorgegangen: Ich habe nicht den Ehrgeiz, meine eigenen höheren Einsichten unter die Kollegen zu bringen, sondern ich habe mich vollgesogen mit allen umlaufenden Ratschlägen über gutes und verständliches Deutsch – nicht gerade bei den alten Germanen beginnend, doch bei Lessing und Jean Paul (und ohne Scheu vor Homer); endend mit dem Studium aller Sprachfibeln und Schwarzen Listen, die mir aus deutschen Redaktionen bekannt geworden sind. Dann habe ich diese Ratschläge verglichen und mir diejenigen zu eigen gemacht, bei denen völlige oder annähernde Übereinstimmung herrscht; ergänzt um ein paar Erfahrungen aus fünfunddreißig Jahren Journalismus und ebenso langem leidenschaftlichem Interesse am Thema „Sprache".

Die Ratschläge zur Erhöhung (neudeutsch: „Optimierung") der *Verständlichkeit* nehmen dabei den breitesten Raum ein: Sie ist ja für Zeitungsleser und Radiohörer das Kernproblem – jener Kollegen wegen, die es nicht verwinden können, dass sie die elitäre Sprache nicht verwenden sollen, die sie doch beherrschen; vor allem aber, weil in den meisten Redaktionen viel länger über den korrekten Konjunktiv gestritten wird als über die Frage, wie man Wortsümpfe trockenlegen und aus Satzgerümpel schlanke Sätze formen kann.

Nichts gegen den korrekten Konjunktiv! Auch er wird hier behandelt, mit Liebe. Nur scheinen mir die Grundregeln der Verständlichkeit fast noch wichtiger zu sein. Mindestens sind sie weniger bekannt: Unsere überbordende linguistische Literatur ist auf diesem Feld erschreckend dürftig, und auf der Schule haben wir alle das genaue Gegenteil gelernt: schwierige Texte so oft und so gründlich zu lesen, bis wir sie verstanden hatten.

Eine schöne Übung! Nur nicht für Hörer und Leser. Sie haben nämlich keine Zeit oder keine Lust zu solcher Analyse. Sie wollen *mühelos* verstehen, und sie haben Recht. Journalisten betreiben ein Service-Unternehmen; der Service, den wir zu bieten haben und von dem wir leben, heißt: Information, interessant und leicht verständlich dargeboten. Nur öffentlichrechtliche Rundfunkanstalten und saturierte Abonnementszeitungen können es sich leisten, ihren Benutzern auf weiten Strecken diesen Service zu verweigern. Sie *können* es sich leisten, doch sie sollten es nicht.

Oder wäre es unter der Würde des anspruchsvollen Journalisten, so „leserorientiert" zu schreiben, wie dies in den großen Publikumszeitschriften und, wiewohl auf anderem Niveau, in der Boulevardpresse üblich ist? Nicht unter seiner Würde fand es Jean Paul: „In der Tat kann der Leser nicht weich genug gehalten werden, und wir müssen ihn, sobald die Sache nicht einbüßt, auf den Händen tragen mit unsern Schreibfingern." Nicht unter seiner Würde fand es Schiller: „Es wäre kein geringer Gewinn für die Wahrheit, wenn die besseren Schriftsteller sich herablassen würden, den schlechten die Kunstgriffe abzusehen, durch die sie sich eine Leserschaft erwerben, und zum Vorteil der guten Sache davon Gebrauch machten."

Die gute Sache: für Journalisten ist dies, den Bürger zu informieren und den Mächtigen auf die Finger zu sehen. Die Mehrzahl der in Deutschland gedruckten und gesendeten Informationen erfüllt diesen Auftrag nicht. Millionen Bürger werden durch den Hochmut oder die Gleichgültigkeit einiger tausend Journalisten vom Gros jener Informationen *abgeschnitten*, die sie wahrlich brauchen könnten, um ein aufgeklärter Volkssouverän zu sein. Es besteht ein groteskes Missverhältnis zwischen der Flut der auf uns eindringenden Informationen mit ihrer Bedeutung für die Wählerschaft – und dem beschämenden handwerklichen Standard, in dem sie überwiegend dargeboten werden.

Nicht nur verständlich, sondern auch korrekt und elegant zu schreiben, besteht heute mehr Anlass als noch vor zwanzig Jahren: Das pausenlose Wortgeriesel aus immer mehr und immer aggressiveren Massenmedien stumpft uns ab; die Politiker stopfen uns geblähte Floskeln, die Bürokraten einen Salat von Substantiven in die Ohren; der Teenager-Jargon macht sich in der Gemeinsprache mausig wie noch nie; und der Duden hat kapituliert vor der öden Mode der nur noch „deskriptiven" Linguistik: In seinem sechsbändigen Großen Wörterbuch der deutschen Sprache (erschienen 1976 bis 1981) verzichtet er darauf, Normen zu setzen, gut und schlecht zu unterscheiden – er registriert nur noch.

Zu seinen Quellen zählt der Duden beispielsweise den *Spiegel*, der – wie viel Ehre ihm auf anderen Feldern auch gebühren mag – mit seinen Manierismen seit Jahrzehnten der oberste Verhunzer der deutschen Sprache ist. Was ein *Spiegel*-Redakteur sich aus den Fingern saugt, kann unser Sprachgefühl gar nicht so beleidigen, als dass der Duden es nicht getreulich und kommentarlos wiedergäbe. Während beim Skispringen immer noch Kampfrichter über die korrekte Haltung wachen (und durchaus nicht immer den zum Sieger erklären, der am weitesten gesprungen ist), hat die Duden-Redaktion ohne Not ihr Richteramt gegen eine Registratur vertauscht.

Nicht, dass der Duden immer Recht gehabt hätte. Jeder, der Normen setzt, unterliegt der Kritik. Nur sollte man daraus nicht folgern, dass alle Normen abzuschaffen wären. In der Tat gibt es Normen in den meisten deutschen Redaktionen, gesetzt von Sprachpäpsten und Barrikaden-Kämpfern für grammatische Finessen. Mit ihnen fühlt der Verfasser sich verbündet – was nicht heißen muss, dass wir in allen Punkten gleicher Meinung wären. Uns verbindet die Gesinnung, die dem Duden abhanden gekommen ist: Die Sprache ist ein zu kostbares Medium, als dass wir sie der Trägheit oder der Frechheit fahrlässiger oder mutwilliger Verstümmler überlassen sollten.

Aufgabe ungelöst

Die Sprache der Medien ist zugleich ungenau und schwierig. Damit wird sie ihrer Aufgabe, Wirklichkeit zu vermitteln, nicht gerecht. Die Welt wird ohnehin undurchschaubarer, zugleich wächst der Anteil an der Bevölkerung, der diese Welt verstehen und die großen Entscheidungen mitverantworten soll. Die Aufgabe des Journalismus heißt also: eine immer kompliziertere Welt noch weit verständlicher darstellen, als das früher nötig war. Diese Aufgabe ist noch nicht gelöst.

Eike Christian Hirsch

Ausbildung unzureichend

Viele Kollegen machen sich vor, dass man zwar ein halbes Jahr lernen muss, um ein Schwein zu zerlegen, oder drei Jahre, um einen Anzug nähen zu können, dass aber jeder schreiben kann, sobald er etwas erregt ist.

E. A. Rauter, „Vom Umgang mit Wörtern"

2. KAPITEL

Die Sprache ist ein dubioses Handwerkszeug

Zehntausende von Jahren sind vergangen,
seit wir keine Schwänze mehr haben,
aber wir bedienen uns immer noch eines
Kommunikationsmittels, das für die
Bedürfnisse des auf Bäumen hausenden
Menschen entwickelt wurde.

Ogden/Richards:
The Meaning of Meaning (1923)

Damit fängt das Elend an: Einem offenbar unausrottbaren Vorurteil entgegen benutzen wir die Sprache *nicht* primär zu dem Zweck, Informationen auszutauschen. Wer seinen Mitmenschen lauscht, wird kaum der Schätzung widersprechen: Zu wenigstens 90 Prozent besteht der tägliche Wortausstoß der Menschheit aus informationsfreiem Geplauder und leerem Geschwätz, aus Gebet und magischem Gemurmel.

Wenn Information unsere oberste Absicht wäre – würden wir es zulassen, dass einer, der Bücher *macht*, indem er sie schreibt, setzt, druckt oder bindet, nicht *Buchmacher* heißen darf, weil Buchmacher einer heißen soll, der Wetten auf Pferde entgegennimmt? Würden wir nicht wenigstens den Zustand ändern, dass wir mit Wörtern hantieren, die zugleich ihr eigenes Gegenteil bedeuten?

Nicht nur im Lateinischen gibt es solche Wörter: *altus* heißt hoch und tief. Nicht nur im Französischen, wo *personne* jemand und niemand bedeutet; immer mehr aber „niemand", „personne" heißt ja „Person", also vor allem „keine Person" – alles klar?

Nein, wir sind nicht besser. Mit *alle* meinen wir erstens „alle" und zweitens „keine“: Die Äpfel sind alle da – die Äpfel sind alle. *Untiefe* ist erstens eine seichte Stelle und zweitens eine besonders tiefe: Die meisten Wörterbücher haben anerkannt, dass „Untiefe“ sich psychologisch an „Unmenge“ und „Unmasse“ anlehnt und folglich von Laien meist anders als von Seefahrern verstanden wird. *Erst* bedeutet erstens „zuerst“ und zweitens „zuletzt“: „Nein, *erst* ist Fritz dran, dann *erst* bis du an der Reihe.“

Spricht da jemand noch von Logik? Die Sprache ist nicht aus Logik geboren, sie ist nicht logisch aufgebaut, nur zäh gibt sie sich zu logischen Prozeduren her, und wer sich ihr allein mit der Logik nähert, kann sie nicht zum Blühen bringen.

Willkür und historische Zufälle spritzen uns nur so entgegen, wo immer wir die Sprache anstechen. Der Tomatensaft ist aus Tomaten, der Hustensaft ist nicht aus Husten. Im Kinderbett liegt meistens nur *ein* Kind; im Kindbett darf es nicht liegen, denn in dem liegt die Mutter; die liegt überdies im Wochenbett. Der Schoßhund sitzt auf dem Schoß, aber der Schäferhund nicht auf dem Schäfer. Die Feuerwehr bekämpft das Feuer, die Bundeswehr hoffentlich nicht den Bund.

Eine Arbeitspause ist eine Pause zum Nichtarbeiten, eine Atempause jedoch keineswegs eine Pause zum Nichtatmen, sondern zum Atmen – ist nun eine Denkpause eine Pause zum Denken oder zum Nichtdenken? Wer fragt auch nur den Minister, was von beidem er sich denkt, wenn er von einer notwendigen Denkpause spricht? Denkt er sich überhaupt etwas oder will er uns einnebeln mit berufsspezifischem Geschwätz?

Noch schlimmer: Übertreibungen stecken nicht erst in den Superlativen, mit denen so viele Journalisten Missbrauch treiben (mehr darüber in Kap. 7) – sie sind in die Sprache eingebaut. Unsere steinzeitlichen Ahnen haben, das liegt ja nahe, immer zuerst den Extremzustand und nicht den Normalzustand benannt, das Lachen und das Weinen, die Hitze und die Kälte; das Normale, das Laue, die Mittellage haben selten ein Wort auf sich gezogen. Manchmal ist die Übertreibung nachweisbar: *vorurteilslos* nennen sollte sich natürlich niemand, höchstens „vorurteilsarm“. Wären wir gewohnt, uns logisch und umsichtig auszudrücken, müssten wir sagen: „Versuchen wir, an dieses Problem mit weniger Vorurteilen als den branchenüblichen heranzugehen." Und wer wäre je „ohne Selbst" gewesen? Wieso lassen wir dann das Wort „selbstlos" zu?

Dies ist kein Plädoyer dafür, vor lauter Vorsicht und Umsicht ins Stammeln zu geraten oder jedem Satz eine Fußnote nachzuschicken. Es ist der Versuch, gegen das populäre Vorurteil anzugehen, dass der Sprache Logik und Klarheit innewohnten und wir nur treuherzig Nutzen daraus ziehen müssten – also ein Plädoyer für ein grundsätzliches Misstrauen. Aus ihm folgen gewiss hie und da eine Wortwahl oder eine Formulierung, mit der wir die Tücken der Sprache überlisten oder die eingebaute Übertreibung dämpfen können.

Falsch wäre die Annahme, es fände auf wundersame Weise eine Entwicklung zu mehr Logik in der Sprache statt. Das Gegenteil ist richtig: Der politische, soziologische und bürokratische Schwulst und seine millionenfache Verbreitung auf den Mattscheiben der Nation verschlimmern das Übel.

Dazu kommt, dass Wortbedeutungen sich im Zeitalter der Massenmedien schneller verschieben als früher: *Drogen*, das waren noch vor zwanzig Jahren Natron und Kamillentee, zu haben in der Drogerie. Heute ist die Droge ein Rauschgift – während die Drogerie erfreulicherweise immer noch mit Natron handelt. Viele alte Menschen indessen haben die Bedeutungsverschlechterung nicht mitvollzogen. Da sie zu unseren Lesern zählen, ebenso wie die Drogisten – in welchem Sinn sollen wir „Droge" verwenden?

So sieht es aus mit unserem Handwerkszeug. Zum Weinen wird die Ballade, wenn wir lesen müssen, welche Verzerrungen viele Zeitgenossen hinterlistig hinzufügen.

3. KAPITEL

Politiker hauen uns übers Ohr

Der Begriff „Innere Führung"
ist glücklicherweise so unpräzise definiert,
dass er extensiv ausgelegt werden kann.

Bundesverteidigungsminister Apel
(laut *Frankfurter Rundschau* vom 4. 8. 1979)

Ein Glück ist es also, dass viele Wörter schwimmen. Man mag das, man hilft vielleicht ein bisschen nach. Man möchte weder festgelegt noch zu genau verstanden werden. Die Sprache, der die Information nur abgetrotzt oder abgelistet werden kann – zur Desinformation eignet sie sich ganz vorzüglich.

Desinformation findet statt: grob in der Form der Lüge, feiner gesponnen in der Form der Manipulation. Politiker lügen, Politiker und Pressechefs manipulieren.

Leider machen viele Leute es den Lügnern und Manipulatoren leicht: Dass sie uns nicht oder wenigstens nicht zu genau informieren wollen, trifft sich mit dem Wunsch vieler Menschen, dass sie nicht informiert *werden* wollen – manche über vieles nicht und vermutlich alle über manches nicht. Wir gehen nicht zum Arzt, weil er uns Aufschluss über eine Krankheit geben könnte, die wir bis dahin nur befürchtet haben. Wir sperren uns gegen Informationen, die unser Weltbild, unsere Lieblingsvorurteile, unser Selbstwertgefühl, unsere Hoffnungen ankratzen oder zerstören könnten.

> Dem Menschen (ist) die Stabilität eines auf welche Art immer zu Stande gekommenen Weltbildes so wichtig, dass er für sie allerlei Kräfte mobilisiert. Neue Informationen, die mit dem einmal gewonnenen Urteil oder Bild in Widerspruch stehen, stören dessen Eindeutigkeit und Sicherheit und werden darum instinktiv abgewehrt. Selbst wo solche Informationen – etwa aufgrund von Augenschein – unwiderlegbar sind, versucht man sie als Ausnahme zu werten, nur damit das ursprüngliche Vorurteil beibehalten werden kann. So ordnet ein von Rassendünkel erfüllter Weißer die seinem Negerbild widersprechende Erscheinung eines sauberen und intelligenten Negers als Ausnahme ein, nur um sein Stereotyp vom schmutzigen und dummen Neger zu retten.
>
> Eugen Lemberg, „Ideologie und Gesellschaft", 1971

Das ist der Boden, auf den die Lügen fallen. Fast pausenlos fallen sie bei Diktatoren: Wer den Klassenfeind abwehren wolle, schrieb Lenin 1920, müsse bereit sein „zu allen erdenklichen Listen, Kniffen, illegalen Methoden, zur Verschleierung, Verheimlichung der Wahrheit".

Demokratische Politiker lügen vermutlich seltener, doch nicht etwa selten. Ahnten oder wussten nicht die meisten Bundesbürger, dass Konrad Adenauer mit List und Lüge operierte, und schadete das etwa seiner Popularität? Als er von einem Auslandskorrespondenten zu später Stunde um ein Interview gebeten wurde, sprach er den königlichen Satz: „Sie kriejen dat Interview, aber ich jebe et Ihnen fünnefzich Prozent jelogen, dann verdienen Sie noch wat am Dementi."

Man nimmt es einem erfolgreichen Politiker nicht übel, wenn er sich zur Lüge bekennt. Wenn einer Außenminister ist, hat er ein höheres Ziel als die Wahrheit – das verlangen wir von ihm: Er hat die Interessen seines Landes zu wahren. Wenn einer Parteivorsitzender ist, hat er meistens ebenfalls ein höheres Ziel als die Wahrheit, nämlich die Interessen seiner Partei zu vertreten. Das ist legitim. Wenn einer nun gar beides ist – in welchem Kurs soll bei ihm die Wahrheit stehen?

Es sprach Egon Bahr vor dem Deutschen Bundestag: „Die Mehrheiten waren nicht so, dass sie es zugelassen hätten, die

Wahrheit zu sagen." (24. 1. 1973) Es predigte Hans Apel beim Evangelischen Kirchentag von 1975: „Ich sage nicht immer die Wahrheit." Es schrieb Rudolf Augstein über Herbert Wehner:

> Der gute Zweck heiligte bei diesem charakterstarken Mann von Jugend an das Mittel der üblichen Täuschung – wie auch, wenn sich das machen ließ, der bohrenden Wahrheit; einen qualitativen Unterschied gibt es da nicht... Zum guten Ton kommunistischer Regime gehört es seit je, über „Provokation" zu zetern, wo auch nur ein Zipfel Wahrheit sichtbar wird. Diese Übung hat Herbert Wehner beibehalten. (*Spiegel*, 5/1978)

Gefährlicher als die Lüge, nämlich schwerer durchschaubar, ist die *Manipulation*, das Frisieren der Wörter, die Tarn- und Verwirrsprache der Wahlreden und Kommuniqués. Da wird beim Stillstand von „Null-Wachstum" gesprochen, von „Wahrung der Preisstabilität" bei einer Inflationsrate von sechs Prozent oder von einem „ausgeglichenen Bundeshaushalt" bei einer Neuverschuldung von 26 Milliarden. Da macht man eine Ware teurer nur zu dem Zweck, „das Preisgefüge zu entzerren" oder eine „Preisbereinigung auf der Verbraucherstufe" vorzunehmen. Da schreibt man „im Prinzip ja", wenn man nein meint, spricht von „freimütigen Diskussionen", wenn die Fetzen flogen, und „begrüßt" das, was man zähneknirschend nicht verhindern kann.

Die Gewalt, die man vom Zaun bricht, wird zur *Gegengewalt* stilisiert, die Revolution gegen kommunistische Diktatur und Ausbeutung soll *Konterrevolution* heißen, und die *friedliche Koexistenz* schließt selbstverständlich das Recht der vom Imperialismus unterdrückten Völker ein, „nationale Befreiungskriege" zu führen, außerdem jede Form der Aggression gegen den „Kapitalismus" mit Ausnahme des Atomkriegs.

Und die Journalisten durchschauen das alles, gehen keinem auf den Leim, entlarven die Lügner im Dienst an ihren Lesern? Selten. Viel öfter tun sie das Gegenteil. Das ist ein Trauerspiel.

Tarnung durch Bombast

Kürzlich hatte ich Gelegenheit, den folgenden Dialog zwischen (dem damaligen) Regierungssprecher Grünewald und seinem Sohn zu erfinden:

„Papa, unser Lehrer hat mir heute zu verstehen gegeben, dass er nicht ausschließen will, dass ich das Klassenziel unter den derzeit gegebenen Umständen möglicherweise nicht voll erreichen könnte. Er hat dabei angedeutet, dass dieses besonders im fremdsprachlichen Bereich auch durch einen Mangel an speziellen Maßnahmen meinerseits verstärkt worden sei. Außerdem hat er durchblicken lassen, auch andere Lehrer hätten ihm signalisiert, meine verbale Beteiligung sei noch außerordentlich ausbaufähig."

Der einigermaßen erschütterte Vater verlor schnell die sonst übliche Zurückhaltung. „Soll das heißen, dass du sitzen bleibst, weil du in Englisch und Latein nichts getan hast und dich insgesamt zu wenig am Unterricht beteiligst?"

„Diese Formulierung, Papa, ist sicher überspitzt. Ich würde meinen, dass die auf uns zukommenden Probleme auch durch eine sehr undifferenzierte Analyse meiner Zurückhaltung seitens der mich unterrichtenden Lehrer zu erklären ist. Natürlich übersehe ich dabei nicht, dass mir unreflektiertes Auswendiglernen von Wörtern einer fremden Sprache, die völlig beziehungslos nebeneinander stehen, nicht eben liegt."

„Du hast also zu wenig Vokabeln gelernt?"

„Ich bin der Auffassung, dass man mit dieser sehr pauschalen Fragestellung dem doch sehr komplizierten Problem kaum gerecht wird. Diese Ansicht wird übrigens von allen meinen Freunden geteilt. Wir sind auch der Meinung, dass die anstehende Problematik nicht durch unglaubwürdiges Moralisieren oder gar Drohen gelöst werden kann. Dagegen versprechen wir uns eine motivationsfördernde Wirkung von finanziellen Anreizen, die natürlich nur langsam greifen würden. Wir überschätzen die bildungspolitischen Auswirkungen solcher finanziellen Stimulanzien durchaus nicht, sehen zum gegenwärtigen Zeitpunkt aber keine praktikableren Möglichkeiten."

„Du möchtest also nicht nur deine Ruhe, sondern auch noch eine Erhöhung des Taschengeldes?"

Günter Lietzmann, *Süddeutsche Zeitung*, 1. 10. 1977

4. KAPITEL

Viele Journalisten hauen mit

Die Wortwahl
wird parteilich vorgenommen.

„Journalistisches Handbuch" der DDR

Die Opec-Konferenz in Genf droht zu scheitern." So las und hörte man es dutzendfach in den letzten Jahren. Moment: Wer oder was droht da? Droht uns das Ölkartell neue Preiserhöhungen an? Nein, das nicht. Aber das Ölkartell bringt keine Einigung darüber zustande, wie hoch es die Preise treiben, wie weit es uns das Fell diesmal über die Ohren ziehen soll. Hurra! Die Scheichs und Minister sind zerstritten. Wir können hoffen, dass ihre Konferenz scheitert. Nur lesen wir's anders: Sie *droht* zu scheitern. Welch ein Unsinn!

Hier liegt etwas Schlimmeres vor als die verbreitete Unfähigkeit, ein Kommuniqué zu demaskieren – hier werden Verwirrung und Parteilichkeit durch die Journalisten erst hineingetragen. Gedankenlos greifen sie nach der nächsten Vokabel und merken nicht, dass sie damit die Partei der Scheichs ergriffen haben. Niemand verlangt, dass sie *unsere* Partei ergreifen (obwohl ich es nicht übel fände, wenn unser aller Hoffnungen hie und da als Hoffnungen bezeichnet werden würden). Sie könnten schreiben: „... wird vermutlich scheitern". Aber dass sie, *wenn* sie Partei ergreifen, die andere Partei ergreifen, das ist zu viel.

Parteilich ist der Satz „Die Bonner Koalition droht zu zerbrechen" – da doch jeweils annähernd die Hälfte aller Bundesbürger eben darauf ihre Hoffnung setzt. Ebenso anfechtbar ist die Formulierung „In der Metallindustrie droht ein Streik": Wenn eine legitimierte Minderheit der Deutschen es auf einen Streik ankommen lässt oder ihn gar anstrebt, so kann sie zwar den Arbeitgebern mit ihm drohen – doch den Bundesbürgern droht damit noch lange nichts. Nur ein Übel kann uns drohen. Hatte es der Nachrichtenredakteur darauf angelegt, uns mitzuteilen, dass jeder Streik ein Übel sei? Schlimm, wenn er es wollte; wenn er jedoch zu wenig nachdenkt, als dass er merkte, was er sagt, so ist das auch kein Trost.

„An dem Warnstreik haben sich *knapp* 100 000 Arbeiter beteiligt." Soll hier eine Knappheit betont werden, ein Mangel – nicht mal 100 000? Also *„fast* 100 000 Arbeiter". Das wiederum hat leider den Beigeschmack von „so viel"! Das Werturteil ist nicht so deutlich wie der Vorwurf, der im Wörtchen „knapp" mitläuft, aber hörbar ist es doch. Der Gewerkschaftsfunktionär würde sich immer für „fast" oder „beinahe" entscheiden. Was tun? *Annähernd* heißt der Ausweg (falls *rund* 100 000 schon zu viel wäre). Das ist umständlicher als „fast" oder „knapp", Gott sei's geklagt – doch sauber ist es, und das hat den höheren Rang.

Gesündigt wird auch mit dem Wörtchen *nur*. *„Für* die Neutronenbombe sprachen sich nur 30 Prozent der Befragten aus." Ich soll das also wenig finden. Aber vielleicht finde ich es viel?

Drohen, knapp und nur – drei Beispiele, wie Journalisten durch fahrlässige Wortwahl manipulieren, statt das äußerste Gegenteil zu tun, nämlich die Manipulation anderer zu Gunsten der Leser aufzudecken. Ebenso bei den Waschzetteln der Wirtschaft, die oft mit erschreckender Kritiklosigkeit übernommen werden:

Seit 1978 propagiert die Krawattenindustrie den schmalen Schlips, wie er bis Mitte der sechziger Jahre üblich war. Das *Hamburger Abendblatt* (3. 7. 1978) stellte dies so dar, als seien die Hersteller seufzend auf „die Mode" eingeschwenkt; und nicht genug damit: Würden die Herren ihre fünfzehn Jahre alten Krawatten vorkramen, weil sie nun wieder modisch sind, so wäre das Geschäft verdorben; also *warnt* das Abendblatt vor solcher Selbstbedienung: Sie würde sich entlarven, „denn die Krawatte 79 glänzt durch exquisite Materialien".

Den Tiefpunkt der Gedankenlosigkeit, wenn nicht der Willfährigkeit, erreichen Journalisten dort – und leider mehrmals täglich dort –, wo Nachrichtenschreiber die typischen Lügen der Politiker ohne Not in den Stand der Wahrheit erheben.

Der Politiker, dessen Partei zerstritten ist, sagt: „Noch nie war meine Partei so geschlossen." Eine Notlüge. Man kann daraus nur die Meldung machen: Der Politiker X sagte, seine Partei sei noch nie so geschlossen gewesen. Was aber schreibt die Agentur ins lead? „*Nach Ansicht* des Politikers X war seine Partei noch nie so geschlossen" oder „X *ist überzeugt...*" Man glaubt, seine *Ansichten* zu kennen! Man kauft ihm sein Wahlreden-Geflunker als „Überzeugung" ab! Man führt sich so auf, als kenne man die geheimen Wünsche, Ansichten, Überzeugungen eines Politikers, eines Menschen also, der einen professionellen Umgang mit der frisierten Wahrheit oder der vollen Lüge hat.

Noch tückischer ist die Formulierung: „Reagan bekräftigte seine Entschlossenheit, möglichst bald Abrüstungsgespräche aufzunehmen." Hier wird unterstellt, dass eine Entschlossenheit vorliege, die der Präsident nur zu bekräftigen brauche. Darüber aber lässt sich streiten. Reagan sagte (wir dürfen nicht sagen: er *behauptete*, das enthielte den Argwohn, dass er lügt), Reagan *sagte*, er sei entschlossen. Da wir absolut nicht wissen, was die wahren Entschlossenheiten des Mr. Reagan sind, dürfen wir nicht behaupten, sie zu kennen, indem wir formulieren, dass er eine durch nichts bewiesene Entschlossenheit „bekräftige". Hier machen Journalisten sich fahrlässig zu Komplizen lügender Politiker.

Man kann natürlich einwenden, das sei zu fein gehäkelt; es bringe erstens sehr umständliche Formulierungen mit sich, und zweitens komme es doch beim Leser oder Hörer gar nicht so fein an, wie es hier gesponnen wird. Da ist was dran. Aber es bleibt die Gegenfrage: Sollen Journalisten der Gewöhnung Vorschub leisten, dass Leser und Hörer meinen, die Politiker sprächen die Wahrheit? Das könnte den Politikern so passen! Wir kennen ihre wahren Ansichten und Überzeugungen nicht. Was sie darüber *sagen*, ist ein überaus schlappes Indiz. Also nageln wir sie fest auf dem, was sie sagen, und versündigen wir uns nicht durch fahrlässige Formulierungen an dem journalistischen Auftrag, den Mächtigen auf die Finger zu sehen.

Manchmal sind es die Journalisten selbst, die einen Politiker in die Lüge treiben. Am 5. April 1974 wurde der damalige Bundesfinanzminister Helmut Schmidt von einem Hörfunkreporter gefragt: ob er Bundeskanzler werden wolle? Willy Brandt war noch im Amt, doch es häuften sich die Gerüchte, dass er zurücktreten werde, was 32 Tage später auch geschah. Was soll nun Willy Brandts Finanzminister auf diese Frage antworten? Dass er selbstverständlich seit Jahren auf den Tag lauere, an dem er endlich den Amtseid als Bundeskanzler ablegen kann?

Vermutlich wäre dies die Wahrheit gewesen. Nur hätte es der Parteiräson und allem bürgerlichen Anstand widersprochen, dies öffentlich zu äußern. Schmidt *musste* lügen. Und so versicherte er, weder jetzt noch in ferner Zukunft wolle er Bundeskanzler werden.

Wie aber lautete der erste Satz im Vorspann des *Hamburger Abendblatts* vom 6. April 1974? „Bundesfinanzminister Helmut Schmidt will weder jetzt noch in ferner Zukunft Bundeskanzler werden.“ Und dazu die Überschrift: „Schmidt will nicht Kanzler werden“. Das war gelogen, Kollegen! Selbstverständlich wollte er, und fünf Wochen später war er's auch.

Was macht man mit einer solchen Nachricht? Man bringt sie ziemlich klein, da sie ja als Notlüge durchschaubar ist. Und dann zitiert man korrekt: „Er sagte, er wolle...“ Journalisten sind nicht dazu da, die mutmaßlichen Lügen von Politikern durch fahrlässige Wortwahl zu Wahrheiten aufzuputzen. Der Kurzschluss von den Worten des Politikers auf seine Überzeugungen ist skandalös. Wir haben den Auftrag, dem Ansturm der professionellen Lügen mit Argwohn, Scharfblick und Stehvermögen entgegenzutreten.

Wie es anders geht

Bewusst verklausuliert, um einen offenbar erschreckenden Tatbestand für die Öffentlichkeit weitgehend im Nebel zu lassen, wurde am Mittwochnachmittag die Presse durch Regierungssprecher Bölling über Lebers Rücktrittsargument unterrichtet. Der „lange Satz", von Bölling mehrfach apostrophiert, liest sich so:

„Bundesminister Leber hat heute dem Kabinett vorgetragen, dass er die von ihm im Verlauf der Debatte über den Verteidigungshaushalt am 26. Januar 1978 vor dem Deutschen Bundestag abgegebene Erklärung, der Lauschmitteleinsatz des Militärischen Abschirmdienstes (MAD) in der Privatwohnung einer Mitarbeiterin sei der einzige dieser Art gewesen, nach seinem nunmehrigen tatsächlichen Kenntnisstand und aufgrund einer erneuten rechtlichen Beurteilung der Frage, ob unter bestimmten Umständen auch nicht zu Wohnzwecken dienende Räume im rechtlichen Sinne als Wohnung anzusehen seien, nicht aufrechterhalte."

Dieses Satz-Ungetüm hatte man im Kabinett zusammengebastelt, um den wahren Sachverhalt möglichst verdeckt zu halten und sich selbst nicht alle Rückzugsmöglichkeiten zu vermauern.

Frankfurter Rundschau, 3. 2. 1978

5. KAPITEL

Experten wollen uns für dumm verkaufen

Man hat den Deutschen vorgeworfen,
dass sie bloß für die Gelehrten schrieben;
ob nun dieses gleich ein höchst
gesuchter Vorwurf ist, so habe ich mich
doch danach gerichtet und überall
für den geringen Mann mitgesorgt.

Georg Christoph Lichtenberg

Neben der Desinformation mit klarem Vorsatz, von der das 3. Kapitel gehandelt hat, macht die Desinformation mit bedingtem Vorsatz uns zu schaffen: der Zunftjargon, das Behörden-Chinesisch, das griechisch-lateinisch-englische Kauderwelsch. Die Experten schwelgen in elitärer Unverständlichkeit – und die Journalisten? Allzu viele schwelgen mit.

Natürlich muss man den Fachsprachen zugute halten, dass es häufig schwierig ist, Fachthemen ohne Fachwörter darzubieten; oft noch mehr: Das Fachwort bringt dem, der es beherrscht, Erleichterung.

Im Idealfall, der in Berufssprachen – der Seeleute, Bergleute, Handwerker – durchaus erreicht werden kann, erfüllt die Fachsprache das, was der Ehrgeiz aller Sprachkünstler anstrebt: das Wesentliche mit dem richtigen Ausdruck zu erfassen. Das *Großgaffeltoppsegel* ist in der Tat schwerlich populär zu benennen, und die *Ausbeute*, die *Fundgrube*, der *Raubbau* aus der Sprache der Bergleute, das *Hetzen* aus der Jägersprache haben sogar die Gemeinsprache um schöne Metaphern bereichert.

Doch es ist nicht wahr, dass alle Fachwörter heilig und unübersetzbar wären. Der sachliche Vorzug, den sie häufig haben, verbindet sich allzu oft mit der Gedankenlosigkeit oder dem

Hochmut derer, die sie benutzen. Es lässt sich einfach nicht behaupten, dass alle die Seeleute und Ärzte, Soziologen und Physiker ein bisschen Respekt für die Sprache des Normalbürgers besäßen oder gar freudig entschlossen wären, sich erst an den Grenzen unerlässlichen Fachwissens auf das Fachwort zurückzuziehen.

Haben also die Jäger für den Schwanz des Hasen die niedliche Metapher „Blume" ersonnen. Solange sie sich unter ihresgleichen daran freuen, hat niemand was dagegen. Unsereinem aber sollten sie die „Blume" *übersetzen*. Und eben dies tun sie nicht. Mehr noch: Sie runzeln die Stirn und korrigieren uns, wenn wir mit ihnen normales Deutsch zu reden wagen. So wird die Expertensprache zum Zunftjargon – immer dann, wenn an der Wahl des abseitigen Wortes andere Gründe als die lauterste Zweckmäßigkeit beteiligt waren.

Wenn einer uns einen schlichten Kalender als „Datenortungsanlage mit Osterterminfrüherkennungsautomatik" verkaufen wollte, würden wir ihn durchschauen. Aber die Experten treiben es kaum weniger krass, und schon durchschauen wir sie nicht. Wenn ein Arzt auf die Frage, warum das Neugeborene zunächst nicht geatmet habe, antwortet: „Es war asphyktisch", so will er den Eindruck erwecken, er habe eine Erklärung gegeben; in Wahrheit hat er nur „atemlos" gesagt, was alle vorher wussten – jedoch auf Griechisch, mit dem Erfolg, dass er die bloße Benennung des Übels als diagnostische Weisheit verkaufen kann.

Die Nichtübersetzung aus einer Fremdsprache, obwohl es eine geringe Mühe wäre, das *deutsche* Wort zu wählen: das ist die häufigste Sünde der Experten. Der Soziolinguist Basil Bernstein warf 1964 die Unterscheidung zwischen dem *elaborated code* der Mittelklasse und dem *restricted code* der Unterschicht in die Debatte, womit er zumal in Deutschland Furore machte; was aber machten seine deutschen Kollegen aus dem *elaborated code*? „Elaborierter Kode"! Sie meinten „ausgeformter Sprachbesitz", aber sie sagten es nicht. (Aus *restricted code* wurde dementsprechend „restringierter Kode" – beschränkter Sprachbesitz.) Der amerikanische Präsident hält seine Rede zum

Amtsantritt, *his inaugural address*, und findet prompt deutsche Korrespondenten, die seine „Inauguraladresse" würdigen und sich offenbar dem Wahn hingeben, sie hätten „übersetzt".

Dass es anders geht, zeigt der Weg der *nonproliferation*. Washington und Moskau begannen 1965 über einen Vertrag zur Nichtweitergabe von Atomwaffen zu verhandeln. Dies war eine korrekte, aber für Zeitung und Fernsehen umständliche Beschreibung; ein Benennungsbedürfnis tauchte auf. *Proliferation* bedeutet Wucherung, hier war das Gegenteil einer wuchernden Ausbreitung, also die *nonproliferation* von Atomwaffen gemeint – ein schönes Bild, leider mit zwei Nachteilen: Der Mehrheit der Amerikaner konnte sich die Kraft der Metapher nicht erschließen, da sie das medizinische Fachwort nie zuvor vernommen hatten; und dass es sich um Atomwaffen handelte, kam in der Formel *nonproliferation treaty* gar nicht vor. Während die deutschen Korrespondenten sich anschickten, ihren Zeitungen und deren armen Lesern „die Nonproliferation" zuzumuten, obwohl sie für deutsche Ohren noch um einiges schlimmer klingt, hatte ein Journalist in Deutschland den Einfall, der vorbildlich war und sich sogar durchsetzte: *Atomsperrvertrag*.

Es stimmt eben nicht, dass der Fortschritt der Wissenschaften oder neue Entwicklungen in anderen Bereichen das antike Wort auf den Plan rufen müssten; es liegt nicht im Wesen griechischer oder neuerdings englischer Silben, dehnbarer zu sein als deutsche Silben. Auch auf deutsch lässt sich freilich mit Zunftvokabeln trefflich protzen: Man stößt ja auf Leute, die eigens Jura studiert zu haben scheinen, damit sie das schöne deutsche Wort „Vernehmung" zur *Einvernahme* entstellen können.

Die Experten und ihre Nachbeter grenzen sich auf diese Weise hochmütig von den Laien ab, sie erkennen einander am Zunftjargon und steigern ihr Lebensgefühl durch die berechtigte Hoffnung, die Mehrheit ihrer Mitbürger vom Verständnis auszuschließen. Falls sie eine Professur anstreben, *müssen* sie sich des Jargons bedienen, damit sie von den anderen Experten ernst genommen werden; zumal in Disziplinen wie der Linguistik oder der Soziologie, von denen ja wenig übrig bliebe, wenn man ihnen das Vokabular entzöge. Wer *massenmediale Phänomene* untersucht, teilt unüberhörbar mit, dass er Kommunikationswissenschaft studiert hat, und wer einen *relaunch abchecken* kann, darf sich der Gilde der Marktforscher zurechnen.

Was kann für Journalisten wichtiger sein, als die Experten unerbittlich auf klares Deutsch zurückzustutzen? Dass manche Blähung sich dabei in Nichts auflöste, manche scheinbar wichtige Erklärung aufhörte, eine Nachricht zu sein, wäre ein möglicher Grenzfall, den wir herzlich begrüßen sollten.

Aber ach: Allzu viele Journalisten putzen sich ihrerseits mit dem frisch erworbenen Fachjargon, auf dass die Experten sagen: „Sieh mal an, der kleine Mayer – nur Journalist und trotzdem ziemlich weit von der deutschen Sprache weggekommen!" Zum Lebensgefühl vieler Wirtschaftsjournalisten scheint es zu gehören, dass sie „verschlüsselte Informationen für die schmale Schicht der Wissenden" bieten, wie Glotz/Langenbucher in ihrem Standardwerk „Der missachtete Leser" schreiben: „Im Bestreben, ‚seriös' zu sein, schließt man den Normalbürger von der Kommunikation aus."

Andere Journalisten sind eingeschüchtert vom Imponiergehabe der Experten, sie wagen es nicht mehr, aus „öffentlichen Münzfernsprechern" *Telefonzellen* oder aus „justiziellen Verfahrensabläufen" *Prozesse* zu machen; sie haben kapituliert. „Aber wenn das doch so heißt!", sagen sie. Jawohl, so heißt es: „Telefonzelle" heißt es. Ein Journalist besitzt mehr Zuständigkeit für die deutsche Sprache als ein Dutzend Regierungsräte.

Halbautomatisches Schnellformuliersystem nach Philip Broughton

Wer eine Floskel sucht, mit der er seine Zuhörer oder Leser beeindrucken oder einschüchtern kann, der denke sich eine beliebige dreistellige Zahl und suche sich nach ihr aus der Tabelle die Elemente seiner Imponiervokabel zusammen; z. B. 759: „synchrone Fluktuationskontingenz".

0. konzentrierte	0. Führungs-	0. -struktur
1. integrierte	1. Organisations-	1. -flexibilität
2. permanente	2. Identifikations-	2. -ebene
3. systematisierte	3. Drittgenerations-	3.-tendenz
4. progressive	4. Koalitions-	4. -programmierung
5. funktionelle	5. Fluktuations-	5. -konzeption
6. orientierte	6. Übergangs-	6. -phase
7. synchrone	7. Wachstums-	7. -potenz
8. qualifizierte	8. Aktions-	8. -problematik
9. ambivalente	9. Interpretations-	9. -kontingenz

Zunftjargon

von rechts:

Innovation des Konsums durch Investition in marketinggerechte Verkaufsräume und Kosten senkende Arbeits- und Abrechnungsabläufe wird der Beitrag des Handels zur Konjunkturbelebung sein.

Dr. Karl Heinz Henksmeier, Präsident der EuroShop, Düsseldorf (*Die Welt*, 3. 4. 1981)

von links:

Wir sind eine Gruppe intellektueller Frauen, die individuell so verschieden und dennoch kollektiv einander so ähnlich sind, dass wir uns zusammengetan haben, wenn auch mit viel Willkür, Ablehnung und Leid. Wir sind vor allem nicht nur intellektuelle Frauen, sondern Intellektuelle, die einerseits die Lage der Frau reflektieren und analysieren und andererseits in gewissem Maße ihre persönliche und soziale Identität in den Beruf eingebracht und dort thematisiert haben. Ich frage mich nun, welche Auswirkungen dieses Zusammenfallen von Objekt und Subjekt nicht nur auf den Wissenserwerb hat, sondern auch auf die Erarbeitung einer weiblichen Identität auf sozialer und kultureller Ebene. In welchem Maße haben wir also dazu beigetragen, eine neue weibliche Identität als kulturell und gesellschaftlich normierte und legitimierte herauszubilden? Inwiefern ist die Ausarbeitung eines neuen Modells ein notwendiger Schritt, damit jede Frau ihre eigene persönliche Identität ausbilden, biografische Abschnitte legitimieren kann, die nicht in den traditionellen Modellen zu finden sind?

Die Tageszeitung (Berlin), 12. 8. 1981

in der Linguistik:

Die „kaleidoskopische Polemik“ (W. Lepenies) um das Verhältnis eines zwischen Methodologie und panstrukturalistischer Ideologie oszillierenden Strukturalismus zum Marxismus dominierte in den letzten Jahren die theoretische Szene in Frankreich und führte in den Arbeiten der Schule Althussers zu dem Versuch, über die Assimilierung der Ergebnisse der Linguistik, Kybernetik und einer ihrerseits von linguistischen Aporien her interpretierten Psychoanalyse gegenüber den humanistischen Marxismus-Interpretationen eine „szientifizierte“ Version marxistischer Theorie zu katalysieren.

Karl Steinbacher, „Sprache als Arbeit und als Markt“, 1972

6. KAPITEL

Was also sollten wir tun?

Wer aber nicht eine Million Leser erwartet,
sollte keine Zeile schreiben.

Goethe (zu Eckermann, 12. 5. 1825)

Die Sprache ein Chaos, die Lügner auf dem Plan, die Experten in Arroganz gebadet, viele Journalisten arglos gegenüber allen drei Übelständen – das ist die Basis, auf der wir Berufsschreiber die Verständigung darüber suchen müssen, wie wir mit der deutschen Sprache umgehen sollten.

„Die Sprache muss vom Leser verstanden werden, ohne Tricks, ohne Mätzchen. Das ist alles.“ So lapidar ist der Rat von Günter Dahl, einem *Stern*-Redakteur der ersten Stunde.

Ludwig Reiners stellt in seiner unverwüstlichen und nach wie vor empfehlenswerten „Stilfibel“ drei Generalregeln auf: „Schreibe, wie du sprichst! Schreibe verständlich! Schreibe knapp!“ Tendenziell ist das richtig, wiewohl mit zwei Einschränkungen: Das mündliche Deutsch hat seine eigenen Tücken, von denen Kap. 18 handelt; und allzu große Knappheit kann das Verständnis erschweren (Kap. 20).

An anderer Stelle rät Reiners, *treffend, lebendig, klar* und *knapp* zu schreiben – „alle anderen Stilregeln lassen sich aus diesen vier Forderungen ableiten“. Er meint, gute Schriftsteller lesen – nur über das schreiben, wovon man was versteht –, sich weiterbilden, statt sich auf seinen Lorbeeren auszuruhen.

Rudolf Walter Leonhardt fordert vom Fernseh-Deutsch, es habe *korrekt, konkret* und *spontan* zu sein. Das Spontane deckt sich überwiegend mit dem Mündlichen (Kap. 18). Als die fünf größten Feinde *konkreter* Sprache nennt Leonhardt:

1. Klischees (wenn „führende Vertreter Spitzengespräche führen"); hier Kap. 9 und 19.
2. Nichts sagende Phrasen, das sind aufgeblasene Klischees („Freiräume der Mitverantwortung").
3. Überflüssige Mitteilungen: „Der Deutsche Bauernverband hat sich gegen Subventionskürzungen in der Landwirtschaft gewandt" – diese Selbstverständlichkeit überhaupt zu verzeichnen, sei nicht Journalismus, sondern PR.
4. Kaschierte Verantwortlichkeiten („In Washington hieß es…")
5. Schwulst (Leonhardts Beispiel dafür steht hier auf Seite 65; mehr über Schwulst in Kap. 9)

Die Hamburger Psychologen Langer, Schulz und Tausch haben 1974 zur Optimierung der Verständlichkeit vier Standardregeln aufgestellt:

1. *Einfachheit:* kurze Sätze, geläufige Wörter, Anschaulichkeit.
2. *Gliederung – Ordnung:* folgerichtige und übersichtliche Texte, „alles kommt schön der Reihe nach".
3. *Kürze – Prägnanz:* gedrängt formulieren, „jedes Wort ist notwendig" (Vorsicht! Kap. 20 macht da erhebliche Einschränkungen).
4. Zusätzliche *Stimulanz:* direkte Rede, rhetorische Fragen „zum Mitdenken", lebensnahe Beispiele, Reizwörter, witzige Formulierungen, Menschen auftreten lassen.

Das lässt sich bejahen, erweitern, variieren. Es ließe sich auch sagen: Der gute Text besteht aus saftigem Fleisch mit einer appetitlichen Schale und einem harten Kern. Oder: Unsere Sprache sei *korrekt, verständlich, gut und interessant.* Versuchen wir's mit diesen vier.

Am hartnäckigsten wird gegen die Verständlichkeit gesündigt, obwohl sie sich fast so deutlich wie das korrekte Deutsch in Regeln fassen lässt; nur kennen überraschend wenige Journalisten diese Regeln. Wenn wir unterstellen, dass die meisten redlich informieren wollen, muss es uns wundern, wie leichtfertig viele dazu neigen, ihre Absicht schon für den Erfolg zu halten: Da ich den Leser oder Hörer unterrichten *will,* werde ich ihn wohl unterrichtet haben. Von wegen! „Tagesschau"-Hörer verstehen etwa 20 Prozent der angebotenen Texte (S. 9), Gebrauchsanweisungen und Steuerrichtlinien erreichen ihr Informationsziel zu 25 Prozent (Langer/Schulz/Tausch).

Korrektes Deutsch sollte unsere selbstverständliche Basis sein; dass es dennoch bei vielen Journalisten an manchem fehlt, ist bekannt; von einigen verbreiteten Mängeln handelt Kap. 30.

Doch ist Korrektheit viel zu wenig – sie schließt ja Schwerverständlichkeit und schlechten Stil so wenig aus wie Langeweile.

Gutes Deutsch ist immer zugleich korrektes Deutsch, außer vielleicht bei ein paar wüsten Genies. Doch umfasst es weit mehr als den tadellosen Umgang mit Grammatik, Rechtschreibung und Interpunktion. Gutes Deutsch ist darum noch nicht automatisch leicht verständlich: Kleist oder Thomas Mann beweisen es. Gutes Deutsch ist auch nicht immer interessant: Es kann im Grenzfall eine gewisse erhabene Langeweile abstrahlen wie bei Adalbert Stifter und Hugo von Hofmannsthal, wie in Goethes Altersprosa oder in den Glückwunschtelegrammen des jeweiligen Bundespräsidenten.

Noch komplizierter: *Verständliches* Deutsch braucht weder gutes noch interessantes Deutsch zu sein. Das Maximum an Verständlichkeit, wie es etwa bei Gebrauchsanweisungen für einen Feuerlöscher anzustreben ist, zeichnet sich dadurch aus, dass es die allergeläufigsten Wörter in die allersimpelsten Sätze stellt – zu schlicht, um gut, zu monoton, um interessant zu sein; außer natürlich für den, der gerade löschen will.

Und schließlich: *Interessantes* Deutsch muss weder gut sein noch korrekt noch auch nur leicht verständlich – falls uns nämlich der *Inhalt* des Mitgeteilten fasziniert. Worüber sich fruchtbarer diskutieren lässt, ist die interessante *Form* – die Beispiele, die Pointen, vor allem aber die ständigen leichten Reize, die der Text enthalten muss, um uns nicht einzuschläfern: nicht gleich lange und gleich gebaute Sätze aneinander reihen, sondern für wohldosierte Abwechslung sorgen.

Dieses Element der „Stimulanz" zu berücksichtigen, wie Langer/Schulz/Tausch es 1974 nannten, ist unter den ohnehin wenigen Lehrern der Verständlichkeit den allerwenigsten eingefallen. Ein System hat erst Werner Früh 1980 daraus gemacht: Gleichberechtigt neben der *Verständlichkeit* des Textes, sagt er, steht seine *Attraktivität*. Selbst die klarsten Sätze können ihr Informationsziel verfehlen, wenn sie es versäumen, die Leser anzusprechen, anzuziehen, sie zur Lektüre zu motivieren.

Der Leser, sagt Früh, stellt beim ersten flüchtigen Blick auf einen Zeitungsartikel eine unbewusste *Kosten-Nutzen-Erwägung* an: Wie viel Zeit und wie viel Energie werde ich für die Lektüre aufwenden müssen und welcher Nutzen, welche „Belohnung" erwartet mich dafür? Haben Platzierung, Aufmachung und Überschrift ihn dafür gewonnen, mit dem Lesen zu beginnen, so setzt sich die Kosten-Nutzen-Analyse trotzdem ständig fort: Werde ich zum Weiterlesen animiert, weil der Inhalt genügend interessant, der Stil genügend attraktiv und eingängig ist, damit ich in vernünftiger Zeit mit wenig Plage zu meinem Nutzen komme? Fesselt mich der Inhalt nicht oder ärgert mich der Stil, so höre ich eben auf.

Ärgerlich ist der Stil nicht nur, wenn ich Energie aufwenden müsste, um durch Verschachtelung und durch Schwulst zum Verständnis durchzustoßen; als ärgerlich wird der Stil – und das hat erst Früh so klar gesagt – auch dann empfunden, wenn sich der Leser durch den hölzernen Trott gleich gebauter Kurzsätze abgestoßen oder *durch Banalität unterfordert* fühlt.

Interessant zu schreiben ist also die andere Hälfte des Ringens um die optimale Verständlichkeit. So finden sich die Aspekte des guten, des interessanten und des verständlichen Deutsch, obwohl in etlichen Grenzfällen geschieden, für den Regelfall doch wieder zusammen. Die nächsten zwölf Kapitel werden die Elemente darstellen, die dem guten, verständlichen und interessanten Deutsch gemeinsam sind. Die Grenzfälle, in denen die drei keine Relation oder gar ein gespanntes Verhältnis zueinander haben, schließen sich an.

Hoffentlich herrscht auf diesem Wege über eines Einigkeit: Jede der folgenden Empfehlungen betrifft zwar nur ein Detail, von dem sich achselzuckend sagen ließe: Als käme es ausgerechnet darauf an! In ihrer Summe jedoch bewirken diese hundert Winzigkeiten den Unterschied zwischen gutem und schlechtem, fadem und schmackhaftem, offenem und versperrtem Deutsch.

Für die Marktfrau oder den Professor?
Ihr müsst so schreiben, dass euch die Marktfrau am Dom versteht, der Winzer in Rheinhessen das Blatt lesenswert findet und auch der Universitätsprofessor euch ernst nimmt.

Erich Dombrowski, ehemaliger Chefredakteur der Mainzer *Allgemeinen Zeitung* und Mitherausgeber der *FAZ*

Mit Soldaten gegen faule Leser?
Mancher Autor wunschdenkt, die Leser würden hineindenken, was er nicht hineingeschrieben hat. Statt zu arbeiten, sagt er: Der Leser wird schon verstehen, was ich meine. Als käme es darauf an! Die Leser sind an der Meinung des Autors nicht interessiert. Damit muss er sich abfinden, bevor er anfängt zu schreiben... Mancher linke Autor schreibt, als hätte er die Möglichkeit (und den Willen), Leser durch eine Armee bewaffneter Soldaten zu zwingen, seine Texte auswendig zu lernen.

E.A. Rauter, „Vom Umgang mit Wörtern"

Der Leser hat Recht
Wenn wir erreichen wollen, dass Informationen von Lesern besser verstanden und gelernt werden, dann gibt es grundsätzlich zwei Wege: Anhebung der Verständnisfähigkeit der Leser oder Senkung der Schwerverständlichkeit der Texte. Zur ersten Möglichkeit gibt es im schulischen und vorschulischen Bereich viele Bemühungen, die sich unter dem Stichwort „Kompensatorische Spracherziehung" zusammenfassen lassen.

Wir waren nicht bereit, die weit verbreitete Schwerverständlichkeit von Texten als „notwendiges Übel" hinzunehmen. Wir suchten die Probleme, die wir selber beim Lesen von Texten hatten, nicht bei uns. Die Hauptursache für das Problem sahen wir bei den *Schreibern* von Texten.

Manche Schreiber sehen das Problem gar nicht und schreiben drauflos, wie ihnen „der Schnabel gewachsen" ist. Sie berücksichtigen nicht, wie den Hörern das Ohr beziehungsweise den Lesern das Auge gewachsen ist. Andere Schreiber kennen das Problem, nutzen es aber in entgegengesetzter Richtung. Sie glauben, die Schwerverständlichkeit erwecke Ehrfurcht.

Am verbreitetsten liegt die Schwerverständlichkeit am unzureichenden Wissen der Schreiber, wie leicht verständliche Texte zu gestalten sind.

Langer/Schulz/Tausch: Verständlichkeit in Schule,
Verwaltung, Politik und Wissenschaft

Wie man gut, interessant und verständlich schreibt (I): Die Wörter

7. KAPITEL

Weg mit den Adjektiven!

Man gebe den Hauptwörtern den
Rachen frei und erlaube ihnen,
Eigenschaftswörter zu verschlingen.

W. E. Süskind, „Vom ABC zum Sprachkunstwerk"

Die Eigenschaftswörter, Beiwörter oder Adjektive (die „Drangeworfenen", nach dem lateinischen Ursprung) sind die am häufigsten überschätzte und am meisten missbrauchte Wortgattung. Dass sie überwiegend leicht entbehrlich sind, teilen sie mit den *Füllwörtern* (dann, gar, ja, nun, wohl, selbstredend); anders als die Füllwörter aber, die sich aus jedem Text leicht tilgen lassen, richten Adjektive Schaden an.

Sie produzieren Tautologien (weiße Schimmel, aber „schwere Verwüstungen" sind um nichts besser, denn wer hätte je *leichte* Verwüstungen gesehen?), sie begünstigen bürokratische Blähungen (im investiven und konsumtiven Bereich), verkorkste Konstruktionen (winterliche Aktivitätenpalette) und törichte Superlative (die bisher verheerendste Katastrophe in der Geschichte der paraguayischen Militärluftfahrt). Auch wo sie all dies meiden, neigen sie immer noch dazu, sich auf schlanke Verben und pralle Substantive wie Schwabbelfett zu legen.

Im „schwarzen Raben" erkennen wir ziemlich leicht die Tautologie (den Pleonasmus, das Doppeltgemoppelte); auch über das bekannte Schild „Neu renoviert" wird oft geschmunzelt. „Restlos überzeugt" ist aber schon Journalistensprache – obwohl doch Überzeugungen nur noch *Meinungen* sind, sobald sie einen Rest von Zweifel enthalten.

Ahnungen sind immer dunkel, können also durch den Zusatz „dunkle" gar nicht dunkler werden; was hell ist, heißt „Wissen". Töricht ist es, von *dicken* Trossen zu berichten, da sie andernfalls nicht Trossen hießen, und von *steilen* Felswänden, da die Wand zum „Hang" wird, wenn sie aufhört, steil zu sein. Der *integrierende* Bestandteil spreizt sich, als ob er ein ganz besonderer Bestandteil wäre, obwohl er offen lässt, wen oder was er integriert – sodass wahrscheinlich der *integrierte* gemeint ist, also die schiere Tautologie, denn wie könnte ein Ganzes aus *nicht* integrierten Teilen bestehen?

Ebenso wäre es nur dann eine Aussage, dass X „seinen *schweren* Verletzungen erlag", wenn man auch leichten Verletzungen erliegen könnte. Eine halb versteckte Tautologie liegt in der bekannten Nachruf-Formel: „X *galt* als einer der renommiertesten (bekanntesten, berühmtesten) Philosophen des 20. Jahrhunderts": Denn Bekanntheit, Ruhm und Renommee sind die *Geltung* noch einmal (er *war* der berühmteste, er *galt* als der größte).

Schlimmer sind solche Verdoppelungen, die Platz und Zeit vergeuden und den Schreiber als einen entlarven, der beim Schreiben nicht gedacht hat – noch schlimmer sind jene Adjektive, die schlecht oder falsch ein Substantiv vertreten. Jacob Burckhardts Buch „Weltgeschichtliche Betrachtungen" hieße besser „Betrachtungen zur Weltgeschichte" – denn sie sind ja gemeint, während das Adjektiv „weltgeschichtlich" die Fehldeutung zulässt, den Betrachtungen (wessen auch immer) solle ein weltgeschichtlicher Rang zukommen. Gesetzgeberische Erwägungen? Nein, Erwägungen des Gesetzgebers oder zur Gesetzgebung. Konspirative Wohnung? Nein, Wohnung von Verschwörern.

Noch hässlicher ist die in Nachrichten häufige Formulierung: „Die französische Anerkennung dieses Zustandes ..." Es handelt sich um die Anerkennung des Zustands *durch Frankreich,* wobei in schiefer Logik dem Eigenschaftswort „französisch" eine *Tätigkeit* aufgebürdet wird, die es nicht tragen kann: Die Anerkennung hat nicht die Eigenschaft, „französisch" zu sein, Frankreich ist niemandes Eigenschaft, Frankreich ist das handelnde Subjekt.

Attribut – Prädikat – Adverb – Partizip

Im Satz treten Eigenschaftswörter in drei Formen auf:

- als Beifügung oder *Attribut:* das fröhliche Kind
- als Satzaussage oder *Prädikat:* Das Kind ist fröhlich.
- als Umstandswort oder *Adverb* (weil es beim Verbum steht und die Art und Weise beschreibt, wie etwas geschieht; englisch ist hier -ly, französisch -ment anzuhängen): Das Kind singt fröhlich.

Meist wie ein Adjektiv verwendet wird das Mittelwort oder *Partizip* (lat.: teilhabend), so genannt, weil es die Form des Verbums hat, aber meist die Funktion eines Adjektivs erfüllt.

- Partizip Präsens oder Aktiv-Partizip: das lachende Kind
- Partizip Perfekt oder Passiv-Partizip: das geohrfeigte Kind.

Das Aktiv-Partizip wird von Jean Paul gelobt, weil es „handelnder, mithin sinnlicher“ sei als das Adjektiv – also besser „das dürstende Herz“ als „das durstige“.

Das Passiv-Partizip wird von W. E. Süskind gelobt als weiterführendes Satzglied („Wortsprungbrett“), wenn es hinter dem Substantiv steht: „Straßburg, hart umkämpft seit…“

Das Passiv-Partizip wird oft fälschlich dort verwendet, wo ein Passiv nicht gebildet werden kann: Die stattgefundene Versammlung ist nicht stattgefunden worden, der eingetretene Fall nicht eingetreten worden.

Warnung vor Partizipal-Konstruktionen: S. 104.

VON MAILICHEN BÄUMEN

Am häufigsten grassiert die Adjektivitis in der Form, dass sie ein zusammengesetztes Hauptwort und ein Adjektiv zerlegt: Statt „Elternhaus“ *elterliches Haus* zu sagen kommt einem verqueren modischen Sprachgefühl entgegen, das sich aus der englischen und bürokratischen Sprache gleichermaßen speist und ganz begeistert scheint über die Vermehrung der Silben, die daraus regelmäßig folgt.

Einerseits sind wir uns alle einig, dass es auf Deutsch nicht mondliche Finsternis, hauptlicher Mann und schriftlicher Steller heißen kann. Andererseits lieben wir neuerdings die *gesellschaftliche Ordnung* und *alpine Flora,* obwohl wir die schönen Wörter »Gesellschaftsordnung« und „Alpenflora" besitzen, die kürzer sind und dem deutschen Sprachgefühl entsprechen. Aus den Saisonschwankungen sind *saisonale Schwankungen* geworden (zwei Silben mehr, und wie schauderhaft nasal klingt „saisonal"), aus den Atomwaffen die atomaren oder *nuklearen* Waffen und aus Werbeaktionen die *werblichen Aktivitäten.*

Die Schamteile halten noch stand, obwohl sie englisch *privy parts* heißen, sodass wir auf „schamhafte Teile" vorbereitet sein müssen. Das französische *centre sportif* ist eben kein „sportliches Zentrum" und die italienische *polizia stradale* keine „straßliche Polizei". Selbst wenn sich nicht aus Tradition oder Sprachvernunft ein zusammengesetztes Hauptwort anbietet, sollte man Ausschau halten, wo sich ein Adjektiv verscheuchen lässt: *im schulischen Bereich* ist um zwei Silben länger und ungleich hässlicher als „in der Schule", und der Arzt, der seine Spritze *intramuskulär* ansetzt, könnte sie uns eine Silbe kürzer „in die Muskeln" geben – die Sprache hätte eine Kleinigkeit gewonnen, und was eigentlich hätte die Medizin verloren?

VON HALBSEIDENEN STRUMPFFABRIKANTEN

Den äußersten Unfug richten die Adjektive dort an, wo sie die Logik auf den Kopf stellen, weil sie aufs falsche Substantiv bezogen werden. Da der Besitzer eines vierstöckigen Hauses niemals ein vierstöckiger Hausbesitzer ist, kann es auch keine reitende Artilleriekaserne geben.

Gut, sagen die Leute, das ist ein Witz und nicht unser Problem. Aber zweimal in der Woche lassen wir uns *atlantische Tiefausläufer* bieten, obwohl hier doch nicht irgendein Tief atlantisch ausläuft, sondern ein Atlantiktief seine Ausläufer schickt. Die *bäuerliche Einkommensschmälerung* ist gar keine bäuerliche Schmälerung des Einkommens von irgendjemand, sondern die Schmälerung des Einkommens der Bauern. Der *umweltpolitische Maßnahmenkatalog* verrät bereits durch seinen Wortverhau, wie wenig ernst seine Autoren ihn zu nehmen scheinen, und das *soziale Problemfeld* ist kein soziales Feld für beliebige Probleme (wie es dasteht), sondern ein Feld von Sozialproblemen (wie es nicht dasteht).

Das *atomare Gefahrenbewusstsein* („*Spiegel*-Redakteur N.N. über das...", 25/1981) erweckt in mir nicht so sehr Angst vor der Atomgefahr als vielmehr Wut auf einen Umgang mit der Sprache, der sich einen Dreck um Klarheit schert. Was soll ich von der Schlüssigkeit eines Gedankenganges halten, wenn mein Vordenker nicht im Stande ist, ganze drei nebeneinander stehende Wörter der deutschen Sprache in eine erträgliche Logik zueinander zu bringen? Verquarkt und verblasen bis zum Ekel. Wir sollten die geräucherten Schinkenhändler endlich in die redaktionelle Überlegungsphase ziehen und der logischen Widersinnigkeitsproblematik den Garaus machen.

UND NUN AUCH NOCH DIE STEIGERUNG!

Zu den schlechten Eigenschaften des Adjektivs tritt noch die hinzu, dass es sich steigern lässt (und allein das Adjektiv: „in *keinster* Weise" sagen nur die Dümmsten). Strenge Spracherzieher wie W.E. Süskind tadeln bereits den *Komparativ:* Das mit Bedacht gesetzte Eigenschaftswort sei etwas Starkes und Durchdringendes, das eine Verstärkung weder brauche noch vertrage; auch bringe der Komparativ Konkurrenz und Neid in die Sprache (größer als, reicher als...).

Beim *Superlativ* sind sich die meisten Sprachfreunde einig: Er ist eine schreiende Form, mit der man überaus sparsam umgehen sollte. Er reizt zum Widerspruch, wie Bismarck meinte. Er maßt sich an, das Äußerste zu kennen, damit ja niemand ihn mehr übersteigern könne; und er wird gern auch dort verwendet, wo schon der Komparativ logisch nicht vollzogen werden kann.

So viel ist klar: Nicht steigern lassen sich beispielsweise *dreiseitig, einzig, eisern, ideal, schulfrei* oder *tot.* Doch andere Adjektive, bei denen dies nicht minder klar sein müsste, werden munter in den Komparativ oder Superlativ erhoben: *alltäglich, eindeutig, rund* und die meisten Wörter auf -los: *sorglos, vorurteilslos* – obwohl die totale Abwesenheit von Sorgen oder Vorurteilen eine Steigerung nicht zulässt; und obgleich das Wort *vorurteilslos* schon seinem Inhalt nach ein Superlativ ist und ein törichter dazu (S. 15). Das Partizip *verstärkt* drückt einen Komparativ aus, ohne dessen grammatische Form zu besitzen; die *Neue Zürcher Zeitung* wollte diesen Mangel offenbar beheben und druckte die Überschrift: „*Verstärktere* Aktivitäten iranischer Emigranten" (17. 8. 1981).

Die Agenturen stehen vor einem Zielkonflikt. Einerseits wollen sie ihre Stoffe ausreizen, also Superlative verwenden, doch andererseits nichts behaupten, was sich nicht beweisen lässt. So grenzen sie die Superlative ein und machen sie damit zwar korrekt, aber lächerlich: „Der größte Schleppzug der Nachkriegszeit auf der Unterweser" liest man da (1944 oder auf der Oberweser gab es also größere) oder „Der kälteste 13. Februar seit 41 Jahren", und nur sehr aufgeklärte Leser können dem die mutmaßliche Wahrheit entnehmen: Vor 42 Jahren war es am 13. Februar erheblich kälter, ja am 12. Februar erst ein Jahr zuvor.

Ein sicheres Mittel, die Superlativitis vollends ad absurdum zu führen, ist die Hinzufügung des Wörtchens *bisher:* „Die bisher schwerste Katastrophe in der Geschichte der Zivilluftfahrt". Das hat erstens einen peinlichen Beigeschmack von Lüsternheit: Na, das noch schwerere Unglück wird doch bald kommen? Und zweitens einen Anflug von Skurrilität: Was sonst als „bisher"! Würde irgendjemand die Agentur für eine Katastrophe haftbar machen, die noch nicht eingetreten ist? Die Methode erinnert an den Schausteller, von dem Jonathan Swift erzählt: Seinem Plakat „Hier sehen Sie den größten Elefanten der Welt" setzte der grüblerische Mann hinzu: „... mit Ausnahme seiner selbst."

JEDES WEGGESTRICHENE ADJEKTIV IST EIN GEWINN

Sollte nun nicht aber endlich etwas Gutes über das Eigenschaftswort gesagt werden? Oft ist es schließlich nicht tautologisch, nicht unlogisch, nicht bürokratisch und gänzlich ungesteigert. Richtig. Das liest sich beispielsweise so:

> Von Nacht zu Nacht ziehen sich mehr fahle Stränge durch die grünen Rebhänge: das Weinlaub trocknet vom erkaltenden Boden her und färbt sich, während die Beeren reifen und hie und da schon begehrte Edelfäule ansetzen. Von morgens an, wenn der weiß leuchtende Nebel langsam über die flachen Kuppen wegzieht, knallt es hin und wieder, leicht und trocken. (*Süddeutsche Zeitung*, 25.11.1978)

Neun Adjektive in zwei Sätzen, frei von allen hier gerügten Fehlern (oder doch nicht ganz: Nebel ist meistens weiß leuchtend und zieht meistens langsam weg, und jedenfalls sind Kuppen flach, da sie sonst „Spitzen" hießen).

Und trotzdem: Der Satz ist überladen. Denn für das Eigenschaftswort gilt: Wo es nicht zwingend ist, ist es falsch (Rauter). „Es ist eine abwegige Vorstellung, dass sich vor jedem Substantiv ein Hohlraum befinde, der unter allen Umständen gestopft werden müsse" (Mackensen). Strenge Zurückhaltung gegen das Adjektiv gehört zu jedem klassischen Stil; „sogar völlige Enthaltsamkeit ist besser als das Gegenteil" (Süskind).

Adjektive sind nur erlaubt, wenn sie unterscheiden, aussondern (Mackensen und Reiners): Das blaue Kleid, nicht das grüne! Eine Form der Unterscheidung ist die Wertung: Ein sehenswerter Film! Oder wenn sie, ausnahmsweise, ein Überraschungsmoment, die eigentliche Nachricht enthalten: Die Königin fletschte *huldvoll* die Zähne, der König fummelte sich *souverän* im Gesicht herum. Michael Kohlhaas war „einer der *rechtschaffensten zugleich und entsetzlichsten* Menschen seiner Zeit", beginnt die Kleistsche Novelle, und der Burgvogt, „indem er sich noch eine Weste über seinen *weitläufigen* Leib zuknöpfte, kam und fragte, *schief* gegen die Witterung gestellt..."

Mit Adjektiven größte Vorsicht!, heißt eine der Zehn Goldenen Regeln der „Katholischen Nachrichtenagentur" von 1977. „Sie sind nicht nur kommentierend, sondern verwischen, zerdehnen das Bild." Und Reuters gibt seinen Redakteuren vor: „Guter Nachrichtenstil setzt den sparsamen Umgang mit Adjektiven und deren sorgsame Auswahl voraus." Also:

Misstrauen gegen nur schmückende Beiwörter und Argwohn gegen das Adjektiv überhaupt, mit der Nutzanwendung: den Text auf irgend entbehrliche Adjektive durchsehen, jedes gestrichene als einen Gewinn betrachten und ein schlechtes Gewissen gegenüber jedem Satz haben, der mehr als ein Adjektiv behält.

Ziemlich schwere Verwüstungen

„Der Hurrikan hat in Miami schwere Verwüstungen angerichtet." Diese typische Nachricht enthält nicht weniger als vier sprachliche und logische Torheiten:

1. „In Wüste verwandeln" ist ein Superlativ, den keine Phantasie übersteigern kann. „Schwere" Verwüstungen sind so sinnvoll wie „starke" Orkane oder „ziemliche" Katastrophen.
2. *Verwüstungen anrichten* ist ein Streckverbum, wie es im nächsten Kapitel angeprangert wird: es sagt nichts anderes als *verwüsten.*
3. *Verwüstung* lässt keinen Plural zu, so wenig wie Versandung, Vermehrung oder Verehrung. Oder sollte der Hurrikan in Miami fünf bis sechs Verwüstungen angerichtet haben?
4. Der Hurrikan hat also Miami *verwüstet.* Wie, das hat er gar nicht – nur Teile von Miami? So ist das: Wenn ich ein Verbum substantiviere, strecke, in die Mehrzahl versetze und mit einem Beiwort noch steigere – dann sagt es *weniger* aus als zuvor. Miami wurde gar nicht „verwüstet", sondern „Ein Stadtteil von Miami wurde verwüstet" oder „In Miami entstanden schwere Schäden". Das Spreizwort „schwere Verwüstungen anrichten" ist ein in Großauflage gedrucktes Etikett für einen gehobenen Versicherungsfall, das in den Köpfen etlicher Journalisten zweieinhalb leichte Verwüstungen angerichtet hat.

Weitgehendst oder weitestgehend?
Eine strenge Schule lehrt, der Komparativ „weitgehender" sei falsch, weil man bei der Steigerung natürlich das Weite – Weitere – Weiteste meine, während das Präsenspartizip „gehend" sich nicht steigern lasse.

Das klingt einleuchtend und kann gleichwohl nicht stimmen. Denn mit derselben Begründung müssten wir nicht gutmütiger sagen, sondern „bessermütig", nicht großzügiger, sondern „größerzügig", nicht wohlhabender, sondern „wohlerhabend".

Daraus folgt: Zusammengesetzte Adjektive werden, wenn sie im Sprachgebrauch lange genug verbunden waren, genauso gesteigert wie alle anderen Eigenschaftswörter, nämlich am Ende. „Weitgehend" ist ziemlich lange verbunden. Heute können beide Formen als richtig gelten. Es lässt sich jedoch voraussagen, dass „weitergehend" eines Tages altmodisch und schließlich lächerlich klingen wird.

Auf einem anderen Blatt steht, dass „weitgehend" ein modisches Füllwort ist, auf das man deshalb weitgehendst verzichten sollte. Solcher Verzicht ist besonders denen anzuraten, die für den Komparativ *weitergehend* plädieren: Je seltener ein zusammengesetztes Adjektiv verwendet wird, umso später ruft es nach der Steigerung am Ende, siehe oben.

8. KAPITEL

Her mit den Verben!

Man brauche gewöhnliche Worte und sage ungewöhnliche Dinge.

Schopenhauer, „Über Schriftstellerei und Stil"

Welcher Satz über eine Intensivstation ist besser? „Das Eintreten des Todes wird verzögert, aber ins Leben wird dieser Mensch nie zurückkehren" oder: „Sterben soll er nicht und leben kann er nicht."

Verben sind eben anschaulicher, schlanker, bewegter als Substantive; nicht immer, jedoch bei vergleichbarem Bildgehalt. Der natürlich ist innerhalb jeder der beiden Wortarten höchst verschieden. So werden die *Substantive* von Süskind in vier Rangstufen eingeteilt:

1. die *bildhaften,* konkreten, „echten" Hauptwörter: Blitz, Baum, Wolke
2. die *bildnahen,* gleichsam personifizierten Substantive: Treue, Neid.
3. die *bildleeren,* abstrakten, geblähten, „unechten" Substantive: Verantwortung, Selbstbeherrschung, überhaupt alle Wörter auf -ung, -heit und -keit. Ebenso, wäre hinzuzufügen, die auf -ät, -ion und -ismus; auch viele auf -nis und -sal, auf -tum und -schaft: Die *Lehrerschaft* wurde früher gern zum *Lehrkörper* gesteigert; heute scheint uns, in Anlehnung an die Hausbesetzer, eher die *Lehrerszene* bevorzustehen – und immer sind es doch „die Lehrer" und nichts sonst.
4. die *lebenden Leichname:* Zurschaustellung, Ingangsetzung, Inaugenscheinnahme.

Ähnlich sind bei den Verben, ehe wir zu der eigentlich erwünschten Kategorie vorstoßen, mehrere Gruppen misstrauisch zu beäugen:

a) Tätigkeitswörter, die sich *nicht allein* auf den Plan trauen, sondern es vorziehen, sich mit einem Substantiv zu verheiraten – unechte Verben also, *Funktionsverben* in der Grammatik, *Streckverben* bei Reiners: Bekenntnisse ablegen, Abhilfe schaffen, in Erwägung ziehen, in Vorschlag bringen, Verzicht leisten. Wer Verzicht leistet, leistet nichts, und wer Stimmenthaltung übt, braucht nicht zu üben, er kann es offenbar bereits. Freilich: Für „Erfolg haben" besitzen wir kein Verb (wie das französische *réussir* oder das englische *succeed*), und „jemanden zur Verzweiflung bringen" ist etwas anderes als „verzweifeln".

b) Nicht viel besser sind *Luftwörter* wie bewirken, bewerkstelligen (Jean Paul) oder *Spreizverben* wie vergegenwärtigen, beinhalten (Mackensen).

c) Zurückhaltung auch gegenüber *toten Verben* wie: sich befinden, liegen, gehören, es gibt (Reiners); im Grenzfall ebenso gegenüber den *Hilfszeitwörtern* haben, sein und werden. Sowinski empfiehlt, „den verbalen Ausdruck zu dynamisieren", wie Goethe es an einigen Stellen getan hat, als er „Wilhelm Meisters theatralische Sendung", in „Wilhelm Meisters Lehrjahre" verwandelte: Wo es in der Urfassung hieß „Er *hatte* nichts bei sich …", steht nun: „Er *fand* nichts bei sich, um das Verlangen des Kindes zu stillen."

Andererseits: Mit statischen Verben lassen sich starke Wirkungen erzielen („Der Wald *steht* schwarz und *schweiget*"), und umgekehrt täuschen manche dynamischen Verben eine Tätigkeit nur vor: Was *tut* der Baum, der Schatten *spendet?* Natürlich nichts. Was tut der Berg, der sich steil übers Tal aufschwingt? Natürlich zweimal nichts (denn er schwingt sich immerdar, während der Baum wenigstens das Spenden einstellt, sobald die Sonne untergeht). In journalistischen Texten sollte man sich zweimal überlegen, ob man solche Wörter überhaupt benutzen will. Entweder *geschieht* etwas im Schatten des Baumes oder unter der Nordwand des Eigers, oder man prüfe, ob man nicht besser schweigen sollte.

d) Nichts ist gewonnen, mit den *Verben auf -ieren* (sondieren, prämieren, stabilisieren), vor allem dann, wenn es sich um modische Imponiervokabeln handelt, wie verbalisieren und thematisieren, tabuisieren und stigmatisieren, reflektieren und operationalisieren.

Nichts dazugelernt – seit 1931
Wir warnen Sie auch davor, unangebracht substantivische an Stelle verbaler Konstruktionen zu gebrauchen: „nach Instandsetzung der Bauten", „aus Gründen der Zugänglichmachung eines Gebäudes", „beim Unterbleiben einer Inangriffnahme des Projektes".

Fritz Gerathewohl, „Technik und Ästhetik des Rundfunkvortrags" (1931)

RUHIG MAL EIN LOB FÜR SCHILLER

Welche Verben sind denn nun erstrebenswert? Mit einem Schlagwort ausgedrückt: solche, die sich eignen würden, Schillers Reihe fortzusetzen: „Balken krachen, Pfosten stürzen, Fenster klirren, Kinder jammern, Mütter irren."

Oder die so schlicht und kraftvoll sind wie in Goethes Beschreibung aus der Schweiz: „Der Morgenwind blies stark und schlug sich mit einigen Schneewolken herum und jagte abwechselnd leichte Gestöber an den Bergen und durch das Tal. Nach neune trafen wir in Oberwald an und sprachen in einem Wirtshaus ein, wo sich die Leute nicht wenig wunderten, solche Gestalten in dieser Jahreszeit erscheinen zu sehen. Wir fragten, ob der Weg über die Furka noch gangbar wäre? Sie antworteten, dass ihre Leute den größten Teil des Winters drüber gingen; ob wir aber hinüberkommen würden, das wüssten sie nicht."

Auch im Journalismus sind schlichte Verben erlaubt und erwünscht:

> Genau 25 Stunden nach seiner Festnahme auf dem Gorki-Prospekt in Moskau verließ Alexander Solschenizyn am Mittwoch auf dem Flughafen Frankfurt die planmäßige Aeroflot-Maschine, bestieg ein Auto des Auswärtigen Amts und fuhr zum Bauernhaus von Heinrich Böll in Langenbroich in der Eifel. „Tee, Brot und Bett stehen bereit", sagte Böll. Während Solschenizyn im Auto unterwegs war, kam aus Moskau die Nachricht: Die Staatsbürgerschaft wird aberkannt, die Familie kann das Land verlassen. (Vorspann des Aufmachers der *Welt,* 14. 2. 1974)

Hat man starke, anschauliche Verben gewählt, so kann man freilich wiederum vieles falsch mit ihnen machen: vor allem mit dem Imperfekt und dem Plusquamperfekt, dem Passiv und dem Infinitiv.

DAS FALSCHE IMPERFEKT

Das *Imperfekt* bezeichnet eine in der Vergangenheit liegende und in der Vergangenheit abgeschlossene Handlung – und auch dies nur im gehobenen, meist schriftlichen Deutsch; gesprochen wird das Imperfekt selten, in den meisten Dialekten ist es überhaupt nicht bekannt. Es ist also falsch, mindestens sinnwidrig, zu schreiben: „Der Bundestag verabschiedete gestern das Gesetz über ..."; denn diese Handlung ist nicht in der Vergangenheit abgeschlossen, sie wirkt in die Gegenwart und in die Zukunft, mit dem Gesetz müssen wir von nun an leben.

Für diesen Fall aber – die in die Gegenwart hineinragende Handlung – steht uns das *Perfekt* zur Verfügung: „Es hat geschneit!", rufen wir aus, *denn nun liegt der Schnee.* „Ich habe gut geschlafen", sagen wir, denn nun bin ich ausgeschlafen. „Kolumbus hat Amerika entdeckt", und nun erkennen wir es (drei Beispiel aus der Duden-Grammatik).

Also ist das Perfekt das typische Tempus für den ersten Satz der Nachricht: „Der Bundestag hat gestern beschlossen, ..." Bis dahin herrscht überwiegend Einigkeit.

Doch nun hat sich in den letzten Jahrzehnten das Imperfekt mehr und mehr in die *Überschriften* der deutschen Presse eingeschlichen: „Jumbo stürzte ab". Und mit Verlaub: Das ist erstens ein Verstoß gegen Grammatik und Sprachgefühl (denn nun ist der Jumbo unten, und unser Entsetzen dauert fort) und zweitens *geschriebenes* Deutsch im schlechtesten Sinn des Wortes: Überschriften wurden einst von Zeitungsjungen ausgerufen, und dieser Charakter darf und soll getrost in ihnen weiterleben.

„Jumbo stürzte ab": das ruft kein Zeitungsjunge auf Erden, und wenn er es täte, hielte man ihn für verrückt. Auch der Redakteur wird es seiner Frau nicht so erzählen. Nur das Partizip (Jumbo abgestürzt) oder das Perfekt (Schon wieder ist ein Jumbo abgestürzt) wird allen dreien gerecht: dem Zeitungsjungen, der Frau des Redakteurs und den Millionen Lesern oder Hörern.

Nur in einem Fall ist das Imperfekt in der Überschrift vernünftig: wenn eine weit zurückliegende Vergangenheit nachträglich bekannt geworden ist („Hitler wollte auch Island besetzen").

DAS LEIDIGE PLUSQUAMPERFEKT

Wie zum Imperfekt, so haben auch zum *Plusquamperfekt* viele Redakteure eine unglückliche Liebe – mit dem erschwerenden Umstand, dass das Plusquamperfekt ein gestelztes Tempus ist. (Das gibt es ja: „Du und dein Bruder seid auf dem Holzweg" ist korrekt, aber es tut weh). Das Plusquamperfekt ist unpopulär, sperrig und leider eine große journalistische Versuchung: Die typische Nachricht beginnt ja mit dem Schluss (der Abstimmung, dem Urteil, dem Absturz), um dann Absatz für Absatz immer weiter in die Vorgeschichte des Ereignisses zu krebsen.

Andererseits müssen wir zur Kenntnis nehmen, dass ein gehäuftes Plusquamperfekt das Verständnis erschwert und auf die meisten Leser abstoßend wirkt. Was also tun?

1. Wenn wir in unserem Text vom Dienstag (Das Schwurgericht hat verurteilt) zum Montag zurückspringen (Der Staatsanwalt hatte gefordert), so müsste nach strenger Auslegung das gesamte Plädoyer des Staatsanwalts im Plusquamper-

fekt gehalten werden (hatte betont, hatte als unglaubwürdig bezeichnet, war eingegangen auf). Dies aber ist unlesbar. Die Duden-Grammatik erlaubt (und ich empfehle dringend), aufs Imperfekt auszuweichen, sobald durch einmaliges Plusquamperfekt der Sprung vom Dienstag zum Montag klar geworden ist: „Alles hatte damit angefangen, dass…" Nun entweder noch: „… Tante Erna zu Besuch gekommen war" oder gleich „Tante Erna zu Besuch *kam*"; im folgenden Satz jedenfalls: „Sie *brachte* den Papagei mit."

2. Eine doppelt verschachtelte Vorvergangenheit (vom Dienstag über den Montag zum Sonntag) ist unerträglich, wie logisch sie auch wäre (So hatte die Reise begonnen; aber noch bevor die Koffer gepackt gewesen waren…). Hier kann der Rat nur lauten: Man baue die Geschichte anders auf.
3. Diesen Rat möchte ich mit allem Respekt auch für die Gliederung der klassischen Nachricht geben. Die amerikanische Regel, dass jeder folgende Absatz weniger wichtig zu sein habe als der vorhergegangene, zwingt den Redakteur oft in ein Dickicht von Plusquamperfekten, das nicht nur sprachlich hässlich, sondern auch überaus verwirrend ist: Wie viele Leser könnten die vom Dienstag zum Sonntag zurückentwickelte Geschichte anschließend in ihrem wirklichen Zeitablauf vom Sonntag zum Dienstag nacherzählen? Also versuche man, mit *einem* Sprung in die Vorvergangenheit auszukommen, nicht nur sprachlich, sondern im Aufbau der Nachricht: Mit dem zweiten oder dritten Absatz beginnt die Chronologie.
4. Oft wird das Plusquamperfekt ohne Not verwendet, in den Agenturen und auch in der „Tagesschau": Der Ausbrecher von heute „war gestern zu zehn Jahren Gefängnis verurteilt worden". Wieso „war"? Er *ist* verurteilt worden, er ist es ja noch, die vergangene Handlung wirkt in die Gegenwart fort. Das Plusquamperfekt ist hier nicht nur überflüssig, sondern falsch, da es wie das Imperfekt die in der Vergangenheit abgeschlossene Handlung bezeichnet.

DAS ÄRGERLICHE PASSIV

Arm an Saft und Kraft wie das Plusquamperfekt ist auch das *Passiv:* eine späte, künstliche, entmenschlichte Form des Verbs, in Dialekten selten oder unbekannt, Kindern spät zugänglich und bei jedem Verständlichkeitstest im Hintertreffen.

Das Passiv ist ein Lieblingsinstrument der Bürokratie. („Sie werden dringend ersucht...") und die schlechthin unjournalistische Art, mit einem Verbum umzugehen: Die handelnden Personen zu benennen, wenn nicht zu entlarven, ist unsere Aufgabe, nicht, sie zu verstecken hinter Floskeln wie „Es wird angeordnet..." oder „Produktionskapazitäten werden stillgelegt."

Gegen diese Generalregel sollte nur in zwei Fällen verstoßen werden: wenn die Leideform wirklich ein Erleiden ausdrückt („Der Briefträger wurde zum 13. Mal gebissen") oder wenn die handelnde Person keinen interessiert („Das Museum wird um 18 Uhr geschlossen"). Doch was liest man in der Zeitung?

> Die Verschiebung der Anpassung der Freibeträge und Bedarfssätze nach dem Bundesausbildungsförderungsgesetz um ein halbes Jahr auf den 1. April 1982 ist von der Westdeutschen Rektorenkonferenz als unvertretbar kritisiert worden. (*Frankfurter Rundschau,* 2. 6. 1981)

Ein in jeder Hinsicht grauenvolles Satzgebilde:

- Am Anfang stoßen sich sechs Substantive, ehe endlich mit dem Wörtchen „ist" das erste Verb auftaucht, wenn auch nur zu einem Drittel.
- Vier dieser Substantive enden auf -ung; fünf gehören zur Klasse der bildleeren, geblähten Hauptwörter (alle außer „Jahr"); eines hat zehn Silben.
- Das dritte und vierte Substantiv („Freibeträge" und „Bedarfssätze") sind vom zweiten abhängig („Anpassung"), das seinerseits abhängig vom ersten ist.
- Die beiden letzten Wörter schließlich, nach sieben Substantiven und zwei Zeitbestimmungen, bringen den erlösenden Durchbruch „kritisiert worden", aha.

Dieses miserable und so gut wie unverständliche Deutsch wächst aus dem Entschluss, den Satz ins Passiv zu wenden, statt dass man formuliert hätte: „Die Westdeutsche Rektorenkonferenz hat kritisiert…" Was für ein klarer, transparenter Satz wäre das geworden, das Subjekt vorn, das tragende Verbum vorn, statt „Verschiebung" *verschoben haben,* noch ein Verb; freilich müsste man sagen, wer da verschoben hat, den Schuldigen nennt mir die Meldung nicht, noch eine Vertuschung mit Hilfe der Passivkonstruktion.

Die Agenturen neigen zu solchen Sätzen nicht aus Liebe zum Passiv, sondern weil sie den unseligen Ehrgeiz haben, die anreißerischen Wörter ganz nach vorn zu ziehen, mögen dann die Verben hinterherstolpern, wie sie wollen. (Mehr über diese Verhohnepiepelung des deutschen Sprachgefühls in Kap. 21)

DER UNGUTE INFINITIV

Auch mit der scheinbar unschuldigen Form des Verbums, dem Infinitiv, wird Missbrauch getrieben (ein Passiv, das ich gewählt habe, um die Treiber solchen Missbrauchs nicht nennen zu müssen).

Der Infinitiv ist *hässlich,* wenn ein zweiter Infinitiv von einem ersten abhängt: „Grund genug für den DGB-Vorstand, dem Gewerkschaftsnachwuchs zu verbieten, sich dem Aufruf anzuschließen."

Der Infinitiv ist *falsch,* wenn er eine bereits gemachte Aussage tautologisch wiederholt: die Fähigkeit, englisch sprechen zu können – die Erlaubnis, den Sitzungssaal betreten zu dürfen. Denn die Fähigkeit *ist* schon das Können, die Erlaubnis das Dürfen.

Auch alle anderen „zu können, zu dürfen, zu wollen, zu sollen, zu müssen", sollten darauf geprüft werden, ob sie nicht entweder getilgt oder durch die konjugierte Form des Verbs ersetzt werden können. Denn im Grenzfall ist der Infinitiv die schlechtere Form: nicht „Egon Bahr warf den Vereinigten Staaten vor, einen Atomkrieg führen zu wollen", sondern… „sie wollten einen Atomkrieg führen."

Im Grenzfall beherzige man immer die Klage von Mark Twain, deutsche Sätze zeichneten sich dadurch aus, dass, wenn man meine, sie seien endlich zu Ende, immer noch ein „gehabt haben worden zu sein" nachhinke.

WEG MIT DEN ABSTRAKTEN SUBSTANTIVEN

Wir greifen also nach dem knappen, anschaulichen, ungespreizten Verb und konjugieren es im Aktiv, mit Vorsicht beim Imperfekt und Zähneknirschen beim Plusquamperfekt. Genauer: Leider tun wir es nicht, falls wir bei der *Neuen Zürcher Zeitung* sind, die in ihren Überschriften keine Verben duldet: „Standpunkterläuterungen zwischen Schmidt und Breschnew" liest man da (25. 11. 1981) oder „Außerkantonale Wohnsitznahme eines Zürcher Mittelschullehrers" (24. 4. 1973).

Auch tilgen wir das Verb, wenn wir der Kahlschlag-Mode „Schnoor Doppelpunkt" anhängen. Wir lesen also von einer Rede des Herrn Schnoor. Kaum hat er drei Sätze gesprochen, lesen wir: „Schnoor: ‚So geht es nicht weiter.'" Der Schreiber will offenbar ins Gedächtnis rufen, dass Schnoor noch immer spricht; er könnte schreiben: fuhr Schnoor fort, fügte Schnoor hinzu, sagte Schnoor weiter. Aber das will er nicht. Er ist verliebt in seinen sprachlichen Hackepeter und klatscht ihn lieber zu oft und zu früh in den Text, wenn noch kein normaler Leser vergessen haben kann, dass immer Schnoor spricht. Angst vor dem Verb bei denselben Leuten, die uns bedenkenlos ein Dutzend geschwätzige Verdoppelungen und abstrakte Substantive um die Ohren hauen!

„Verben verstecken" ist das bei weitem dümmste Spiel, das man mit der Sprache treiben kann. Das Verb tritt immer an prominenter Stelle auf. Niemals sollten wir ein Substantiv verwenden, wo ein Verb denselben Dienst versieht.

Schon im kurzen Satz bringt das Gewinn – nicht: die Kunst der Verständlichkeit des Schreibens, sondern: die Kunst, verständlich zu schreiben. Nicht: „Sie wollen die Maschinen erst dann abschalten, wenn Lebensverlängerung nur Ausdehnung des Sterbens bedeutet" – sondern „... wenn einer nur länger stirbt, statt länger zu leben."

Schon gar nicht so: „Brandt und Genscher haben sich am Freitag bemüht, die Weichen in Richtung eines Durchhaltens des Bündnisses bis zum Ende der Legislaturperiode zu stellen" (*Die Welt*, 5.9.1981) – sondern: „... haben sich bemüht, die Weichen so zu stellen, dass das Bündnis bis zum Ende der Legislaturperiode halten kann."

Mit dieser klaren Regel wird überdies eine beliebte, logische Verquarkung vermieden: „Die Jugendlichen beklagen ihre geringen Einflussmöglichkeiten auf die Politik." Sie haben natürlich nicht etwa „keine *Möglichkeiten* auf die Politik", wie es dasteht, sondern keinen *Einfluss* auf die Politik, wie es nicht dasteht. Nimmt man statt des hässlichen Substantivs auf -keit ein Verb, so wird der Satz im Handumdrehen korrekt und angenehm:

Die *Jugendlichen beklagen,* dass sie auf die Politik so wenig Einfluss nehmen können – nein: die Politik so wenig beeinflussen können. Oder wie wäre es mit einem lebenden Objekt: bei Politikern so wenig bewirken können. Oder: dass sie bei Politikern so wenig Gehör finden – das wäre ein Streckverbum: von Politikern so wenig gehört werden – das ist Passiv: *dass die Politiker so wenig auf sie hören.*

Zwar sagt das nun nicht mehr genau dasselbe wie „die Politik so wenig beeinflussen können". Doch wäre zu fragen: Habt ihr nicht vielleicht *gemeint,* „dass die Politiker so wenig auf uns hören", nur dass euch dann ein Funktionär oder Redakteur die abstrakte Blähung „keine Einflussmöglichkeiten auf die Politik" um die Ohren schlug?

9. KAPITEL

Das treffende Wort

Schwulst ist ein Pathos,
das nicht aus einem Sachverhalt wächst,
sondern aus der mühelosen
Selbstaufblasbarkeit des Autors.

Martin Walser

Warum hören wir nichts von Autobahngegenstromeinbiegern oder missbräuchlichen Gegenrichtungsfahrbahnbenutzern? Wären das nicht korrekte Beschreibungen für jene Autofahrer, die sich mörderisch und selbstmörderisch in die falsche Spur einfädeln? Durchaus. Nur dass hier der Volksmund schneller war: *Geisterfahrer* nennt er solche Leute.

Logisch-bürokratisch betrachtet ist diese Wortprägung anfechtbar: Sie lehnt sich an die Geisterbahn an, die hier weit und breit nicht vorkommt, und lässt die Autobahn unerwähnt wie auch das *gegen* – die beiden Begriffe also, an denen alles hängt. Aber „Geisterfahrer" ist ein treffendes Wort: Jeder versteht es, jedem geht es unter die Haut. Die Sprache lebt *nicht* von der Genauigkeit, sondern davon, dass sie *trifft.*

„Über Stock und Stein" sind wir geritten – wie, und die Pfützen unterschlagen wir? „Alle Mann an Deck" heißt der Ruf, und selbstverständlich eilen auch die Frauen nach oben. Nichts wäre gewonnen, wenn die Weisung hieße: „Die unter Deck befindlichen Angehörigen des Personals sowie die Fahrgäste haben sich ohne Ansehung des Geschlechts mit sofortiger Wirkung nach oben zu begeben."

Die Sprache liebt das *pars pro toto,* den Teil anstelle des Ganzen. *Nicht* alles zu sagen gehört zur Dichtkunst – so, wenn Hölderlin die Schrecken der grauen, kalten Jahreshälfte mit nur zwei Bildern anschaulich macht:

Die Mauern stehen sprachlos und kalt,
Im Winde klirren die Fahnen.

Unsereiner wird von Reiners nachdrücklich gewarnt, *Blindenstil* zu schreiben, das heißt jede Einzelheit so zu behandeln, als hätte der Hörer oder Leser weder Augen noch optische Erinnerungen noch Fantasie. Süskind rät sogar: „ein Schlüsselwort hinschmettern und die Nuance im Unbestimmten lassen, nämlich in der Obhut des menschlichen Verständnisses".

Von Gesetzgebern und Behörden ist dergleichen nicht zu erwarten, das muss man zugeben. Sie haben umgekehrt eine gewisse Pflicht zur logisch erschöpfenden Vokabel von der Machart *Körperschaftssteuerdurchführungsverordnung.* Journalisten aber sind dazu da, die dabei entstehenden Wortungetüme so gründlich zu zertrümmern, bis die deutsche Sprache zum Vorschein kommt.

Auch treiben die Behörden die Exaktheit bis zum Fimmel: Oder wo läge der Nachteil für die Deutsche Bundespost, wenn sie sich entschlösse, ihr *Postwertzeichen* endlich ins Deutsche zu übersetzen, nämlich in die *Briefmarke,* obwohl wir sie in Gottes Namen auch auf Päckchen kleben?

Das Beispiel zeigt, dass, wie alle Fachsprachen, auch das Kanzleideutsch nicht nur der Not gehorcht, sondern einem starken Trieb, sich selbst zu zelebrieren und das gemeine Volk auf Distanz zu halten: „Die in die Rückstellungen für Rabattdifferenzen einzustellenden Beträge müssen außer dem zu Lasten der Stromeinnahmen gebuchten Nettodifferenzbetrag auch die darauf entfallene Mehrwertsteuer beinhalten."

Atomwaffen waren einigen Experten zu ungenau, da es die Atom*kerne* seien, auf die es ankomme. Also sagten sie *Kernwaffen,* mit der kuriosen Wirkung, dass uns zum Kern statt des Atoms auch die Pflaume einfallen könnte (aber so weit dachte keiner). Da dieser Kern auf Lateinisch und englisch *nucleus* heißt, wurden daraus die *nuklearen* Waffen, die zugleich der Adjektivitis und der Lust an der vielsilbigen Blähung entgegenkamen, ebenso wie die *atomaren* Waffen, die das bisschen Genauigkeit wieder aufheben, doch dieselbe Lust befriedigen. Atomwaffen, Atombomben, Atomraketen und Atomkraftwerke: Das ist die deutsche Sprache und nichts sonst. Mit Steinobst haben „Kernkraftwerke“ nichts zu tun.

WEG MIT DEN TARNWÖRTERN!

Die Kernkraftwerke legen den Verdacht nahe, dass die Vorsilbe *Kern-*, mag sie zunächst auch um der scheinbaren Genauigkeit willen eingeführt worden sein, inzwischen nicht ungern zur Tarnung und Beschwichtigung verwendet wird. Wer sollte etwas gegen Kerne haben! Ein Grund mehr, von „Atomkraftwerken“ zu sprechen und nur von ihnen.

Wie halten wir's mit dem sowjetischen *Gewerkschafts*vorsitzenden – da wir doch wissen, dass im Ostblock die Gewerkschaft der verlängerte Arm der Partei ist, also das Gegenteil einer freien Arbeitervereinigung? Darf man der Sowjetgewerkschaft dasselbe Wort gönnen wie dem Deutschen Gewerkschaftsbund oder der polnischen Gewerkschaft „Solidarität“? Oder: Wie viel hunderttausend Tote dürfen den Weg einer *Befreiungs*bewegung säumen, bis wir uns entschließen, den Bestandteil „Befreiung“ aus der Bewegung zu tilgen?

Denn das treffende Wort kann nur jenes sein, das die Sache oder den Sachverhalt in ungetarnter, schlüssiger, allgemein verständlicher Form benennt.

Ein harmloseres Beispiel: Dem Einzelhandel ist es gelungen, die Grenze zwischen billig und teuer durch das Wort *preiswert* zu verwischen: Das Teure mag seinen Preis ja wert sein. Die Käufer sind dem so gründlich auf den Leim gegangen, dass „preiswert“ das regierende Synonym für billig geworden ist: „Benzin sieben Pfennig preiswerter“.

Folgerichtig sind die Einzelhändler bei *preisgünstig* angelangt. Was immer einer interessierten Partei noch einfallen mag: das treffende Wort lautet *billig*. Will man sagen, dass etwas „zwar teuer, aber seinen Preis wert“ sei, so muss man es wohl mit diesen Worten sagen, da „preiswert“ seinen Geist längst aufgegeben hat.

WEG MIT DEM SCHWULST!

Da geht es dem Preis wie dem *Bekenntnis,* das mal etwas mit Glauben und „Hier stehe ich" zu tun hatte und heute nur noch das Agentur-Klischee für die Behauptung eines Sonntagsredners ist, er sei für dieses und jenes, zum Beispiel für Wiedervereinigung, Entwicklungshilfe und soziale Ausgewogenheit. Alle drei sind zugleich auch sein *Anliegen.* Kurz: Was er redet und was über ihn berichtet wird (oder beides) ist Papierdeutsch, Blähung, Schwulst. Von einem deutschen Bankier in ganzen Sätzen ausgebreitet, liest Schwulst sich so:

> Die Erfahrungen der letzten Jahre zeigen, dass solche Unternehmen die Krise am besten meistern, die durch rechtzeitige Modernisierung ihrer Unternehmenspolitik neues schöpferisches Geistespotenzial schaffen und gleichsam neue „innere Märkte" erschließen. Das ist keine Absage an die Tradition, sondern die nüchterne Schlussfolgerung, dass Tradition im Bereich des Handelns dort ihren größten Wert erlangt, wo sie uns hilft, die Zukunft zu gewinnen.

Was hat er gesagt? Ein bisschen modernisieren, hat er gesagt. Doch wer wollte das nicht. Er hat also *nichts* gesagt. Er hat eine Festrede gehalten. „Dem Gedanken geht die festliche Rede aus dem Weg", schreibt Hermann Glaser. „Was gemeint ist, bleibt unklar; wahrscheinlich ist überhaupt nichts gemeint."

Was tut der arme Reporter, der in eine solche Wolke einen Nagel schlagen soll? Hoffentlich nichts, falls er die Freiheit dazu hat. Über eine Rede, in der nichts gesagt worden ist, kann nichts berichtet werden – außer, dass sie gehalten wurde. Darf der Reporter nicht schweigen, so tue er das Mögliche, nicht auch seinerseits gespreizt und fett zu schreiben, sondern *schlank.* Wolkige Wörter sind die Pest. Gemeinplätze ungemein zum Gähnen.

Auch den *abstrakten Oberbegriffen* sollte ausgewichen werden, wo immer wir das konkrete, besondere Wort kennen, das uns etwas zu sehen, hören, riechen, beißen gibt. Wenn ich lauter Birken sehe, werde ich nicht „Bäume" sagen; wenn ich Windkraft meine, werde ich mir „alternative Technologien" verbieten; habe ich Enten im Sinn, so meide ich das Wort „Geflügel" – Oberbegriffe nur entweder aus Mangel an Detailkenntnis oder weil es mir wirklich darauf ankommt, Hühner, Enten, Gänse und Truthähne mit einem Begriffsdach zu überwölben.

Mit der Höhe des Begriffs nimmt die Anschaulichkeit ab und die Zahl der Silben zu. Hühner höre ich noch gackern, Geflügel nicht. Jean Paul hat es verblüffend krass gesagt: „Je länger aber ein Wort, desto unanschaulicher." Wenn dies ein Dichter fordert, ist Kurt Biedenkopf nicht dafür zu tadeln, dass er versucht, sich an das Rezept zu halten: „Die Wörter sollten nicht mehr als zwei Silben haben" – empfohlen in einem Sprachbrevier, das Biedenkopf 1982 für den Wahlkampf im Kohlenpott ausarbeiten ließ.

In der Tat: Der Geisterfahrer besteht aus vier Silben, der Gegenrichtungsfahrbahnbenutzer aus neun. Schwitzen hat zwei Silben, transpirieren vier; Dauerregen vier Silben, „ergiebige Niederschläge" acht; Stuhl und Tat haben eine Silbe, Sitzgelegenheit und Aktivitäten fünf.

Nach demselben Rezept kann man aus geblähten, abstrakten Imponiervokabeln ziemlich einfach passable Wörter machen: aus *Rücksichtnahme* Rücksicht, aus der *Aufgabenstellung* die Aufgabe, aus dem *Heilungsverlauf* die Heilung (die schließlich immer ein Verlauf ist), aus *vorrangigen Erfordernissen* das Dringendste, aus dem *Bewahren strengsten Stillschweigens* das Schweigen, aus *Motivationsstrukturen* über *Motivationen* und *Motive* oft schlicht die Gründe, manchmal den Grund. Der modische *Luftwiderstandsbeiwert* ist der altbekannte Luftwiderstand, verlängert um die Blähsilben der Beiwertszumessung, für die wir einen niedrigen Sympathiebeiwert empfinden sollten.

Müssen wir unsere *wirtschaftspolitischen Zielsetzungen* ändern? Wie wär's mit wirtschaftspolitischen Zielen? Oder, da Adjektive hinken, wenn sie ein Substantiv vertreten: mit den *Zielen der Wirtschaftspolitik?* Oder soll einfach *die Wirtschaftspolitik* geändert werden – weil es eben Politik ist, der Wirtschaft Ziele zu setzen? Wortballons zum Platzen bringen, bürokratischen Bombast in simples Deutsch verwandeln!

Silbenschleppzüge sind unanschaulich, schwer verständlich und uninteressant. Je kürzer ein Wort, desto rascher trifft es seine Sache und unseren Sinn.

Die Kunst der Abstraktion

Da will jemand sagen: „Wer in der Großstadt lebt, muss damit rechnen, dass er seinen persönlichen Charakter verliert, dass er krank und verrückt wird."

Schriebe er das, dann hätte er nicht nur zwanzig Millionen Großstädter auf dem Hals, die sich alle einbilden, danke, noch ganz normal zu sein.

Nehmen wir an, unser doppelter Doktor sei ein mutiger Mann, was durchaus vorkommen kann, dann wird er darauf pfeifen. Nicht den Groll derer, die sich getroffen fühlen, fürchtet er, sondern den Schaden, den sein Ruf erleiden könnte, wenn sich seine Aussagen als „einer wissenschaftlichen Nachprüfung nicht standhaltend" erweisen sollten.

Die Kunst, geisteswissenschaftlich unwiderlegbar zu werden, besteht darin, so lange zu abstrahieren, bis der endlich gefundene Begriff alle konkreten Angriffsflächen verloren hat – damit freilich auch alle Farbe, alle Kraft, jeden praktischen Sinn.

Also: Nicht der Großstadtbewohner muss mit all den genannten Unerfreulichkeiten rechnen, sondern der „Verstädterungsprozess" bringt sie eben so mit sich. Und wer redet von „krank", wo es sich doch nur um „vegetative Fehlsteuerung" handelt, wer von „verrückt", wo nur „emotionale Fehlprägung" gemeint ist! Denn das steht doch wohl fest, oder wer wollte es widerlegen, dass es eine „Gefahr der Vermassung durch den Verstädterungsprozess mit allen seinen Gefahren vegetativer und emotionaler Fehlsteuerung und Fehlprägung" gibt?

Rudolf Walter Leonhardt, Das Deutsch des deutschen Fernsehens (*Die Zeit*, 5. 12. 1980)

Der Wandertrieb ist des Müllers Lust

„Das Wandern ist des Müllers Lust, das Wandern" – das ist bescheiden, natürlich, frisch, und es lassen sich ohne Zwang die mannigfachsten Wendungen und Bilder daran anschließen. Ein moderner Poet hätte vielleicht angefangen: „Der Wandertrieb ..." Das wäre begrifflich genauer gewesen. Vom Wandertrieb aber kann es niemals wie vom Wandern heißen „... ist des Müllers Lust". Schon ist der Schreiber verpflichtet, wenn er einmal „Wandertrieb" gesagt hat, im zweiten Bilde feierlich zu werden. Schon ist er höher geschraubt, als einem gesunden Stil gut tut, und für ein etwa nötig werdendes drittes Bild hapert es bereits gewaltig mit der Möglichkeit der Abwechslung und Steigerung: „Der Wandertrieb, tief im jungen Blut verwurzelt, erhob machtvoll seine Schwingen" – so schlecht es einem Verwurzelten ansteht, die Schwingen zu erheben.

W. E. Süskind, „Vom ABC zum Sprachkunstwerk"

Von der Geschwätzigkeit

Er sagt immer alles. Er hat es nie gelernt, dass man als Schriftsteller von zehn beabsichtigten Wörtern nur eines schreiben darf und nicht elf.

Ludwig Thoma (über Ludwig Ganghofer)

Von Cäsar

Jedes selten gehörte und ungewohnte Wort solltest du fliehen wie ein Riff.

Cäsar (in einer verschollenen Schrift zur Grammatik)
laut Aulus Gellius (2. Jh. n. Chr.), Noctes Atticae I,10

Von der möglichen Größe eines kleinen Wortes

Ungeheuer war der Eindruck, den der Montblanc auf den dreißigjährigen Goethe machte: „Und immer wieder zog die Reihe der glänzenden Eisgebirge das Aug' und die Seele an sich... Man gibt da gern jede Prätension ans Unendliche auf, da man nicht einmal mit dem Endlichen im Anschauen und Gedanken fertig werden kann." Und weiter: „Der Montblanc kam immer mehr hervor. Die Sonne ging klar unter, es war ein so ..."

Ja, was für ein Anblick war es? Ein gewaltiger, großartiger, grandioser, ein titanischer oder gigantischer? Nein: „Es war ein so *großer* Anblick, dass ein menschlich Auge nicht dazu hinreicht."

„Man brauche gewöhnliche Worte und sage ungewöhnliche Dinge": diese Forderung Schopenhauers ist perfekt erfüllt. Ein simples, abgenutztes Wort ist frisch mit Kraft aufgeladen.

Einsam, stark und mit Logik kaum zu rechtfertigen steht dasselbe Wörtchen „groß" bei Georg Büchner. Lenz wandert durch die Vogesen:

„Die Sonne schnitt Kristalle, der Schnee war leicht und flockig, hie und da Spur von Wild leicht auf dem Schnee, die sich ins Gebirge hinzog. Keine Regung in der Luft als ein leises Wehen, als das Rauschen eines Vogels, der die Flocken leicht vom Schwanze stäubte. Alles so still, und die Bäume weithin mit schwankenden weißen Federn in der tiefblauen Luft. Es wurde ihm heimlich nach und nach. Die einförmigen, gewaltigen Flächen und Linien, vor denen es ihm manchmal war, als ob sie ihn mit gewaltigen Tönen anredeten, waren verhüllt; ein heimliches Weihnachtsgefühl beschlich ihn: er meinte manchmal, seine Mutter müsse hinter einem Baum hervortreten, *groß*, und ihm sagen, sie hätte ihm dies alles beschert."

10. KAPITEL

Das deutsche Wort

Das beste Deutsch
könnte aus lauter Fremdwörtern
zusammengesetzt sein,
weil nämlich der Sprache nichts
gleichgültiger sein kann
als das „Material“, aus dem sie schafft.

Karl Kraus

Der Turnvater Jahn kämpfte gegen die „Welschsucht“, der Psychologe Ludwig Klages gegen die „Schlammfluten der Fremdwörterei“. Solchen Kämpfern schließt sich das Buch nicht an. Es fragt lediglich: Wie steht es bei Fremdwörtern mit der Anschaulichkeit und der Verständlichkeit, an denen sich auch die deutschen Wörter messen lassen müssen? Am Rande wünsche ich mir allerdings, dass eine große Sprache wie die deutsche sich jene Dosis Selbstgefühl bewahrt, die Engländer, Franzosen, Italiener und auch viele kleine Sprachgemeinschaften besitzen.

Es kommt vor, dass Fremdwörter verständlicher sind als ihre deutschen Gegenstücke: Die *Adresse* ist populärer als die Anschrift, einen Brief *frankieren* geläufiger als ihn „freimachen“. Das Frankieren hat zudem den Vorzug, weder an das Freimachen des Oberkörpers zu erinnern noch an die ärgerliche Konstruktion, dass mein Brief „unfrei“ sein soll, bis mir die Post mit Hilfe eines Wertzeichens die Gnade gewährt, ihn zu befreien (frankieren heißt zwar nichts anderes, aber man hört den Unsinn nicht so leicht heraus).

Dennoch hat wohl Ludwig Reiners Recht, wenn er einen umso sparsameren Umgang mit Fremdwörtern anrät, je *höher* die Stilebene ist: Nicht zufällig sucht Iphigenie das Land der

Griechen mit der Seele und nicht mit der Psyche. Und kein Sprachliebhaber wird Sätze loben wie: „Russland gestattet sich einen schweren Komplex der Inferiorität, der seine Effizienz lähmt; es glaubt auf das infantile Ritual des Eigenlobs nicht verzichten zu können." (*Der Spiegel,* 24. 5. 1971)

Das ist arrogantes Wortgeklingel. Ähnlich, wenn sich der Gerichtsreporter in der frisch erworbenen Beherrschung des Begriffs *forensisch* sonnt oder der Literaturwissenschaftler sich zu schade ist, das Erzählerische, das er meint, so zu nennen – das *Narrative* muss es sein. In der *Zeitschrift für deutsche Philologie* (*deutsche* Philologie!) muss man lesen:

> Repetitio führt zur reflexio: Onomasiologische und semasiologische Parallelen und Kontraste legen den circulus vitiosus semantischer und existenzieller Fesseln bloß. (2/1975)

Vorschlag zur Praxis: Das Fremdwort ist willkommen oder mindestens erlaubt, falls es

- verständlich und treffend ist (Sex, Ironie)
- verständlich und auf dieser Stilebene nicht durch ein deutsches zu ersetzen ist (homosexuell)
- Lokalkolorit vermittelt (Datscha)
- zwar nicht allgemein verständlich, aber bisher ohne deutsche Entsprechung ist.

Am Rande: Mit Fremdwörtern lässt sich mitunter ein ironischer Effekt erzielen. „Es ist Gott vielleicht gar nicht recht", schrieb Heine, „dass die Frommen die Fortdauer nach dem Tode so fest annehmen – in seiner väterlichen Güte will er uns vielleicht damit eine *Sürprise* machen."

Gleichwohl bleibt es preiswürdig, gespreizte, ausgeleierte oder neu auftauchende Fremdwörter ins Deutsche zu verwandeln wie den Nonproliferationsvertrag (S. 29). Oder war es schlecht, dass J. H. Campe anno 1801 aus der *Exkursion* den „Ausflug" machte und aus dem *Supplikanten* den „Bittsteller"? Hat nicht der „Hubschrauber" eine Anschaulichkeit, die der *Helikopter* in keiner Sprache besitzt, in der er heimisch ist?

WEG MIT DEN ANGLIZISMEN!

Ein Sonderfall des Fremdworts ist der *Anglizismus* oder *Amerikanismus.* Er tritt in mehreren Formen auf:

1. Dümmliche Nichtübersetzung eines englischen Wortes: Inauguraladresse.
2. Irreführende Nichtübersetzung eines englischen Wortes: In den USA ist die *administration* die Regierung und nicht die Administration, was laut Lexikon nämlich „Verwaltung" und nicht Regierung heißt.
3. Verdrängung eines griechischen Worts in seiner deutschen Form durch ein griechisches Wort in seiner englischen Form (kein sehr dringender Vorgang, sollte man meinen): Technik heißt auf englisch *technology,* woraus deutsche Mitbürger gefolgert haben, technology müsse auf Deutsch „Technologie" heißen.
4. Eine scheinbar deutsche Wortprägung, die ein angelsächsisches Vorbild nachäfft: Wo immer das Wort „Netz" im übertragenen Sinn verwendet wird, ist der Anglizismus *Netzwerk* im Vordringen – weil „Netz" *Network* heißt (railway network: das Eisenbahnnetz); *net* bezeichnet nur ein Netz aus Garn und Tüll.

Englische Wörter auch in englischer *Aussprache* ins Deutsche zu übernehmen, hat gegenüber den Anglizismen den Vorzug der Ehrlichkeit. Was dabei herauskommt, muss uns deshalb noch nicht gefallen: das transatlantische Kauderwelsch der Marktforscher und Werbeagenturen zum Beispiel oder eine modische Richtung des Teenager-Jargons – selbst in der ehemaligen DDR, wo folgende Parodie umging:

> Ick liebe meine Muttasprache, det sarick euch janz cool. Die deutsche Sprache, wa, ob ickse nun live hör oda vonne single oda LP, wa, oda ob ickse uffn paperback lesen tu, also die deutsche Sprache, die is okay. Di is so'n richtja oldie, aba jrade, weilse so'n oldie is, is se echt. Die hat so'n irren touch, die machtma high!

ÜBER DIE SCHLEICHENDE SRILANKITIS

Noch in zwei anderen Formen tritt die oft überzogene Bewunderung für fremde Sprachen auf: zum einen im falschen Respekt vor der *Übersetzung* – das heißt möglicherweise einer schlechten Übersetzung. Sie wird meist trotzdem wie ein Wortlaut behandelt und folglich nicht redigiert; es gibt aber nur einen *englischen* Wortlaut der Rede des amerikanischen Präsidenten, einen deutschen kann es nicht geben, und die Übersetzung ist ein Annäherungsversuch, der mit der gebotenen Umsicht durchaus redigiert werden darf.

Zum Zweiten zeigt sich der falsche Respekt vor fremden Sprachen in der zumal deutschen Sitte, deutsche Namen für fremde Länder oder Städte mit großem Eifer den dort üblichen amtlichen Benennungen oder Umbenennungen anzupassen. Jahrhundertelang waren wir mit dem Namen *Persien* zufrieden; zwischen 1970 und 1980 wurde das schöne deutsche Wort für diesen Teil der Erde nach und nach durch das Wort *Iran* verdrängt. „So heißt es doch", lautete die Begründung.

Welch ein Argument! Wir heißen „Deutsche" – was schert das die Engländer, die uns „Germanen", die Franzosen, die uns „Alemannen", die Italiener, die uns „tedeschi" nennen? Kommen sie auch nur von fern auf die Idee, mit ihrer Sprache unserer Sprache nachzulaufen? Sind die Franzosen durch den Hinweis zu beeindrucken, dass die meisten von uns Deutschen absolut keine „Alemannen" sind und vielleicht nicht einmal sein wollen?

Im angelsächsischen Sprachraum sagt man zur Sowjetunion überwiegend *Russia*, wie vor siebzig Jahren. Dies ist der Ausdruck einer Gesinnung, die sich etwa auf die Formel bringen ließe: Es wäre ja noch schöner, wenn Lenin die Macht hätte, die englische Sprache zu verändern! Früher haben wir „Russisches Reich" mit Russia übersetzt, heute übersetzen wir „Union der sozialistischen Sowjetrepubliken" mit Russia, so ist unsere Sprache, Übersetzen ist eine Kunst, wir beherrschen sie eben.

So urteilt eine Sprache mit Selbstgefühl. Wir haben keins, das ist es. Wir hätten die Freiheit, „Sri Lanka" mit *Ceylon* zu übersetzen wie eh und je, und die Behauptung, das Land *heiße* Sri Lanka, trifft nicht zu: Auf singhalesisch heißt das Land Sri Lanka, und seit wann übernehmen wir singhalesische Wörter unübersetzt?

„Und dann sollen also deutsche Touristen in einem Land ankommen, das anders heißt, als sie es nennen?" Warum nicht! Auch die Franzosen treffen nicht in Allemagne ein, sondern in der Bundesrepublik Deutschland, und wir kommen nicht in Mailand an, sondern in Milano. Damit kann man leben.

„Soll das bedeuten, dass man auch statt ‚Niederlande' und ‚Großbritannien' Holland und England sagen darf?" Natürlich! „Aber Holland ist doch nur eine einzelne Provinz der Niederlande!" Na und? Sind die Alemannen mehr als ein Stamm der Deutschen?

„Und was sollen die Schotten sagen!" Was sie wollen. Welches Deutsch die Deutschen sprechen, geht die Schotten verhältnismäßig wenig an. Und wer eigentlich grämt sich über die Bewohner von Nordirland? Die werden unterschlagen, wenn wir „Großbritannien" schreiben. Die Nation heißt nicht Großbritannien, sondern „Vereinigtes Königreich von Großbritannien und Nordirland" – woraus hervorgeht, dass Großbritannien eine Insel ist und kein politischer Begriff, auf die Nation angewandt also ein ärgerlicher Zwitter zwischen dem deutschen Sprachgebrauch („England", „die englische Königin") und dem *United Kingdom,* wie das Staatsgebilde amtlich heißt.

Deutschtümelei? Nein: ein Appell, die deutsche Sprache nicht mit singhalesischen Silben anzudicken, die erst nach jahrzehntelanger Umgewöhnung von eben so vielen Menschen verstanden werden wie der Name, den sie verdrängen. Drei Srilankiern schmeicheln – und drei Millionen deutsche Leser irritieren? Die Rechnung geht nicht auf.

„Flotte Fremdwörtchen"

So stuft *Der Spiegel* (Heft 30/1979) jenen Zunftjargon ein, in dem er sich gefällt – ohne eine Spur der Selbstkritik:

„Freilich hatte es der SPIEGEL seinen jungen und älteren Lesern nicht eben leicht gemacht, denn in seinen Spalten wimmelte es nur so von flotten Fremdwörtchen: *Phänomenologie* und *Angstsyndrom* sind da zu lesen, *anorgasmisch* und *konspirative Zahlungsmodalitäten, couscous, domptieren* und *omertà, Ersatzsymbolik* und *Killerstürme, impulsgebremstes Management* und *palazzinari, Showbiz* und *Selbstprofilierung, Tohuwabohu, Joint Ventures* und *costruttori.*"

11. KAPITEL

Vorsicht mit Synonymen

Im Anfangs war das Wort,
es befand sich bei Gott,
und Letzterer identifizierte sich
mit Ersterem.

So heißt es bekanntlich *nicht* im Johannes-Evangelium, sondern: „Im Anfangs war das Wort, und das Wort war bei Gott, und Gott war das Wort. Dasselbige war am Anfangs bei Gott." Ein Affront nach allen Lehren des Deutschunterrichts: zweimal „Anfangs", je dreimal „Gott" und „Wort" und viermal „war" – haben denn weder der Evangelist noch sein Übersetzer Martin Luther je etwas vom *Wechsel im Ausdruck* gehört? (Offenbar doch, denn der letzte Satz beginnt mit „dasselbige", und vielleicht wäre es schöner gewesen, hier, jawohl, noch einmal „das Wort" zu sagen.)

Gut, das ist lange her. Doch warum schrieb Schiller: „Und setzet ihr nicht das Leben ein – nie wird euch das Leben gewonnen sein"? Hätte er beim zweiten Mal nicht *es* oder *dasselbe* oder das *Dasein* oder die *Existenz* schreiben sollen und müssen? In geradezu biblischer Hartnäckigkeit gefiel sich Goethe:

Alles geben die Götter, die unendlichen,
Ihren Lieblingen ganz,
Alle Freuden, die unendlichen,
Alle Schmerzen, die unendlichen, ganz.

Auch gut, das ist Poesie. Für den Journalismus aber gilt dasselbe wie für den Schulaufsatz: Wechsel im Ausdruck! Oder soll einer in drei Zeilen dreimal „machen" schreiben dürfen oder einmal „Österreich" und zweimal „österreichisch"?

Dreimal „machen" bestimmt nicht, dreimal Österreich möglichst nicht, und Wechsel im Ausdruck soll ja sein. Da aber unsere ganze Schul-Erziehung wie auch die eisernen Sitten der Nachrichtenagenturen und der meisten Rundfunksender solchen Wechsel im Ausdruck erzwingen wollen, muss es erlaubt sein, gegenzusteuern: Die zwanghafte Suche nach dem Synonym ist übertrieben; sehr oft produziert sie Lächerlichkeit oder eine drastische und ärgerliche Erschwerung des Verständnisses.

Trifft also Bundesaußenminister Genscher den sowjetischen Außenminister Gromyko. Zweimal „Außenminister" ist in vielen Redaktionen unerwünscht; folglich schreiben sie: seinen sowjetischen *Kollegen* Gromyko. Das wiederum klingt arg vertraulich, denn eigentlich ist eher Graf Lambsdorff Genschers Kollege als der Sowjetmensch. Also hat sich der *Amtskollege* durchgesetzt – was in der Tat weniger anbiedernd wirkt, nur leider töricht ist: Denn *collega* heißt „Amtsgenosse" und Amtskollege demnach Amtsamtsgenosse. Fazit: Für Außenminister gibt es kein Synonym. Sprachpfleger können nur darauf hinarbeiten, dass solche Amtsbrüder sich seltener begegnen.

Bis dahin bleibt es komisch, mit welcher Sicherheit wir in der Tagesschau auf den „Amtskollegen" rechnen können, sobald zwei Minister von verschiedener Nation, doch für vergleichbare Ressorts, sich treffen. Der Amtskollege gehört zu einer ganzen Liste von Zwangssynonymen, mit deren Hilfe man Wetten gewinnen kann, zumal wenn es sich um Texte im Fernsehen, im Hörfunk und (bei den Zeitungen) im Vermischten handelt. Wird der Tag kommen, an dem die zuständigen Redakteure über ihre Zwangshandlungen selber lachen – und das heißt: den Zwang zerbrechen?

Neben das *lächerliche* Synonym tritt das *abwertende.* Es ist natürlich nicht gleichgültig, ob ich von Hunden oder von Kötern spreche, von Gewinn oder Profit; und so machen *Spiegel* und *Stern* sich seit Jahren einen Jux daraus, jeden Pfarrer, über den sie etwas Negatives schreiben, bei der zweiten Nennung als „Gottesmann" vorzustellen („Da griff der Gottesmann ins Hosentürl").

Überhaupt lauert in jedem Synonym das Risiko, dass es nicht

total trifft (wie Lift und Fahrstuhl), sondern entweder eine andere Intensität ausdrückt (Wind – Sturm – Orkan) oder sich auf einer anderen Stilebene bewegt (Antlitz – Gesicht – Visage – Fresse). Genau genommen gibt es kein Synonym für „Wind" und keins für „Gesicht".

Die schlimmste Folge der Zwangsvorstellung, jeder Ausdruck *müsse* ausgewechselt werden, ist die Einbuße an Verständlichkeit. Wenn der Rundfunksprecher Österreich durch „das Donauland" oder die österreichische Regierung durch „Wien" ersetzt, so wird er bei einiger Aufmerksamkeit noch verstanden werden; aber dann sticht ihn der Hafer und er spricht vom *Ballhausplatz* – Kraftfutter für die Clique der Eingeweihten. Ein anderer wechselt zwischen den USA, den Vereinigten Staaten, Washington und dem State Department und meint viermal das fünfte, nämlich das amerikanische Außenministerium.

Den Vogel schießen jene Amtskollegen ab, die den Sudan im zweiten Satz durch *Khartum* und Jordanien durch *Amman* ersetzen („Amman befürchtet…"). Wer oder was ist Amman? Ein „Amtmann", jedoch in der Schweiz? (So ist es.) Oder am Ende der gefürchtete Dauerausscheider der Synonymitis?"

Der Ärger beginnt schon mit den Pronomen: Er und sie und es, damit ich mich im zweiten Satz nicht wiederholen muss. Oft mag das angehen. Aber möglich sind auch Sätze wie: „Er gebar ihr einen Sohn, dem sie ein guter Vater war" (wobei „er" ein weiblicher Dienstbote und „sie" eine männliche Schildwache ist).

Der Ärger verschlimmert sich mit der Sitte, Namen oder Substantive durch *Verweisungen* zu ersetzen: Ersterer und Letzterer, dieser und jener. Verliebt in den Wechsel des Ausdrucks, muten viele Schreiber ihren Hörern oder Lesern zu, in den vorletzten Satz zurückzuspringen und sich dort nach den geeigneten Bezugswörtern umzusehen. „Der Konflikt zwischen Syrien und Jordanien hat sich zugespitzt. Während Ersteres…, geht Letzteres davon aus…" Nein: „Während Syrien…, geht Jordanien davon aus." Für die meisten Länder gibt es kein erträgliches Synonym. Das ist weder ein Grund, Selbstmord zu begehen, noch ein Grund, Hörer oder Leser mit unverstandenen

Hilfswörtern zu ohrfeigen. Sollte aber dem Redakteur das Wort „Syrien" bei der fünften Nennung auf die Nerven fallen, so ist er wahrscheinlich ohnehin gut beraten, wenn er seinen Text über Syrien beendet.

Ersterer und Letzterer sind obendrein schon in sich falsch, weil beide Wörter sich nicht steigern lassen. *Dieser* oder *jener* stehen insoweit besser da, bringen aber den zusätzlichen Nachteil ein, dass die meisten Leute nicht wissen, ob „jener" den Ersten oder den Letzten meint. „Das Bewegliche malet das Feste stärker als dieses jenes", heißt ein Satz bei Jean Paul. Wer malt was wie?

Eine ähnlich lästerliche Sünde wie Herr Amman begehen jene Schreiber, die nach Synonymen für die tragenden Wörter, für die Säulen, die Bollwerke eines Textes suchen. Ein Autor, der *Glück* gegen *Lebensqualität* abgrenzen will und Lebensqualität gegen *Lebensstandard,* wird es schwer genug haben, die drei Begriffe zu verdeutlichen und präsent zu halten; die Vorstellung, man müsse auch noch nach Synonymen für eines der drei oder für alle drei Wörter suchen, wäre absurd – umgekehrt: Selbst wenn ein Synonym auf der Hand läge, müsste man es sich verbieten und die drei Schlüsselwörter unerbittlich wiederholen.

Nicht Abwechslung, nur Wiederholung schafft Verständlichkeit (La Roche). Man soll den Leuten nicht die vernünftige Erwartung austreiben, „dass jemand, der etwas anderes sagt, auch etwas anderes meint" (Christoph Schwarze). Das treffende Wort ist fast nie ein Synonym.

Für den Hörfunk empfiehlt La Roche sogar, Wiederholungen, die leicht vermeidbar wären, ausdrücklich vorzunehmen,

also nicht schreiben	sondern:
Zuvor hatte das Parlament Differenzen im Arbeitsbeschaffungsprogramm bereinigt. Eine einzige bleibt bestehen.	Zuvor hatte das Parlament Differenzen im Arbeitsbeschaffungsprogramm bereinigt. Eine einzige *Differenz* bleibt bestehen.

Dabei läuft jedoch ein Missverständnis mit, von dem ich meine, es sollte für alle Zeit mit Stumpf und Stiel beseitigt werden. Rundfunkredakteure, die in so dankenswerter Weise auf bessere Verständlichkeit hinarbeiten, stützen sich starr auf das Argument, dass der Hörer bekanntlich *nicht zurücklesen* könne, also ihm besonders leicht verständliche Texte angeboten werden müssten. Und dies ist ein falsches Argument für eine richtige Sache.

Denn dass der Hörer nicht zurücklesen *kann,* hat keine andere Wirkung als der Umstand, dass der Leser nicht zurücklesen *will.* Es ist abenteuerlich zu unterstellen, ein Leser habe zwar die erste Hälfte eines schwierigen Satzes nicht verstanden, sei aber gleichzeitig von der Gier erfüllt, von der technischen Möglichkeit des Zurücklesens Gebrauch zu machen! Das tun vielleicht ein paar pensionierte Lehrer, und hie und da mag es geschehen bei Informationen, die der Leser aufregend findet, weil es sich zum Beispiel um Preise oder Steuern handelt. Die meisten Leute in den meisten Lebenslagen aber denken nicht daran, einen Satzteil zweimal durchzulesen. Also haben wir ihnen die Klarheit im ersten Anlauf zu liefern, oder wir haben unseren Beruf verfehlt.

„Die Probe der Güte ist, *dass der Leser nicht zurückzulesen hat*", schrieb Jean Paul. Das war 1804. Recht hat er – für *alle* journalistischen Texte.

Wetten?

Wenn es bei der ersten Nennung heißt	... so folgt als zweite Nennung zuverlässig:
Ägypten	das Nilland
Elefant	der Dickhäuter
Frankfurt	die Mainmetropole
Hase	Meister Lampe
Hund	der Vierbeiner
Kirche	das Gotteshaus
Köln	die Domstadt
Mond	der Erdtrabant
Nachtigall	der gefiederte Sänger
Österreich	das Donauland
Sonne	das (leuchtende) Zentralgestirn
Storch	Freund Adebar
Wien	die Donaumetropole
Wildschwein	der Schwarzkittel

Nicht gerechnet die neckischen Eigennamen aus der Wohnküche und der Walt-Disney-Welt, die immerhin in vielen Redaktionen verpönt sind:

Dackel	Waldi
Delfin	Flipper
Elefant	Jumbo
Katze	Muschi
Reh	Bambi

12.KAPITEL

Weg mit den Marotten!

Der Stil ist die Physiognomie des Geistes.
Sie ist untrüglicher als die des Leibes.
Affektation im Stil ist dem Gesichterschneiden zu vergleichen.

Schopenhauer, „Über Schriftstellerei und Stil"

Ohne Mätzchen schreiben, nicht mit Wörtern protzen, nicht auf Glatzen Löckchen drehen – das ist eine klare Regel, über die alle Stilisten von Rang und alle Lehrer der Stilkunst sich einig sind. Mit ihrer Befolgung wäre viel gewonnen.

Doch leider: Wie jene Sechzehnjährigen, die sich an ihrem frisch erworbenen Wortvorrat besaufen, so umschlingen viele nicht mehr sechzehnjährige Journalisten ihre Sätze mit exotischen Vokabeln und lassen Wörter in pompösen Polonaisen paradieren.

Nichts einfacher als ein *Stabreim* wie dieser – eine Mode, die gleichwohl seit Germanen-Zeiten über Richard Wagner bis zum Feature-Redakteur von 1983 in Ehren gehalten wird. Zehntausend deutsche Journalistenherzen schlagen höher, wenn es ihnen gelungen ist, eine Überschrift nach dem Muster „Bauern, Bonzen, Bomben" zu entsinnen wie die Fernsehsendereihe „Titel, Thesen, Temperamente". Da trifft sich die *Neue Revue* (über Budapest: „Gulasch, Geigen und Genossen", 41/1981) mit *Geo* (über Ceylon: „Turmaline, Tempel und Touristen", 4/1981) und der *FAZ* („Kinder, Köhler, Kannibalen", 4. 5. 1981). Warum nicht auch im Text: „... wo weiland das Plakat ‚Prestige' pappte (*WamS*, 7. 9. 1980).

Mit gutem Deutsch hat dies ungefähr seit der Edda nicht mehr viel zu tun. Auch die Verständlichkeit sinkt, wenn man allein des Reimes wegen nach *Turmalin* und *weiland* greift. Bleibt zu fragen, ob die Leser es attraktiv finden, immer noch und auch beim tausendsten Mal. Ich will es nicht hoffen, aber auch nicht ausschließen. Jedenfalls: Das Gesuchte und Gezierte, das Geblähte und Gequälte ist im altdeutschen Stabreim trefflich aufgehoben.

Freilich ist er ein kleines Übel, verglichen mit den miesen Maschen, Moden, Meisen, Mätzchen, Marotten und Manien, mit denen der *Spiegel* die deutsche Journalistensprache überzogen hat.

Seit nunmehr 36 Jahren gehört beim *Spiegel* die Manieriertheit zur Geschäftsgrundlage. Seine Geschäfte gehen gut, insoweit hat er Recht. Traurig ist nur: Was da eine Hand voll *Spiegel*-Redakteure eingeführt und durchgehalten hat, wird jede Woche fünf Millionen Mal gelesen; und als ob das nicht genügte, werden die *Spiegel*-Maschen von Tausenden deutscher Journalisten nachgestrickt; und da das immer noch nicht auszureichen schien, hat der Duden sich entschlossen, den *Spiegel* unter seine Quellen aufzunehmen, kommentarlos, versteht sich – sodass die millionenfach multiplizierten Marotten nun auch noch mit dem Anschein der Korrektheit versehen worden sind.

Die Macht jener *Spiegel*-Redakteure ist beneidenswert, und selbstverständlich schwingt Neid in meinem Angriff mit. Ihre Vehemenz jedoch bezieht diese Attacke aus der geradlinigen, wohlfundierten Wut auf einen derart überzwirbelten Umgang mit jener Sprache, in der es einmal Stilisten wie Heine, Nietzsche, Marx und Freud gegeben hat.

Warum der *Spiegel* so ist, wie er ist, darüber gibt es vorzügliche Analysen, die ich nicht verlängern kann und nicht wiederholen möchte. Hier geht es nur darum, unserer Zunft in kurzer Übersicht ins Gedächtnis zu rufen, mit welchen Mitteln und bis zu welchem Grade die deutsche Sprache durch den *Spiegel* Woche für Woche verunstaltet wird.

„Absicht und Zwang, auf möglichst wenig Raum möglichst viel mitzuteilen, zwingt im Deutschen zu Spracherfindungen, die sich um Purismus nicht immer kümmern können", schrieb der *Spiegel* zu einem der vielen Angriffe auf sein verquastes Deutsch (6/1973). Die Kürze also – und absolut kein Stilwille soll es sein! Eine Schutzbehauptung, die leicht widerlegbar ist.

Ein Musikverleger untersuchte, ob sich mit der „Internationalen" noch Geld verdienen lasse – hätte man sagen können; doch der *Spiegel* schrieb: Der Verleger prüfte „die kommerzielle Melkbarkeit der roten Litanei". In der Tat: Das sind zwei Silben weniger, doch wer wollte glauben, es wären diese zwei Silben gewesen, deretwegen sich der Spiegel zur zweiten Formel entschloss – und nicht der Wunsch, den Leuten zu imponieren durch solche mit Gags überfrachtete Stil-Equilibristik? Raum sparend schreiben kann die Bildzeitung besser.

„Vom Wolfgangsee heimgekehrt nach Bonn, verbreitete der Generalist sofort Generelles", begann eine *Spiegel*-Story über Helmut Kohl. Was, außer ein bisschen Häme, ist die Substanz dieses Satzes? Das schlechthin Generelle streichen!, lautet einer der ältesten Ratschläge für Kürzungswillige.

„‚Da kommt es', fürchtet ein SPD-Vorständler, ‚zum großen Showdown.'". Der Satz enthält zwei *Spiegel*-Marotten auf einmal: den Zitierten nach einem Zitatfetzen vorzustellen (wie seit dem 19. Jahrhundert nicht mehr üblich), statt vor oder nach dem Zitat, was keinen Millimeter zusätzlichen Platz beanspruchen würde; und die – zugegeben – auf kurz gequälte Funktionsbezeichnung: Vorständler, ähnlich wie Deutschbankier, Koalitionär, Sozialausschüssler.

Funktionen, Relationen und Eigenschaften als eine Art Titel vor den Namen zu stellen, wie „Regierungsrat" oder „Bäckermeister": das ist neben den Bildtexten die albernste *Spiegel*-Masche. *Frühschöppner* Höfer liest man da, *Brandt-Schatten* Gaus, *Flame* Manu Ruys, „Katholik Hitchcocks letzter Film" und „Aus *Regionalgott* Jahwe wurde ein Weltrichter". Gibt es noch ein paar Deutsche, denen die Zähne singen bei diesem über Kreuz gelöteten Quark? Vielen Journalisten scheint er göttlich zu munden. „*Wencke-Freund* Pfleghar" schreibt die *Welt* und „die Scheidung von *Queen-Schwester* Prinzessin Margaret" das *Hamburger Abendblatt*.

Mit über Bord geht dabei der Genitiv. Schriebe man „die Schwester der Queen" oder, um einen ganzen Anschlag länger, „Brandts Schatten" und „Wenckes Freund", so wäre mit bescheidenen Mitteln normales Deutsch entstanden – doch eben dies ist nicht gefragt. Wenn der *Spiegel* einen Genitiv zulässt, dann in der manierierten Form von „Frankreichs Mitterand". Den Genitiv hat für sein Reich auch das Haus Burda abgeschafft: Der Chefredakteur *der Bunte* oder *von Bunte* liest man da. Ob wir einen Herausgeber der *Frankfurter Allgemeine* oder einen Korrespondenten der *Süddeutsche Zeitung* noch erleben werden?

Flame Ruys *mit Ehefrau Ottilie und Sohn Otto:* Darüber wundern sich viele schon nicht mehr. Allenfalls dann noch, wenn durch diese Technik der Eindruck entsteht, es gebe einen Komponisten Otto Wagner: „... während ihr nobler Ehemann *Otto Wagners Schulden* beglich" – gemeint war: während ihr Mann, Otto Wesendonk, Richard Wagners Schulden beglich.

Die *Bildunterschriften* mürben uns fast durchweg mit der Masche: „Überklebtes Wahlplakat: Hilfe aus dem Bahnhofsviertel". Nur Narren meinen, der *Spiegel* meine, das Wahlplakat habe etwas *gesagt.* Die Eingeweihten frohlocken über den Doppelpunkt und erkennen ihn als heiliges Zeichen, als Hieroglyphe: Er teilt mit, dass zwischen dem, was vor ihm, und dem, was hinter ihm steht, jeder erdenkliche oder überhaupt kein Zusammenhang besteht. Schick, nicht? So weit jedoch der Bildinhalt erklärt werden muss, geschieht dies per Fußnote – Platzersparnis durch kleinen Schriftgrad, in der Tat.

Von *Time,* dem Vorbild aller Nachrichtenmagazine, erfunden, hunderttausendfach praktiziert (und inzwischen abgeschafft), vom *Spiegel* hunderttausendfach nachgeäfft (und das noch immer), hat der doppelte Rittberger über den Doppelpunkt hinweg inzwischen die halbe deutsche Presse erobert. Wem nichts anderes einfällt, der schreibt statt „Gisela Müller hatte einen Einfall" wenigstens „Hatte einen Einfall: Gisela Müller" (hinreißend!), ja, es gibt feinsinnige Redakteure, die sogar die deutsche Wortstellung beibehalten: „Gisela Müller hatte einen Einfall". Man bedenke: Durch das bloße Weglassen der Hieroglyphe wäre ein ganz normaler deutscher Satz entstanden! Hier sieht man die Marotte nackt. Sie trägt nichts, sie bringt nichts, sie ist die Masche an sich.

Da der *Spiegel* mit seiner Meise Geld verdient, möge er sie füttern. Für ihn liegt darin eine wenigstens kaufmännische Vernunft. Die Nachahmer jedoch sollen sich fragen, ob solcher Sprachdurchfall nicht das bleiben könnte, was er eine Zeit lang konkurrenzlos war: ein Markenzeichen des *Spiegels.* Und ob der deutschen Sprache außer selbstverliebten Wortjongleuren nicht auch ein paar richtige Liebhaber zu gönnen wären.

Stil-Equilibristik aus drei Jahrzehnten

Asmodi, ein Mann von Kunstverstand und samtiger Salondämonie, erregt selten Vivat-Rufe deutscher Kunstsachverständiger: Seine Werke entraten engagierten Wackersinns und neigen zu satirischer Stil-Equilibristik.

Der Spiegel, 52/1967

Schnaps wird dann wieder Schnaps sein. Warten wir auf den Mai. Windige Wende. Wendige Winde. Oder auch: windige Wände. Tendenz, Tendenz …

Vollständiges Zitat der letzten fünf Zeilen
des Aufmachers von *Spiegel* 1/1975

Dennoch bieten diese Schwenks über Schmuddel-Krempel und Edel-Roben weniger Augenkitzel für reizgeile Zuschauer als einen nüchtern-ungeschönten Einblick in die Fluchtstätten junger Menschen, die sich von einer Gegenströmung der Konsumgesellschaft treiben lassen. Ausschließlich aus O-Tönen vor Ort komponiert, ohne soziologisches Gefasel aus dem Off, kommt dieser „Video“ hart zur Sache. „Die Punks“, motzt da Punk Peter, „sind gegen die Spießer, gegen die Ärsche, wie sie leben, im Tran drin.“

Der Spiegel, 35/1981

Ergib dich, Gag, du bist umzingelt!

Die Kleingeld-Dinosaurier liegen im Koma. Ihre Agonie begann, als die Benzinpreise hochschnellten wie das Quecksilber beim Kindbettfieber. Die Leute im Land der unbegrenzten Möglichkeiten sahen plötzlich Grenzen: Die Zapfsäulen konnten die geliebten Blech-Babys nicht mehr füttern; die große Krise der großen Autos war da.

Sie schwappte im März 1979 via Satellit über den großen Teich. Bilder von Schlangen durstiger Hubraum-Riesen vor trockenen Tankstellen suggerierten auch den rund 70 000 Ami-Eignern zwischen Aurich und Altötting das drohende Ende des american way of drive.

Der Händler Halden schwollen wie Rinnsteine beim Platzregen. Träume aus Blech wurden zum Alptraum.

Das Image der Großen, einst mit Erfolg geliftet wie die Knef, wurde Kainsmal. Das Etikett „Säufer" klebte, wo weiland, als Benzin so billig war wie Milch, das Plakat „Prestige" pappte.

Welt am Sonntag, 7. 9. 1980

Wie man gut, interessant und verständlich schreibt (II): Die Sätze

13. KAPITEL

Bedingtes Lob für kurze Sätze

Sturzbäche erstaunlicher Satzgefüge,
prachtvoll exotische Klänge,
Sätze, labyrinthisch gebaute, mit kunstvoll
verborgenen Prädikaten,
die manchmal unerklärlich verloren gingen…

Joseph Roth, „Der blinde Spiegel"
(über die Diktate des
Rechtsanwalts Finkelstein)

Bisher waren es allein die *Wörter*, die uns beschäftigten. Wer unter ihnen eine kluge oder instinktsichere Auswahl trifft, hat schon halb – hat erst halb gewonnen.

Wörter zu *Sätzen* zusammenzustellen enthält eine Chance und ein zusätzliches Risiko. Die Chance ist, einen wohl überlegten, überaus kritischen Satzbau zu betreiben, bei dem aus schwankenden Wörtern dennoch ein leidlich stabiles Haus entsteht.

Da aber kritischer Satzbau selten ist und zumal die deutschen Satzbaupläne schlimme Verführungen enthalten, gilt im Allgemeinen: Die Unklarheit der Sätze ist meist noch größer als die Summe der Unklarheit oder Hässlichkeit der Wörter, aus denen die Sätze bestehen. Redakteure, Wissenschaftler und Behörden demonstrieren Tag für Tag, wie man auch aus verhältnismäßig durchsichtigen Vokabeln Satzschachteln und Buchstabenburgen basteln kann, in denen die Summe der Teile die Teile nicht erleuchtet, sondern verdunkelt.

Der häufigste, der klassische Rat an jeden, der verstanden werden will, lautet daher: Schreibe *kurze Sätze!* Aber was ist das – ein kurzer Satz? Kommt es auf die Zahl der Wörter oder die der Silben an? Die beiden folgenden Sätze bestehen jeder aus acht Wörtern:

> Ich sah, wie der Blitz den Baum traf.
>
> Der Schnellzugzuschlagsverkauf im fahrenden Reisezug sollte unterbunden werden.

Die ersten acht Wörter haben 8 Silben, die zweiten 22. Weiter: Berechnet man die Länge von Punkt zu Punkt, oder sind nicht der Doppelpunkt, das Semikolon und der Gedankenstrich (der einfache, nicht die Parenthese) ähnlich klare Zäsuren?

Wörter **pro Satz**	**Aus wie vielen Wörtern soll ein Satz bestehen?**
47 %	der Sätze in der Bildzeitung haben 4 Wörter oder weniger
9	Obergrenze der *optimalen* Verständlichkeit laut dpa
7–14	Obergrenze für gesprochene Texte (S. 95)
10–15	Empfohlene durchschnittliche Satzlänge nach Seibicke
12	Durchschnittliche Satzlänge in der Bildzeitung
17	Durchschnitt im Johannes-Evangelium. Durchschnitt in den Buddenbrooks (Th. Mann)
18	Obergrenze der Leichtverständlichkeit nach Reiners (S. 94); Durchschnitt in der *Westdeutschen Allgemeinen*
20	Obergrenze des *Erwünschten* bei dpa
30	Obergrenze des *Erlaubten* bei dpa (Vgl. aber S. 163!) Durchschnittslänge des lead-Satzes im amerik. Dienst der AP
31	Durchschnitt im „Dr. Faustus" (Th. Mann)
92	Durchschnitt im „Tod des Vergil" (Hermann Broch)

Ferner: Wer nicht fähig oder willens ist, seine Sätze klar zu bauen, kann leicht auch innerhalb der Grenzen des Erwünschten (bei Reiners: 18 Wörter, bei dpa: 20) ein hässliches und schwer verständliches Deutsch produzieren.

> Mit 15 Wörtern: „Was vorgeht, ist viel gefährlicher, als es selbst Mandatskäufe, so es sie gegeben hat, sind." (*Spiegel*, 29. 9. 1972)

> Mit 16 Wörtern: Die an dem von dem vor dem Rathaus liegenden Platz abgehenden Weg befindlichen Häuser werden abgerissen.

Vor allem aber: Eine *Reihung* kurzer Sätze ist wie ein Ochsentrott (Storz); sie kann leicht die „Banalitätsschwelle" unterschreiten und dadurch einschläfern (Früh). Mackensen spricht von *Hackstil*, Reiners warnt vor *Zwergsätzen* und *Asthmastil*. Der hier ist so einer:

> Die Menschen spürten das und mochten ihn. Nicht zuletzt deswegen. Nur den Apparatschicks blieb er unheimlich. Zu geistig. Zu überlegen. Ein Denker unter Machern. Ein Antifunktionär unter Funktionären. (*Die Welt*, 13. 12. 1979)

Süskind findet den Satz „Hagen erschlug Siegfried" zu kurz, das Verbum sei nicht genug belastet, mindestens in der Häufung seien solche Sätze hässlich: „Sätze müssen so lang sein, wie der Atem ihres Zeitworts reicht." Dem entspricht die Erfahrung Werner Frühs, dass der Anteil der Verben an den Wörtern eines Textes auch übertrieben werden kann.

Aus alldem folgt: Die Lehre der amerikanischen „readability"-Schule, wonach ein Text umso verständlicher wird, je kürzer seine Wörter und seine Sätze sind – diese Lehre ist bezüglich der Sätze mit Vorsicht anzuwenden und in der Verallgemeinerung falsch. Nicht einmal lange Sätze sind schlecht, sagt Rauter, „wenn der Autor gut ist". Von der viel zitierten Faustregel bleibt also nur übrig:

Kurze Sätze sind meistens verständlicher und lesen sich oft angenehmer als lange Sätze – jedenfalls als solche Sätze, die verschachtelt und überfrachtet sind. Das Optimum an eingängigem und attraktivem Deutsch lässt sich durch einen lebhaften Wechsel von mäßig kurzen und mäßig langen Sätzen erzielen.

Daneben haben kurze Sätze zwei gute Eigenschaften, über die seltener gesprochen wird. Die eine: Sie zwingen den *Schreiber,* seine Gedanken zu disziplinieren. E. A. Rauter hat das vortrefflich dargestellt:

> Um kurze Sätze schreiben zu können, muss man erst gearbeitet haben. In langen Sätzen bleibt die Unwissenheit des Autors leicht verborgen – ihm selbst und dem Leser. Der lange Satz ist im Journalismus meist eine Zuflucht für den, der sich eine Sache nicht erarbeitet hat. Kurze Sätze kann man nicht schreiben, wenn man nicht genau Bescheid weiß.
> Kurze Sätze sind nicht deshalb angebracht, weil Leser zu dumm wären, längere Sätze zu verstehen. Kurze Sätze bedeuten, dass die Redakteure die Arbeit geleistet haben, für die sie von den Lesern bezahlt werden. Haben die Redakteure einen Sachverhalt in kürzeren Sätzen dargeboten, können ihn die Leser leichter und schneller aufnehmen. Bei einer Zeitung heißt das, die Leser nehmen sonst überhaupt nicht auf. Lange Sätze bedeuten: Redakteure schieben einen Teil ihrer Arbeit auf die Leser.
> Der Erfolg der „Bildzeitung" beruht darauf, dass ihre Redakteure mehr arbeiten. Sie arbeiten an den Nachrichten, sie setzen sie um, knapp und korrekt. Der Leser versteht beim Hinschauen, um was es geht. Es sind nicht so sehr die Sachen – Blut, Verbrechen und Klatsch –, die die „Bildzeitung" attraktiv machen, als vielmehr die Tatsache, dass der Leser vom Text aufgenommen wird. Er fühlt sich wohl in der Zeitung, weil er alles begreift.

Die andere oft übersehene gute Eigenschaft: Als *Anfang* eines Textes ist der kurze Satz der größte – wenn es gelingt, die wenigen Wörter mit Substanz oder mit einer Erwartungsspannung zu erfüllen. Bei Nachrichten wird das selten möglich sein. Möglich ist es in der Literatur:

> Ja, wir sind Landstreicher auf Erden
> Knut Hamsun, „Das letzte Kapitel"
>
> Ich schnallte in Grimma meinen Tornister, und wir gingen.
> Johann Gottfried Seume, „Spaziergang nach Syrakus"
>
> Der Knabe war klein, die Berge waren ungeheuer.
> Heinrich Mann, „Die Jugend des Henri Quatre"
>
> Es traf ihn unvorbereitet.
> Siegfried Lenz, „Der Verlust"

Erstaunlich: Auch wenn ebenso kurze oder noch kürzere Sätze uns mit einem unbekannten Namen überfallen, ziehen sie uns sogleich in die Geschichte hinein; wir mögen eben die lebenden Menschen, selbst wenn wir sie nicht kennen.

> Den 20. Jänner ging Lenz durchs Gebirge.
> Georg Büchner, „Lenz"
>
> Call me Ishmael.
> Herman Melville, „Moby Dick"
>
> Und da war Gnotke.
> Theodor Plievier, „Stalingrad"
>
> Ilsebill salzte nach.
> Günter Grass, „Der Butt"

Es geht auch in journalistischen Texten: im Kommentar und vor allem in der Reportage. In der *Süddeutschen Zeitung:*

> Bleiben Sie in Deckung, Señor, sagt der junge Mestize leise. (1.12.1981)
>
> Der Oberleutnant vom sowjetischen Sicherheitsdienst ist glücklich. (3. 12. 1981)

Unter den Preisträgern des Egon-Erwin-Kisch-Wettbewerbs:

> Jeder an Bord hat seine Geschichte. (Peter Sartorius)

> Der Junge schmeißt mit schweren Messern, die seinem Onkel gehören. (Roger Anderson)

Oder in der Zeitschrift *Geo:*

> Wenn er zur Attacke bläst, wirft er Männer aus dem Stand. (9/1981)
>
> Einmal Zukunft und zurück! (11/1981)

Bei allem Misstrauen gegen mechanisches Wörterzählen, bei allen Vorbehalten gegen die unkritische Empfehlung kurzer Sätze sollten wir uns die Chance nicht entgehen lassen, die in der Kürze liegen kann. Übertrieben, doch auf große Weise übertrieben sagt es der Sprachphilosoph Ludwig Wittgenstein, Lang- und Vielschreiber sollten es sich über den Schreibtisch hängen:

> Alles, was man *weiß,* nicht bloß rauschen und brausen gehört hat, lässt sich in drei Worten sagen.

Das Ludwig-Reiners-Schema

	Wörter pro Satz	je 100 Wörter		
		aktive Verben	Menschen	Abstrakte Substantive
Sehr leicht verständlich	bis 13	15 und mehr	12 und mehr	bis 4
leicht verständlich	14 – 18	13 – 14	10 – 11	5 – 8
verständlich	19 – 25	9 – 12	6 – 9	9 – 15
schwer verständlich	25 – 30	7 – 8	3 – 5	15 – 20
sehr schwer verständlich	31 und mehr	6 und weniger	2 und weniger	21 und mehr

Die Zahl der aktiven Verben und der vorkommenden Personen wertet Reiners positiv, die der abstrakten Substantive negativ. Das Ganze will Reiners nur als *Zollstab* verstanden wissen, als erste Annäherung und ungefähren Anhaltspunkt.

Bei 14 ist Schluss

Drei Untersuchungen laufen gemeinsam darauf hinaus, dass ein gesprochener Satz problematisch wird, wenn er die Länge von 7 bis 14 Wörtern übersteigt.

Der Tübinger Sprachwissenschaftler Erich Straßner sagt: Unser Kurzzeitgedächtnis beim Zuhören hat eine Speicherkapazität von 7 bis maximal 14 Wörtern.

Das Paderborner Institut für Kybernetik hat nach einem achtjährigen Test 1983 ermittelt, beim wievielten Wort in gehörten Texten das Verständnis aussetzt:

- bei siebenjährigen Kindern mit dem 8. Wort.
- bei einem Drittel der Erwachsenen mit dem 11. Wort.
- bei mehr als der Hälfte der Erwachsenen mit dem 14. Wort.

Das Institut für medizinische Psychologie der Universität München hat 1982 festgestellt: Die Dauer, für die „der Augenblick" in unserem Bewusstsein verweilt (der als „Gegenwart" erlebte Zeitabschnitt, unser *Gegenwartsfenster*) ist zwei bis drei Sekunden lang.
So lang dauert das Sprechen von drei Vierteln der Gedichtzeilen deutscher Sprache, so lang dauern die meisten musikalischen Motive. Drei Sekunden sind für 7 oder 8 gesprochene Wörter gut.

In der *Tagesschau* werden zusammengehörige Satzglieder bis zu 20 Sekunden weit auseinander gerissen *(Spiegel* 51/1978). Das laute Lesen der Klemmkonstruktionen auf S. 118 dieses Buches nimmt 25 bis 30 Sekunden in Anspruch.

Dabei ist zu beachten: Die Unterstellung, Texte zum Lesen dürften länger sein als Texte zum Hören, ist populär, aber dubios (S. 77f).

Ein ziemlich verständlicher (und höchst vergnüglicher) Satz von 192 Wörtern

Wenn man nun die wichtige Rolle betrachtet, welche die Geschlechtsliebe in allen ihren Abstufungen und Nuancen, nicht bloß in Schauspielen und Romanen, sondern auch in der wirklichen Welt spielt, wo sie, nächst der Liebe zum Leben, sich als die stärkste und tätigste aller Triebfedern erweist, die Hälfte der Kräfte und Gedanken des jüngeren Teiles der Menschheit fortwährend in Anspruch nimmt, das letzte Ziel fast jedes menschlichen Bestrebens ist, auf die wichtigsten Angelegenheiten nachteiligen Einfluss erlangt, die ernsthaftesten Beschäftigungen zu jeder Stunde unterbricht, bisweilen selbst die größten Köpfe auf eine Weile in Verwirrung setzt, sich nicht scheut, zwischen die Verhandlungen der Staatsmänner und die Forschungen der Gelehrten störend mit ihrem Plunder einzutreten, ihre Liebesbriefchen und Haarläckchen sogar in ministerielle Portefeuilles und philosophische Manuskripte einzuschieben versteht, nicht minder täglich die verworrensten und schlimmsten Händel anzettelt, die wertvollsten Verhältnisse auflöst, die festesten Bande zerreißt, bisweilen Leben oder Gesundheit, bisweilen Reichtum, Rang und Glück zu ihrem Opfer nimmt, ja den sonst Redlichen gewissenlos, den bisher Treuen zum Verräter macht, demnach im Ganzen auftritt als ein feindseliger Dämon, der alles zu verkehren, zu verwirren und umzuwerfen bemüht ist – da wird man veranlasst auszurufen: Wozu der Lärm? Wozu das Drängen, Toben, die Angst und die Not? Es handelt sich ja bloß darum, dass jeder Hans seine Grete finde.

Arthur Schopenhauer, „Die Welt als Wille und Vorstellung“ (II, 4, 44)

14. KAPITEL

Hauptsachen in Hauptsätze!

Hauptsätze! Hauptsätze! Hauptsätze!

Kurt Tucholsky
„Ratschläge für einen guten Redner"

Auch dieser Rat ist populär und gut. Beherzigt wird er so selten wie der, die Sätze kurz zu halten, und eine ziemlich grobe Faustregel mit ziemlich vielen Einschränkungen ist er ebenfalls. Denn:

- Gereiht wirken Hauptsätze unangenehm und schließlich ermüdend – genau wie gehäufte kurze Sätze, mit denen sie ja oft identisch sind.
- Was grammatisch ein Nebensatz ist, kann inhaltlich ein Hauptsatz sein *(Inhaltssatz):* „Es trifft sich, dass ich im Lotto gewonnen habe" oder „Den Umstand, dass Du Deine Frau geohrfeigt hast, finde ich bemerkenswert". Mit solchen Hauptsätzen ist nichts gewonnen.
- Nebensätze können durch *Partizipial-Konstruktionen* vertreten werden, die den Hauptsatz-Charakter wahren, aber die Verständlichkeit zertrümmern: Die an dem von dem vor dem Rathaus…, siehe S. 91. (Mehr über solche Konstruktionen im nächsten Kapitel.)

Tucholsky zum Trotz: Der klassische deutsche Satz besteht aus einem Hauptsatz mit angehängtem Nebensatz; Kap. 17 wird das anschaulich zu machen suchen.

Sparsamer *Hauptsatz-Stil* ist zwar gewiss leichter zu verstehen als einer mit Schachtelsätzen, auf Dauer attraktiv ist er jedoch nicht. Der Hörer kann vom Satzbau her alles verstehen, was gesagt wird, aber ob er solch banalem

> Stakkato auch zuhören will? *Abwechslung im Satzbau* ist wichtig, und Nebensätze sind nicht nur erlaubt, sondern nötig; sie müssen bloß am richtigen Platz stehen. (La Roche)

Richtiger und wichtiger als die Faustregel „Hauptsätze!" ist eine andere: *Hauptsachen gehören in Hauptsätze,* nicht in Nebensätze. Das klingt simpel. Dennoch scheinen viele Redakteure überfordert, wenn sie erstens Hauptsachen und Nebensachen unterscheiden und zweitens auch noch ihren Satzbau danach ausrichten sollen. Was sie zuweilen tun, lautet in karikaturistischer Zuspitzung: „Der Bundeskanzler, der morgen seinen Rücktritt erklären will, ging heute zum Friseur." Und im Zeitungsdeutsch:

> *Der Zusammenbruch,* den die mit amerikanischer Hilfe aufgebaute Republik Südvietnam in der nördlichen Hälfte ihres Machtbereichs in den letzten Tagen erlitten hat, während dem amerikanischen Präsidenten die Hände für weitere Waffenhilfe gebunden waren, *wirft* für alle Staaten, die ihre Politik auf die Kontinuität der amerikanischen Außenpolitik aufbauen, *Fragen auf. (Neue Zürcher Zeitung,* 3. 5. 1975)

Kursiv gesetzt ist der Hauptsatz, der seine fünf kärglichen Wörter auch noch auf drei verschiedene Schlingen der Satzgirlande verteilt. Seine Aussage – dass Zusammenbrüche Fragen aufwerfen – ist eine Binsenweisheit, das heißt sie hat den Informationswert Null und taugt nicht einmal für einen Nebensatz.

Das ist ja der Umkehrschluss, der aus der guten Regel „Hauptsachen in Hauptsätze" folgt: *in jeden Hauptsatz eine Hauptsache.* Sätze wie „Bonn ist die Hauptstadt der Bundesrepublik" oder „Die Bahnhöfe sind in aller Welt pulsierende Mittelpunkte urbanen Lebens" dürfen niemals in der Zeitung stehen – höchstens im Schulbuch (und auch dort hoffentlich der zweite nicht, weil er zur besonders ärgerlichen Kategorie der *geblähten Binsen* gehört). Ein Hauptsatz muss eines der folgenden Elemente enthalten:

- eine Nachricht: „Bonn ist die längste Zeit die Hauptstadt der Bundesrepublik gewesen. Vom 1. April an …"

- einen Wechsel der Betrachtungsweise: „Bonn, obwohl Hauptstadt der Bundesrepublik, hat nie aufgehört, Provinz zu sein."
- eine Erläuterung, Veranschaulichung dessen, was der vorige Satz mitgeteilt hat.

NACH DER SINTFLUT HEITER UND TROCKEN

Dort, wo Hauptsache und Hauptsatz vereinigt sind, wie es sich gehört, stößt man oft auf eine andere Torheit: dass die Hauptsache nicht in der Satzaussage steht, sondern dass sie abgedrängt wird in eine Partizipial-Konstruktion oder eine bloße Zeitbestimmung.

Muss ein Autofahrer in dicker Nebelsuppe für Blech und Leben fürchten, so fühlt er sich gefoppt, wenn er aus dem Radio hört: „Nach Auflösung örtlicher Frühnebel heiter." Wenn schon nicht der Meteorologe, so sollte der Journalist fähig sein, den Text zu formulieren: „ Achtung, Autofahrer! Örtlich Frühnebel. Später heiter und trocken." Bekanntlich hat die Warnung Gottes an Noah nicht gelautet: „Nach der Sintflut trocken."

Das beliebte Spiel „Hauptsachen verstecken!" wird gern auch in folgender Form gespielt: Es ist dem zuständigen Redakteur zu schlicht zu sagen: „ Über dem Rheinland sind heute sintflutartige Regenfälle niedergegangen." (Was nicht einmal schlicht ist, vielmehr die gewaltige Übertreibung enthält, die Fenster des Himmels hätten sich aufgetan wie in 1. Mose 7, 11, und Mensch und Tier seien ersoffen.) Nein, denkt der Redakteur, ein Regen nach Art der Sintflut ist mir zu wenig. Was ist die Sintflut, verglichen mit dem Atem der Polizei!

Und so strahlte der WDR im 1. Hörfunkprogramm am 1.8.1981 aus: „Sintflutartige Regenfälle haben heute im Rheinland Polizei und Feuerwehr in Atem gehalten." Es handelte sich, wohlgemerkt, nicht um eine Nachricht für die Hauszeitschrift der Polizei – die würde mit Recht vor allem darüber berichten, was so alles die Polizei in Atem hält. Nein, Millionen Rundfunkhörer waren die Adressaten.

Diese Technik lässt sich steigern, zum Beispiel so: „Die Bevölkerung des Rheinlands war heute tief beeindruckt davon, wie sehr die sintflutartigen Regenfälle Polizei und Feuerwehr in Atem gehalten haben" – oder so: „Ein Todesopfer forderte heute eine Kundgebung, mit der die Bevölkerung des Rheinlands ihr Bedauern darüber ausdrücken wollte, wie sehr die sintflutartigen Regenfälle Polizei und Feuerwehr in Atem gehalten haben." Nun wäre der Zweck vollends erreicht: Nur die Scharfsinnigsten hören noch heraus, dass es im Rheinland geregnet hat.

Den *geforderten Todesopfern* gebührt eine eigene Trauerminute. Denn Kundgebungen, Überschwemmungen und Hitzewellen „fordern" nichts – sollte man sich darauf nicht endlich einigen können? Und schon gar nicht „Opfer". Abraham glaubte, *Gott* fordere ein Opfer, und schickte sich an, Isaak zu schlachten – das wäre ein „Opfer" gewesen.

Die törichte Anleihe beim Opferglauben mancher Religionen, für die sich Nachrichtenredakteure endlich zu schade sein sollten, bedient sich der beliebten Technik des *imaginären Subjekts:* Ein Abstraktum, die Hitzewelle, wird behandelt, als wäre sie ein Lebewesen oder eine agierende Macht. „ Die Inlandsaufträge konnten einen Zuwachs von sechs Prozent verzeichnen" – was Aufträge können! „Im Festsaal herrschte gähnende Leere" – wer herrschte? Und wer setzt die ausgeleierte Floskel noch in Anschauung um?

Mancher mag dies zu fein gesponnen finden. Ich halte dagegen, dass der Satz „Der Festsaal blieb fast leer" mindestens besser wäre. Auch verführen solche hundertfach verwendeten Leerformeln zum schlampigen Umgang mit der Logik, und schließlich kommt ein lead zu Stande wie dieses: „Die Eskalation der Gewalt in Italien hat erneut fünf Todesopfer gefordert."

Hier haben wir erstens das imaginäre Subjekt „Eskalation" (unerwünscht). Dieses Subjekt wird zweitens in die Rolle des leichenfordernden Götzen gedrängt (grotesk) – und dann drittens so behandelt, als gäbe es hinter den Terroristen einen geheimen Drahtzieher mit Namen „Eskalation", der die Morde veranlasst! Die fünf Toten *sind* eine Eskalation der Gewalt, also können die Toten unmöglich *von* der Eskalation der Gewalt als Opfer eingefordert worden sein.

Wie kann die Nachricht nur lauten? „In Italien sind bei Terroranschlägen wieder fünf Menschen ums Leben gekommen" oder allenfalls: „Die Eskalation der Gewalt in Italien setzt sich fort: Bei Terroranschlägen sind …" (So übrigens kann man den Doppelpunkt verwenden: Hinweis für *Spiegel*-Leser.)

15. KAPITEL

Hauptfeind: Der Schachtelsatz

Die, welche schwierige, dunkle, verflochtene, zweideutige Reden zusammensetzen, wissen ganz gewiss nicht recht, was sie sagen wollen, sondern haben nur ein dumpfes, nach einem Gedanken erst ringendes Bewusstsein davon; oft aber wollen sie sich selber und anderen verbergen, dass sie eigentlich nichts zu sagen haben.

Schopenhauer, „Über Schriftstellerei und Stil

Bandwurmsätze" zu vermeiden ist eine Aufforderung zum kurzen Satz. Doch die Formel ist irreführend: Der Bandwurm mit seiner Erstreckung in der Längsachse ist ein liebes Tier, verglichen mit den Rattenkönigen und Tiefseekraken, mit denen manche Schreiber sich und uns ergötzen: der aus Nebensätzen, Partizipien und Appositionen kunstvoll getürmten, durch ein System vom Abhängigkeiten und Unterabhängigkeiten versteiften Schachtel-in-der-Schachtel-Konstruktion.

Wer dieses System mit der Kraft Kleists in den Dienst einer großen Prosa zwingt, kann damit starke Wirkungen erzielen:

> „... und sprengt auf sie ein, sprengt, so wahr Gott lebt, auf sie ein und greift sie, als ob er das ganze Hohenlohische Korps hinter sich hätte, an; dergestalt, dass, da die Chasseurs, ungewiss, ob nicht noch mehr Deutsche im Dorf sein mögen, einen Augenblick, wider ihre Gewohnheit, stutzen, er, mein Seel, ehe man noch eine Hand umkehrt, alle drei vom Sattel haut, die Pferde, die auf dem Platz herumlaufen, aufgreift, damit bei mir ..."

– und noch so weiter, mit einer wilden Dynamik, wie keine andere Syntax als die deutsche sie möglich macht.

Doch auf *eine* solche Nutzung unserer Satzbaupläne treffen zehntausend, die eine ähnliche Kompliziertheit mit ärmlicher Kraft und starkem Ungeschick anzubieten wagen – und das auch noch zum Zweck der Information, für die selbst Kleist nicht die idealen Muster liefert.

Als Schachtelsätze werden schon solche Sätze bezeichnet, die *nur einen Nebensatz* enthalten, falls dieser Nebensatz in der Mitte steht: *Zwischensatz* heißt er dann (in der amerikanischen Linguistik: *nested construction).* Solche Zwischensätze kommen fast nur in der Schriftsprache vor (Ich ging, als es dunkel wurde, heim). Häufiger sind *Vorsätze* (Als es dunkel wurde, ging ich heim), bei weitem am häufigsten *Nachsätze,* angehängte Nebensätze (Ich ging heim, als es dunkel wurde).

Schon den einfachen Zwischensatz überschüttet Schopenhauer mit seinem Zorn: „Wenn es eine Impertinenz ist, andere zu unterbrechen, so ist es nicht minder eine solche, sich selbst zu unterbrechen", schreibt er. Der Zwischensatz zerbreche eine Phrase, „um eine andere dazwischen zu leimen".

Entsprechend fürchterlich ist Schopenhauers Wut auf den *Schachtelsatz im engeren Sinn,* „die wie gebratene Gänse mit Äpfeln ausgestopfte Periode". Er tritt in zwei Formen auf:

1. einem lang gestreckten Hauptsatz, der immer wieder durch Zwischensätze unterbrochen wird, der *Satzgirlande:* „Das Haus, das an der Straße nach Göttingen liegt, wird, noch bevor der Frost einsetzt, abgerissen."
2. der Einschachtelung eines Unterzwischensatzes in einen Oberzwischensatz, der *Schachtel in der Schachtel* (in der amerikanischen Linguistik: *self-embedded construction):* „Das Haus, das an der Straße, die nach Göttingen führt, liegt, wird abgerissen."

Das gleiche mit drei Schachteln: »Die Häuser, die sich an dem Weg, der von dem Platz, der vor dem Rathaus liegt, abgeht, befinden, werden abgerissen."

Das Beispiel habe ich im vorigen Kapitel in anderer Form

verwendet, um zu zeigen, wie viel Unheil man mit nur 16 Wörtern anrichten kann: „Die an dem von dem vor dem Rathaus liegenden Platz abgehenden Weg befindlichen Häuser werden abgerissen." Gegenüber dem klassischen Drei-Schachtel-Satz darüber hat diese Form fünf Wörter weniger – doch die Zumutung an den Leser ist um nichts geringer. Solche Satz-Ungetüme sind unter vier verschiedenen Namen bekannt:

1. *Partizipial-Konstruktion,* wegen der Partizipien „liegenden" und „abgehenden"
2. *Nominalgruppe,* wegen der Häufung von Nomina = Substantiven; auch weil in die *Nominalklammer* „Die ... Häuser" ein ganzer Satzteil eingeschoben ist („... an dem von dem vor dem Rathaus liegenden Platz abgehenden Weg befindlichen ...")
3. *Einbettung,* weil der zwischen „Die ... Häuser" eingeschobene Satzteil auch als eingebetteter Satzteil bezeichnet werden kann, aus dem sich ein Relativsatz machen ließe
4. *Klemmkonstruktion.* Reiners schlägt diese Benennung vor, und sie ist am anschaulichsten.

Gleichgültig, ob der Schachtelsatz drei Nebensätze und sechs Kommas enthält oder ob er sich als kommafreie Klemmkonstruktion darbietet: er muss zerschlagen werden. Dem Verständnis stehen Klemmkonstruktionen so sperrig im Weg wie nur noch die unbekannten Wörter.

Vielleicht sind Klemmkonstruktionen sogar noch hässlicher und noch schwerer verständlich als Nebensatz-Schachteln. Schon in ihren Grundformen sind sie geeignet, Leser und Hörer *„mit an* Sicherheit grenzender Wahrscheinlichkeit" zu verärgern: wenn zwei Präpositionen aufeinander treffen wie „Einwände *von für* gutes Deutsch schlecht begabten Schreibern" oder „Wir geben nichts *auf unter* Druck zustande gekommene Verträge"; und wenn wir ein Partizip mit einer Ergänzung belasten, also aus singenden Kindern „die vergnügte Lieder singenden Kinder" machen.

Ist es nur Unfähigkeit, was so viele Schreiber – Journalisten, Juristen, Beamte, Wissenschaftler – zu Schachtelsätzen treibt? Eher nicht, denn eine Puppe in der Puppe korrekt zu basteln erfordert durchaus gewisse Fähigkeiten. Ist es also Bastelfreude oder die ihr verwandte Genugtuung, die einander ergänzenden oder durchkreuzenden logischen Abhängigkeiten eines komplizierten Gedankens im Satzbau nachzuvollziehen?

Das mag vorkommen und wäre sogar ein achtbarer Gesichtspunkt: Gibt es doch längst Philosophen, die unsere Neigung zum *linearen Denken* tadeln: Erst dies, dann das, eine Ursache, eine Wirkung – das sei eine zu simple Art, an das unerhört komplizierte Geflecht von Kausalzuammenhängen heranzugehen; nicht die Linie, nur das *Netz* werde der Realität gerecht.

So ist es. Jedoch: Wer ein Netz beschreiben will, hat allein dann die Chance, verstanden zu werden, wenn er es Linie um Linie tut, in *linearen Sätzen.*

Und selbstverständlich sind es nicht philosophische Skrupel, die die meisten Schachtelbastler leiten. Häufiger ist die diebische Freude des Autors im Spiel, zu wissen, dass nicht nur er zehn Minuten gebraucht hat, um seinen Satz zu verschachteln, sondern dass auch sein Leser zehn Minuten für die Entschachtelung brauchen wird; Professoren können damit Studenten tyrannisieren.

Und sicher ist etwas an Schopenhauers Verdacht: Weil der Leser Zeit und Mühe zum Verständnis brauche, entstehe in ihm genau der Eindruck, den der Autor sich wünsche: „als hätte der Schreiber mehr Tiefe und Verstand als der Leser“. Dabei sei nichts leichter, „als so zu schreiben, dass kein Mensch es versteht; wie hingegen nichts schwerer, als bedeutende Gedanken so auszudrücken, dass jeder sie verstehen muss“.

Klassische Schachtelsätze

In der Karikatur:

> Denken Sie, wie schön der Krieger, der die Botschaft, die den Sieg, den die Athener bei Marathon, obwohl sie in der Minderheit waren, nach Athen, das in großer Sorge, ob es die Perser nicht zerstören würden, schwebte, erfochten hatten, verkündete, brachte, starb!

Im Juristendeutsch:

Das Gericht wolle erkennen, der Beklagte sei schuldig, *mir für die von mir für ihn an die in dem von ihm zur* Bearbeitung übernommenen Steinbruch beschäftigt gewesenen Arbeiter vorgeschossenen Arbeitslöhne Ersatz zu leisten.

In „Meyers Enzyklopädischem Lexikon" (1975):

Ging es Marx darum, in kritischer Anknüpfung an die Hegelsche Dialektik und an die Feuerbachsche Religionskritik die gesellschaftlichen Verhältnisse und das Verständnis, das man von ihnen hatte, im Ausgang von der „Wirklichkeit des Menschen", d. h. von dessen Bedürfnissen und von der gesellschaftlichen Organisation der Bedürfnisbefriedigung, aufgrund der (von den Handelnden nicht durchschauten) Wechselwirkung zwischen dieser „Wirklichkeit" und des Verständnisses von ihr dialektisch zu begreifen, so versuchte Engels auch die Naturgeschichte und die Naturvorgänge nach dialektischen Bewegungsgesetzen zu ordnen.

In der Zeitung:

Zu den szenischen Glanzlichtern des von Kurt Weinzierl (er ist mimisch, sprachlich und von der Ausstrahlung her die Nummer eins der nun nicht mehr ganz neuen Mannschaft), Rainer Basedow, Astrid Jacob (ein Neuzugang und ein Gewinn), Veronika Faber und Bernd Stephan mit gelassener Perfektion und genüsslicher Spiellaune durchgezogenen Abends gehörten der Text eines türkischen Gastarbeiters (von Hellmuth Matiasek) und eine sechzig Minuten lange „Open-End-Diskussion", bei der brutale Schnitte die engagierten Äußerungen eines kleinen Mannes von der Straße auf debiles Stammeln reduzierten (von Dieter Hildebrandt).

Süddeutsche Zeitung, 3. 2. 1979

Das Fernsehen brach, programmgemäß, seine Übertragung für die Danziger Region nach dem weltlichen Teil der Feier, vor Beginn der Messe, bei der die Partei- und Staatsvertreter anwesend blieben, der – katholische – stellvertretende Ministerpräsident Ozdowski neben Lech Walesa die Kommunion empfing, ab.

Frankfurter Allgemeine, 18. 12. 1980

Der 1972 nach einem Schusswechsel mit Polizisten, wobei mehrere Personen verletzt wurden, zuerst zu vier und in einer zweiten Instanz mit der Begründung, er sei „ein Gegner des Staates", zu 15 Jahren Freiheitsentzug verurteilte Schriftsteller (Roman: „Die Glücklichen", Gedichte, Theaterstücke „Johann Georg Elser") stand mehrfach im Mittelpunkt öffentlicher Kontroversen.

Frankfurter Rundschau, 11. 12. 1982

Bei der Prominenz:

Ein Boot mit Neuankömmlingen aus der Alten Welt schaukelt ein in den nächtlichen Hafen von Halifax, darunter, mit unters Kinn gebundener Haube, die junge Schauspielerin Isabelle Adjani aus dem 20. Jahrhundert, kostümierte Figur einer von der ersten Einstellung an, mit Möwengeschrei, Pferdegetrappel, sich öffnenden, sich schließenden oder zum Einblick eigens offen bleibenden Türen, bloßen Geschichten-Maschinerie, die, gerade indem sie einer liebesentschlossenen Frau aus dem vergangenen Jahrhundert eine maschinelle Filmgeschichte verpasst, dieser Frau posthum das besondere Leben und uns Zuschauern jedes Gefühl für ein solches Leben vor über hundert Jahren wegstiehlt: nicht nur der Film, in seiner auf jedes beliebige andere Leben zu jeder beliebigen anderen Zeit an jedem x-beliebigen Ort anwendbaren vorgefertigten Zeichenstruktur, erscheint so als nichtauthentisch, sondern mit ihm auch die Person, die dazu der Anlass war.

Peter Handke im *Spiegel* (44/1975)

Und schließlich – und vor allem – wäre zu zeigen, dass die These, Rhetorik mache Wissen kommunikabel und führe, jenseits der Spezialisierung, zu einer Verständigung unter den Menschen, indem sie Fachfragen in Lebensfragen verwandle... schließlich wäre zu zeigen, dass diese bereits in der Antike vorgebildete These (Philosophie schließt, dem Wahren verpflichtet, die Faust: sie behält Wissen für sich. Rhetorik, ans Wahrscheinliche denkend, öffnet die Hand: sie verbreitet das Wissen) mit aller gebotenen Exaktheit im achtzehnten Jahrhundert formuliert worden ist – und heute, im Zeichen der Soziolinguistik, lediglich repetiert wird.

Walter Jens in der
Frankfurter Allgemeinen, 11. 11. 1975

Kommentar Mark Twains:

Wenn der deutsche Schriftsteller in einen Satz taucht, dann hat man ihn die längste Zeit gesehen, bis er auf der anderen Seite seines Ozeans wieder auftaucht mit seinem Verbum im Mund.

16. KAPITEL

Gegen den Schachtelsatz: Scheinwerfer auf!

Die Probe der Güte ist,
dass der Leser nicht zurückzulesen hat.

Jean Paul
(mit Bedacht zum zweiten Mal zitiert)

Wie also drücken wir unsere bedeutenden Gedanken so aus, dass jeder sie verstehen muss? Wir machen einen klugen Gebrauch von den Nebensätzen (davon handelt das nächste Kapitel), und im Hauptsatz platzieren wir die Wörter nach schlichter Vernunft.

Das klingt leicht und ist schwer, weil zwei starke Mächte dagegen stehen: die Satzbaupläne der Nachrichtenagenturen und die der deutschen Grammatik. Über die Agenturen mehr in Kap. 21; hier soll uns das harte Schicksal beschäftigen, das uns mit dem *Umklammerungsgesetz* der deutschen Syntax trifft.

„Peter hat seinem Vater im Garten geholfen": *hat* und *geholfen* umklammern das Objekt und die Umstandsangabe, so lautet die übliche – eine sehr positive Beschreibung; negativ und vielleicht treffender könnte man formulieren: Objekt und Umstandsangabe reißen das Verbum in zwei Stücke und schleudern diese an die entgegengesetzten Enden des Satzes. In allen westeuropäischen Sprachen heißt es: Peter hat geholfen (wem?) seinem Vater (wo?) im Garten.

Mit dieser deutschen Eigenheit sind zwei ärgerliche Risiken verbunden: dass wir den Satz auf halbem Weg *falsch* verstehen – oder dass wir ihn überhaupt nicht verstehen, bis wir endlich durch das letzte Wort erfahren, wie wir ihn hätten verstehen sollen.

Das Missverständnis auf halbem Weg ist ein häufiger Fall, der uns in kurzen Sätzen nicht einmal irritiert: „Ich habe den Schlüssel" (wie schön, er hat ihn!) „verloren" (wie schade, er hat ihn nicht). In weniger geläufigem Zusammenhang stutzen wir schon: „Die streikenden Piloten versagten" (auch das noch!) „dem Vorschlag ihre Zustimmung"; oder „Die Kinder schlugen ihren Mitschüler" (typisch!) „zum Klassensprecher vor"; oder „Der amerikanische Geheimdienst hat einen Mordplan gegen Präsident Reagan" (wahrhaft teuflisch!) „aufgedeckt".

Die deutsche Syntax begünstigt den Aufbau eines *falschen Zwischensinns*, sie lockt nicht selten den Hörer oder Leser auf eine falsche Fährte. Nichts also kann törichter sein, als falsche Zwischensinne mit Vorsatz zu produzieren: „Bei den Verhandlungen über Reiseerleichterungen konnte ein Fortschritt" (wie schön!) „nicht erzielt werden." Warum „ein Fortschritt nicht" und nicht „kein Fortschritt"?

Weil, so sagen jene Hörfunk- und Fernsehredakteure, die solche Missgeburten täglich in die Welt setzen – weil das K in *kein* Fortschritt überhört werden könnte. Ach ja, das steht in § 15 der Dienstanweisung von Josef Räuscher, Chefredakteur des „Drahtlosen Dienstes", von 1928 (neunzehnhundertachtundzwanzig). Damals hatte das Radio den Frequenzumfang eines schlechten Telefons, an dem man ja auch „fünnef" sagen muss. Ist bis heute niemandem aufgefallen, dass unsere Lautsprecher besser geworden sind? Und dass ein Missverständnis vollends ausgeschlossen wäre, wenn die Sprecher das K knallen ließen, wie es sich gehört?

Noch häufiger als falscher Zwischensinn ärgert uns der Umstand, dass es unmöglich ist, einen Zwischensinn überhaupt aufzubauen: Das erlösende, alles endlich erklärende Verb oder Subjekt steht prompt am Schluss des Satzes – mit der bekannten Folge, dass Konferenzdolmetscher in Verzweiflung geraten, wenn sie aus dem Deutschen übersetzen müssen, während umgekehrt deutsche Teilnehmer internationaler Konferenzen oft erst zehn Sekunden später lachen als ihre ausländischen Kollegen. Zum Beispiel so:

„Bei extremer Kälte soll zunächst die Heizung in Behörden, Kulturzentren, Kinos und Lagerhäusern sowie die Warmwasserversorgung in den Wohnungen" (interessant, sie soll! Was soll sie: sichergestellt werden oder abgestellt werden?) „abgestellt werden."

Oder, in einem literarischem Text (Ernst Jünger):

„Der Wert wird durch die Ziffer, das Tragische durch den Unfall, das Schicksal durch die Statistik, der Held durch den Verbrecher, der Fürst durch den Bonzen, Gott durch ‚das Gute'" (wir ahnen es) ‚ersetzt'."

Was können wir tun, wenn wir dieser Tücke der deutschen Syntax entrinnen, wenn wir die Gebrauchsanweisung für den ganzen Satz nicht erst am Schluss bekommen wollen, zum gefälligen Krebsgang?

Die Wortstellung im Satz

Die Weichen für den Satz werden in seinem *Vorfeld* gestellt. „Vorfeld" heißen diejenigen Wörter, die dem Verb – genauer: dem konjungierten Teil des Verbs – vorausgehen. In dem Satz „Ich habe das schon immer gewollt" ist *habe* der konjugierte Teil des Verbs *(gewollt* das unkonjugierte Partizip).

Die *gerade Wortstellung* (Normalstellung, Grundstellung, Nullstellung), ist die Abfolge *Subjekt – Prädikat* (Der Hund bellt) oder Subjekt – Prädikat – Objekt. (Der Hund beißt den Briefträger). Im Vorfeld steht also nur das Subjekt.

Diese Wortstellung, obwohl die logische und am leichtesten verständliche, wirkt bei mehrfacher Wiederholung monoton – falls sie nicht aus besonderem Grund mit besonderem Geschick verwendet wird:

Der König sprach's, der Page lief,
Der Knabe kam, der König rief:
Lasst mir herein den Alten! (Goethe)

Von *ungerader Wortstellung* (Inversion) spricht man, wenn das Vorfeld nicht vom Subjekt, sondern von anderen Wörtern besetzt ist, vor allem:

- von einer Konjunktion (aber, als, auch, denn)
- von einer Präposition (auf, nach, über, wegen)
- von einer Zeitbestimmung (Gestern war's …)
- von einer Ortsbestimmung: „Ans Haff nun fliegt die Möwe…“ (Theodor Storm)
- vom Objekt (Den Biss überlebte der Briefträger nicht).

Die ungerade Wortstellung lässt sich zur *Ausdrucksstellung* (expressiven Wortstellung) steigern, wenn die Platzierung im Vorfeld ungewöhnlich ist und dadurch starken Ton auf sich zieht:

- Ihn habe ich gestern gesehen (nicht sie).
- Gesehen habe ich ihn gestern (nicht gesprochen).
- Die Augen auskratzen möchte ich ihm!

DIE KUNST DES AUSKLAMMERNS

Nun, es ist grammatisch erlaubt und stilistisch oft geboten, Satzglieder und Satzerweiterungen *auszuklammern,* d. h. die Klammer des Verbs (er hat… geholfen, ich erkenne… an) zu sprengen; anders ausgedrückt: Satzteile nachzutragen, sie aus dem *Mittelfeld* des Satzes ins *Nachfeld* zu schieben. Dafür stehen vor allem die folgenden fünf Methoden zur Verfügung:

1. Die einfachste und wirkungsvollste: Man macht aus einem Zwischensatz einen angehängten Nebensatz; von diesem Generalrezept handelt das nächste Kapitel.
2. Längere Umstandsangaben (oder bei gehäuften Umstandsangaben eine von ihnen) nimmt man aus dem Mittelfeld des Satzes heraus und trägt sie nach, verbunden durch *und zwar, nämlich, besonders, das heißt, mit der Begründung, in der Absicht,* oder ohne diese Bindeglieder hinter einem Komma:

Also nicht:	Sondern:
Vance will in Israel und anschließend in Ägypten, Libanon, Jordanien, Saudi-Arabien und Syrien Möglichkeiten für eine Wiederaufnahme der Friedenskonferenz von Genf *erkunden.* (Beispiel la Roche)	Vance will Möglichkeiten für eine Wiederaufnahme der Friedenskonferenz von Genf *erkunden,* (und zwar) zunächst in Israel, anschließend in Ägypten, Libanon, Jordanien, Saudi-Arabien und Syrien.

3. Man überlistet die deutsche Syntax, indem man das Verb sogleich hinter dem ersten Glied einer Aufzählung einschiebt – also: „Der Wert wird durch die Ziffer *ersetzt,* das Tragische durch den Unfall, das Schicksal durch die Statistik…" Oder: „Bei extremer Kälte soll zunächst die Warmwasserversorgung in den Wohnungen *abgestellt werden,* ferner die Heizung in Behörden…" Dies ist eine unauffällige, ja gefällige Umstellung. Manchmal kann sie über die elegantere und verständlichere Form hinaus eine inhaltliche Pointe setzen:

Nicht:	Sondern:
Meister werden konnte einst nur der Geselle, der die Tochter oder die Witwe seines Meisters heiratete.	Meister werden konnte einst nur der Geselle, der die Tochter seines Meisters heiratete – oder dessen Witwe.

4. Heikler ist eine Umstellung, die, wiewohl grammatisch ebenfalls korrekt, von vielen Leuten als manieriert empfunden wird, mindestens in der Häufung – das Verbum vor die Präposition oder die Umstandsangabe zu ziehen:

> Morgen soll ich meinen Dienst *antreten in* diesem Hause. (Thomas Mann)
> Sie will nichts mehr *wissen davon,* was hier in der Kajüte *geschehen ist vor* siebzehn Jahren. (Max Frisch)

Einmal im Satz und geschickt eingesetzt, wird diese Wortstellung jedoch für niemandem zum Stolperstein:

> Hat Kant eben dadurch, dass er alle Beweise für das Dasein Gottes zerstörte, uns recht zeigen wollen, wie misslich es ist, wenn wir nichts von der Existenz Gottes wissen können? Er handelte da fast ebenso weise wie mein westfälischer Freund, welcher alle Laternen auf der Grohnderstraße zu Göttingen zerschlagen hatte und uns nun dort, im Dunkeln stehend, eine lange Rede hielt über die praktische Notwendigkeit der Laternen, welche er nur deshalb theoretisch zerschlagen habe, um uns zu zeigen, wie wir ohne dieselben nichts sehen können. (Heine)

Mittendrin: „eine Rede *hielt über* die praktische Notwendigkeit der Laternen", beiläufig eingebunden in den schönen Fluss der Rede.

5. *Durch Zerschlagung des Satzes,* mit einem Doppelpunkt als Scharnier: Man hätte ja schreiben können: „Bei extremer Kälte sollen zunächst abgestellt werden: die Heizung der Behörden, Kulturzentren ..." Oder, in einem komplizierteren und daher dringenderen Fall:

Nicht:	Sondern:
In dem mit großer Mehrheit gebilligten Abschnitt der Wahlplattform über die innere Sicherheit *wird* die Verhinderung von Verbrechen durch die Reform der Verhältnisse, in denen Kriminalität ihren Nährboden findet, als oberstes Ziel *genannt.*	Im Abschnitt „Innere Sicherheit" *nennt* die Wahlplattform als oberstes Ziel: Verbrechen verhindern durch Reform der Verhältnisse, in denen Kriminalität gedeiht. Der Abschnitt wurde mit großer Mehrheit gebilligt.
1 Satz, 33 Wörter, 2 Verben	2 Sätze, 27 Wörter, 4 Verben

Fünf Möglichkeiten, das Verb nach vorn zu ziehen und damit den entscheidenden Schritt zum Bau eines leichtfüßigen Satzes zu tun. Solche Sätze bekommen der deutschen Sprache gut und sind eine unerlässliche Höflichkeit gegenüber Lesern und Hörern. In *freier Rede* sind sie noch mehr: nämlich für den Redner die schiere Überlebensstrategie – auf dass es ihm nicht ergehe wie Herbert Wehner, über den die *Süddeutsche Zeitung* schrieb (8. 1. 1980):

> Sein Satzbau ist verschlungen, sein Redefluss verzweigt sich in unzählige Nebenarme. Und es kommt (in letzter Zeit sogar immer öfter) vor, dass er irgendwo versandet, ohne das rettende, am Satzanfang angepeilte, alles entscheidende Prädikat erreicht zu haben.

SUBJEKT VOR OBJEKT

Den Satz sogleich mit dem Verbum zu *eröffnen* ist nur ausnahmsweise möglich („Ausgelacht habe ich ihn!"). Beginnen kann man mit beliebigen Wörtern – vorausgesetzt, das *Subjekt* steht weit genug vorn.

Es ist töricht, das Subjekt in Appositionen zu ersäufen, die erst von hinten, eben vom Subjekt her verständlich werden; zum Beispiel im Wetterbericht: „Mäßige bis frische, an der Küste stellenweise böig auffrischende, von West auf Nordwest drehende, später umlaufende *Winde*." La Roche geht so weit, von der Formulierung, „ein zweieinhalb Kilometer langer Stau" abzuraten, weil die Länge uns nichts sagen kann, solange wir nicht wissen, welches Ding so lang ist; also: „ein Stau von zweieinhalb Kilometern Länge."

Es ist zweimal töricht, ein vielgliedriges *Objekt* vor das Subjekt zu zerren:

> Vor einem „Missbrauch" der FDP „von interessierter Seite" als Instrument des Koalitionswechsels in Bonn und vor einer Spaltung der Partei hat FDP-Vorstandsmitglied William Borm eindringlich gewarnt. *(Frankfurter Rundschau,* 1. 12. 1981).
> Von einem Abebben der Streikwelle in Oberschlesien,

> Aufrufen des Militärregimes und der Kirche zu einer friedlichen Lösung der Krise sowie Meldungen über wachsende Versorgungsschwierigkeiten und angebliche Folterungen Verhafteter waren die in den Westen gelangten Berichte über die Lage in Polen während der Weihnachtsfeiertage gekennzeichnet. *(Süddeutsche Zeitung,* 28. 12. 1981)

Es ist vollends unerträglich, wenn der Leser das Substantiv im Vorfeld des Satzes für das Subjekt halten muss, aber am Ende des Satzes belehrt wird, dass es sich ums *Objekt* gehandelt hat: „Die Versuche der CDU, einen Keil zwischen SPD und FDP zu treiben" (haben zum Erfolg geführt? Nein:) „hat der FDP-Vorsitzende scharf verurteilt." Oder (Weltrekord!):

> Eine Worthülse, in der sich das Prinzip verbirgt, durch Zurückweichen von der Intransigenz der Diktatur zum Frieden mit den Kommunisten zu kommen, nannte die CDU-Landesleitung am Mittwoch Egon Bahrs neue, in Tutzing geprägte Formel von der „Koexistenz auf deutsch". *(Die Welt,* 12. 7. 1973)

Faustregel: Nur ausnahmsweise darf das Objekt vor dem Subjekt stehen. Das gilt auch für überschaubare Sätze: „Die schönste Zeitschrift nützt nichts, wenn *sie die Leute* nicht lesen", ist schlechter als „... wenn *die Leute sie* nicht lesen."

Mit dem Objekt beginnen sollte man indessen immer dann, wenn bei der Berichterstattung über eine Rede oder eine Debatte *der Redner* (das Subjekt) derselbe bleibt, jedoch *das Thema* wechselt: „Zum NATO-Doppelbeschluss sagte Herbert Wehner ..." Aus diesem Satzbeginn erfahre ich nicht nur sofort das neue Thema, sondern zugleich auch, dass der Redner noch derselbe ist wie im Satz oder Absatz davor.

Hätte nämlich Wehner gerade erst das Wort ergriffen nach Helmut Kohl, so müsste ich das Vorfeld des Satzes genau umgekehrt besetzen: „*Herbert Wehner* sagte zum NATO-Doppelbeschluss ..." Eine logische Selbstverständlichkeit, von der Tausende von Journalisten noch nie gehört zu haben scheinen. Entweder beginnen sie mit der Aussage, obwohl der Redner gewechselt hat (nanu, denkt man, der Kohl ist aber nett zur SPD – bis man nach vier Zeilen erfährt, dass Wehner redet). Oder sie machen hartnäckig die handelnde Person zum Subjekt, obwohl sie unverändert bleibt.

> *FAZ* über Richard Löwenthal, 8. 12. 1981: „Löwenthal, den seine Freunde ‚Rix' nennen…" Nächster Satz: „Löwenthal, dessen geschliffene Intellektualität…" Vier Sätze später: „Löwenthal, der am 15. April 1908 als Sohn eines Kaufmanns…"

Eine dreifache Scheußlichkeit: Mehrere Sätze nacheinander mit dem Subjekt zu eröffnen ist Ochsentrott; sie mit dem immer selben Subjekt zu eröffnen hat den Charme einer Gebetsmühle; und die Details einer Biografie in eingeschobenen Nebensätzen unterzubringen ist eine Anfängerkrankheit.

Weit vorn im Satz soll das Subjekt stehen – als erstes Wort jedoch nur im Wechsel mit anderen Satzanfängen und nie zwei Mal dasselbe Subjekt (Löwenthal sagte, Löwenthal lebte, Figaro hier, Figaro da).

Mit den Generalregeln *Subjekt nach vorn!* und *Verb nach vorn!* ist das meiste geschehen, um dem Ideal der Verständlichkeit und des angenehmen Sprachflusses nachzukommen:

> **Wir wollen lineare, konsekutive Sätze – Sätze, in denen eines aus dem andern folgt, ohne Vorgriffe, Rückbezüge und logische Knoten; Sätze, in denen sich die Wörter nach romanisch-englischem Modell aufreihen wie Perlen auf der Schnur. Sätze wie Pfeile: jedes Wort und jedes Satzglied sollen nicht nur räumlich auf das vorige folgen, sondern auch logisch, hierarchisch, chronologisch oder psychologisch.**

Allzu viele Sätze sind angelegt wie Irrgärten, durch die wir im Finstern tappen, bis wir schließlich die Lampe finden, die den Satz von hinten her beleuchtet. Machen wir es umgekehrt – bevor wir den Garten betreten, folgen wir der erhellenden Regel: *Scheinwerfer auf, Subjekt los, Verb marsch!* Dann kann nicht mehr viel passieren.

Nach 55 Wörtern: Das Subjekt

Am Ostufer des Mittleren Rings, Abschnitt Richard-Strauss-Straße, unweit von der eher improvisierten Verkehrsdrehscheibe des Effnerplatzes, erheben sich gestellartig aufgestützt oder abgehängt, je nachdem, ob sich die silbrig glänzenden Geschosse oberhalb oder unterhalb des mächtig zu Tage tretenden, die Pylonen zwingenartig zusammenfassenden, auf halber Höhe sich abzeichnenden Installationsgeschosses befinden, die drei im Grundriss dreieckig-prismatischen *Türme.*

Süddeutsche Zeitung, 31. 10. 1981

Nach 39 Wörtern: das Verb, erste Hälfte

Für wirtschaftliches Wachstum durch einen Abbau des staatlichen Schuldenzuwachses und sich daraus ergebende Zinssenkungen, durch eine Änderung des Steuersystems und Erhöhung der Ertragskraft der Unternehmen sowie eine maßvolle Tarifpolitik und die Einführung der persönlichen Beteiligung der Arbeitnehmer am Produktivkapital *hat sich* die CDU/CSU als ihrem Weg aus Arbeitslosigkeit und Stagnation *entschieden.*

Frankfurter Allgemeine, 10. 2. 1982

Nichts dazugelernt – seit 1903

Man dringt auf Einfachheit und Natürlichkeit der Sprache; das Papier- und Tintendeutsch wird in Verruf erklärt. *Der Kaiser* hat von den Verfassern amtlicher Berichte verlangt, dass sie sich einer kurzen und klaren Schreibweise befleißigen, insbesondere lange und schleppende Sätze und *Einschachtelungen* vermeiden sollen.

Zeitschrift des Allgemeinen Deutschen Sprachvereins, 1903

Eine schöne Furche ziehen

Ein Satz sollte sich so lesen, als ob sein Autor, wenn er einen Pflug statt einer Feder gehalten, eine tiefe und bis zum Ende gerade Furche hätte ziehen können.

Henry David Thoreau

17. KAPITEL

Gegen den Schachtelsatz: Nebensätze anhängen!

Der leitende Grundsatz der Stilistik
sollte sein, dass der Mensch nur
einen Gedanken zur Zeit deutlich
denken kann; daher ihm nicht
zugemutet werden darf, dass er deren
mehrere auf einmal denke. Dies aber
mutet ihm *der* zu, welcher solche,
als Zwischensätze, in die Lücken
einer Hauptperiode schiebt.

Schopenhauer,
„Über Schriftstellerei und Stil"

Nebensätze anhängen" – das ist ein gutes Rezept gleich unter drei Aspekten. Erstens bekommt es dem Satz, wenn vorhandene Nebensätze vom Anfang, vor allem aber aus der Mitte weggenommen und an den Schluss geschoben werden. Zweitens und noch besser bekommt es dem Satz, wenn wir Klemmkonstruktionen aufbrechen und in angehängte Nebensätze verwandeln. Und drittens bekommt es der Gliederung dieses Kapitels, wenn der dritte Aspekt an seinen Schluss geschoben wird.

Vorhandene Nebensätze nach hinten schieben bedeutet beispielsweise, nicht zu schreiben: „Bei mir stellte sich eine starke Abneigung, derer ich nicht Herr werden konnte, gegen Karls Freund ein", sondern, nach dem Beispiel der Duden-Grammatik: „Bei mir stellte sich eine starke Abneigung gegen Karls Freund ein, derer ich nicht Herr werden konnte." Oder:

Nicht zu schreiben:	Sondern:
Vor allem kommt es darauf an, dass sich sprachliche Wendigkeit mit dem Willen, wirklich verstanden zu werden, *verknüpft.*	Vor allem kommt es darauf an, dass sich sprachliche Wendigkeit mit dem Willen *verknüpft,* wirklich verstanden zu werden.

In beiden Fällen bleibt ein Problem ungelöst: Der Nebensatz schließt nicht an das Wort an, von dem er abhängt. „...*Abneigung* gegen Karls Freund ein, *derer...*" Das ist erträglich, doch nicht ideal, weder von der Logik noch vom Sprachfluss her.

Es geht ja anders. Wir brauchen den Satz nur folgendermaßen umzubauen: „Bei mir stellte sich gegen Karls Freund eine starke Abneigung ein, derer..." (Nun ist nur noch das Wörtchen *ein* zu überwinden – ein Tribut an das Umklammerungsgesetz der deutschen Syntax.) Allerdings hat die neue Wortstellung den Nachteil, dass das Subjekt (Abneigung) später kommt als das Akkusativ-Objekt (Karls Freund); ein Preis, den man zahlen kann, da das Objekt mit dem Wort *gegen* klar als solches erkennbar ist.

Im zweiten Beispiel („...dass sich sprachliche Wendigkeit *mit dem Willen verknüpft,* wirklich verstanden zu werden") besteht die Hürde nur aus dem Wort *verknüpft,* das sich zwischen den Willen und seinen Inhalt schiebt. Nun ist es Geschmackssache, ob man dieses Hindernis stehen lassen will, weil es klein ist, oder ob man das Verb vorzieht unter Verletzung der Regeln des üblichen Stils (S. 114): „... dass sich sprachliche Wendigkeit *verknüpft mit dem Willen,* wirklich verstanden zu werden" – nach dem Muster: „... eine Rede *hielt über die Notwendigkeit* der Laternen, welche er nur deshalb zerschlagen habe..."

Es ist nicht so wichtig, ob in solchen Grenzfällen die Ansichten auseinander gehen – solange Einigkeit in der Hauptsache besteht: nach hinten mit den Zwischensätzen! Sei es auch, dass wir diesem Ziel zuliebe den Satz vollständig umbauen müssen. Beispiel:

Nicht:	Sondern:
Die entscheidende Frage, wie sich dieses Kriegsergebnis auf das politische System der USA und ihre Fähigkeit, sich als Weltmacht zu behaupten, auswirken würde, findet in der Öffentlichkeit allerdings keine Aufmerksamkeit	Keine Aufmerksamkeit findet in der Öffentlichkeit die entscheidende Frage, wie sich dieses Kriegsergebnis auf das politische System der USA auswirken würde, wie auch auf ihre Fähigkeit, sich als Weltmacht zu behaupten.

KLEMMKONSTRUKTIONEN ZERSCHLAGEN!

Die Faustregel „Nebensätze anhängen" besagt zum Zweiten, dass die angehängten Nebensätze oft erst gebildet werden müssen, und zwar aus den Trümmern einer Partizipialkonstruktion.

Also nicht:	**Sondern:**	**Oder (wegen der umständlichen Ortsangabe vor dem Verb im Nebensatz):**
Der Deutsche Alpenverein hat gegen *die beabsichtigte Erschließung* des gesamten Mittelbergferners im hinteren Pitztal in Tirol für den Gletscherskilauf *protestiert.* (*Süddeutsche Zeitung,* 14. 5. 1981)	Der Deutsche Alpenverein hat dagegen *protestiert,* dass der gesamte Mittelbergferner im hinteren Pitztal in Tirol für den Gletscherskilauf *erschlossen* werden soll.	Der Deutsche Alpen verein hat dagegen protestiert, dass ein weiterer Gletscher für den Skilauf erschlossen werden soll: der gesamte Mittelbergferner im hinteren Pitztal in Tirol.

Andererseits sind angehängte Nebensätze noch lange kein Alibi für ein im Übrigen missratenes Satzgefüge:

> Washington wird unter Reagan nicht gut klingenden Versprechungen des Kreml trauen, sondern nur Tatsachen im Auge behalten *(FAZ,* 17. 7. 1981)

Der Hauptsatz enthält eine Klemmkonstruktion, mit dem erschwerenden Umstand, dass sich ein falscher Zwischensinn, es sei denn ein schwebender Unsinn, hier förmlich aufdrängt: „Reagan nicht gut klingenden Versprechungen" – also Versprechungen, die nicht gut in Reagans Ohren klingen? Die winzige Minderheit der Zurückleser ahnt, was der Schreiber meint: nicht Versprechungen trauen, die nur gut klingen. Was aber tun, da der Platz des angehängten Nebensatzes schon besetzt ist („... sondern nur Tatsachen im Auge behalten")? Umbauen:

> Washington wird unter Reagan nur Tatsachen im Auge behalten und nicht Versprechungen des Kremls trauen, die lediglich gut klingen.

Immer besteht das Risiko, den Nebensatz falsch anzuhängen, nach dem Muster: „Studentin sucht Zimmer mit Bett, in dem sie auch Musikunterricht geben kann." Oder:

> Wir erleben einen Mangel an Facharbeitern, der sich allmählich zu einem Investitionshemmnis entwickelt, weil der Unterschied der Entlohnung zwischen Facharbeitern und Hilfsarbeitern nicht mehr groß genug ist.

Gemeint ist offenbar: Wir haben Mangel an Facharbeitern, weil der Unterschied ... Der eingeschobene Nebensatz („... der sich allmählich ...") drängt aber die Begründung für den Facharbeitermangel an einen Platz, wo sie als Begründung für das Hemmnis erscheint. Das ist zwar auf Umwegen wieder richtig, jedoch irreführend und unsauber. Der erste Nebensatz nennt die Wirkung aus dem Hauptsatz, der zweite Nebensatz die Ursache für den Hauptsatz, und so viel kann ein Satz nicht leisten. Man mache also zwei – Mangel, weil, Punkt. Und das entwickelt sich zu einem Hemmnis für Investitionen.

Gute Sätze kann nur bauen, wer *an ihnen zu arbeiten* bereit ist – so liest man es oft, aber ungleich besser wäre natürlich: ... wer bereit ist, an ihnen zu arbeiten. Denn dieser Satzteil ist in der ersten Fassung ein Zwischensatz, auch wenn ihm die Kommas fehlen.

Nebensätze anhängen – das ist ein gutes Rezept noch unter einem dritten Aspekt, dem oben ausgesparten: Kein anderer Satzbau strömt mit solcher Wahrscheinlichkeit so angenehm dahin wie der, der reich ist an angehängten Nebensätzen.

Daraus folgt zweierlei: nicht nur die Satzmitte entlasten, die mit Zwischensätzen oder Partizipien überfrachtet ist; sondern Ausschau halten nach Gelegenheiten, Nebensätze anzuhängen, selbst wenn es keine Satzmitte gibt, die entlastet werden müsste. Faustregel:

> **Zwei Hauptsätze hintereinander ohne Nebensätze klingen meistens hart. Der zweite Hauptsatz sollte mit einem angehängten Nebensatz für Abwechslung sorgen, für Melodie, für Sprachfluss, für Bewegung.**

Schön strömt die Sprache von Sigmund Freud – der auch auf einem anderen Feld ein großer Lehrmeister für Journalisten ist: weil es ihm gelingt, die kompliziertesten und ungewohntesten Gedanken mit gängigen deutschen Wörtern aufs Anschaulichste darzustellen. So zum Beispiel fließen seine Sätze:

> Wir werden wahrscheinlich die Erfahrung machen, dass der Arme noch weniger zum Verzicht auf seine Neurose bereit ist als der Reiche, weil das schwere Leben, das auf ihn wartet, ihn nicht lockt und das Kranksein ihm einen Anspruch mehr auf soziale Hilfe bedeutet. Möglicherweise werden wir oft nur dann etwas leisten können, wenn wir die seelische Hilfeleistung mit materieller Unterstützung nach Art des Kaisers Josef vereinigen können. Wir werden auch sehr wahrscheinlich genötigt sein, in der Massenanwendung unserer Therapie das reine Gold der Analyse reichlich mit dem Kupfer der direkten Suggestion zu legieren.

18. KAPITEL

Soll man schreiben, wie man spricht?

Schreibe, wie du redest,
so schreibst du schön!

Lessing als Vierzehnjähriger
an seine Schwester (1743)

Ebenfalls an seine Schwester schrieb es Goethe, sechzehn Jahre alt: „Schreibe nur, wie du reden würdest, und so wirst du einen guten Brief schreiben." So tönt es seit Luther, der dem Volk aufs Maul schaute, und „Schreibe, wie du sprichst" heißt auch bei Ludwig Reiners eine der obersten Regeln.

Diese Stilregel wird so häufig und heftig verkündet wie nur noch der Ruf nach kurzen Sätzen und Hauptsätzen; daher soll sie denjenigen Teil des Buches abschließen, der von der zugleich guten, interessanten und verständlichen Sprache handelt. Unter diesen drei ebenso populären wie groben Faustregeln ist sie freilich die gröbste: nämlich ungefähr zur Hälfte falsch.

Um mit der richtigen Hälfte zu beginnen: der schreibende Mensch hat die verhängnisvolle Neigung, sich in Positur zu setzen und Papierdeutsch zu gebären, abstraktes, gespreiztes, geblähtes Deutsch: „Zwölf Verletzte gab es, als die Polizeimacht mit rüder Gewalt gegen die Hausbesetzerszene vorging", schreibt er beispielsweise – obwohl seine *Erzählung* lauten würde: „Haste gehört? Mit Gummiknüppeln haben die Bullen auf die Hausbesetzer eingedroschen, zwölf mussten ins Krankenhaus!"

Nun sind wir mit diesem Beispiel schon in die falsche Hälfte hinübergeschlittert, denn das „Haste gehört" wäre wohl zu streichen und die Bullen durch Polizisten zu ersetzen. Aber dass hier Polizisten auf Hausbesetzer losgehen, also Menschen auf Menschen – dieses Element sollte in die Schriftsprache hinübergerettet werden, in der vorher eine *Macht* eine *Szene* verprügelte, was ziemlich komisch ausgesehen haben müsste.

Ja, das ganze Zunft-, Bläh- und Bürokratendeutsch ginge über Bord, wenn wir schrieben, wie wir sprechen, alles Gestelzte und Gedrechselte, all die wachstumspolitischen Weichenstellungen und vorrangigen Erfordernisse. Phrasen zu dreschen ist schriftlich leichter, als Sätze zu formen, die rote Backen haben – in freier Rede aber sind nur die gewieftesten Politiker und Sonntagsprediger der Phrase mächtig, und gar einen Schachtelsatz mündlich zu bewältigen, bleibt ein paar Sprachartisten vorbehalten.

Ein anderer Vorzug des gesprochenen Wortes schlägt leicht und oft in einen Nachteil um: Das Knappe und Direkte der gesprochenen Sprache geht stufenlos über in das Saloppe und schließlich das Flapsige; die Grenzziehung ist nie frei von Willkür und schwankt mit dem Geschmack.

Mein Geschmack (und nicht mehr) ist zu schreiben: Ich kann nicht rein, er führt was im Schilde, es ist halb acht, Huber wird achtzig, sie kriegt ein Kind. Mein Eindruck ist, dass die meisten Journalisten dies *zu mündlich* finden. Mir wiederum kommt zu mündlich vor: „Miese US-Konjunktur lässt Dollar rutschen" *(Frankfurter Rundschau,* 31. 10. 1981). Dagegen sind sich offenbar die meisten Journalisten einig, dass drastische und vulgäre Wörter wie Köter, Fresse, Scheiße in der Schriftsprache nichts zu suchen haben, es sei denn zur Kennzeichnung eines entsprechenden Milieus.

Was aber soll man von folgendem Grenzfall halten: „Sei so freundlich *und gib mir* das Buch" (statt: … mir das Buch zu geben). Das ist überhaupt nicht flapsig, es ist geläufiges, ja geradezu angenehmes Deutsch, nur eben in der Grammatik nicht vorgesehen, ganz und gar mündlich.

DIE SCHWÄCHEN DES GESPROCHENEN WORTS

Was nicht heißen soll, dass gesprochenes Deutsch immer angenehm wäre. Und damit sind wir bei der anderen Hälfte der Faustregel „Schreibe, wie du sprichst": Welche Wohltat, dass wir nur selten so schreiben, wie uns der Schnabel gewachsen ist! Denn unsere mündliche Rede ist mit sechs Nachteilen behaftet.

1. Den wenigsten ist es gegeben, einen komplizierten Sachverhalt mündlich angemessen auszudrücken. Das gilt nicht nur für den Versuch, einem Nichtmathematiker die Relativitätstheorie zu erklären; es gilt auch für konkrete Abläufe und Erlebnisse, sobald sie vom Alltäglichen abweichen. Oder welcher Richter wäre noch nie in Verzweiflung geraten über die unendlichen Anläufe und Widersprüche in der Aussage eines Zeugen, der den Hergang eines Verkehrsunfalls beschreiben soll, dessen unbeteiligter Augenzeuge er doch war! Der Zeuge gibt sein Bestes, aber das Beste ist nicht gut genug.
2. Den wenigsten ist es gegeben, in mündlicher Rede die Mehrzahl ihrer Sätze zu jenem Ende zu bringen, das sie offenbar angepeilt hatten. Das ist nicht nur ein Ärgernis für Deutschlehrer, sondern eine drastische Einbuße an Verständlichkeit. Mindestens als Chance enthält ja ein kompletter Satz eine Aussage in leidlich logischem Zusammenhang; ein abgebrochener oder sich im Kreis drehender Satz bietet diese Chance nicht.
3. Die meisten neigen in mündlicher Rede zu unendlicher *Geschwätzigkeit;* nicht doppelt erzählen sie alles, das ginge ja noch, sondern siebenfach. Die Wahrscheinlichkeit ist hoch, dass ich einer Minute des Lesens mehr Information entnehmen kann als einer Minute des Zuhörens (es sei denn, der Text würde vorgelesen).
4. *Füllwörter* machen sich mündlich in einer Weise breit, die auch präzise Redner erschreckt, sobald sie die Tonbandabschrift ihrer frei gehaltenen Rede lesen – all diese Nuns, Danns und Dochs gehen ihnen selber auf die Nerven. Da aber die wenigsten Menschen präzise Redner sind, strotzt die mündliche Rede von Flickvokabeln, deren Übernahme

ins geschriebene Deutsch niemand wird empfehlen wollen. Die Erfolgsschriftstellerin Irmgard Keun verwendete in einer Talk-Show von Radio Bremen (1981) das Wort „irgendwie" bis zu zehnmal pro Satz (wobei das Wort „Satz" eine freundliche Übertreibung ist).

5. *Modewörter und Klischees* drängen sich ungleich stärker in den Vordergrund. Mit der Aufgabe, einen Satz zu Ende zu bringen, haben die meisten ihre liebe Not; nichts treibt sie, diese Not dadurch zu verschlimmern, dass sie den treffenden, frischen Ausdruck suchen anstelle der ausgeleierten Floskel, die ihnen auf der Zunge liegt. Ins Schreiben bringt wenigstens eine interessante Minderheit diesen Ehrgeiz ein.
6. Nach fünfhundert Jahren Buchdruck und jahrzehntelanger Vervielfältigung durch die Massenmedien ist die Rede in großen Teilen zur Reproduktion der Schriftsprache geworden; es wäre kurios, das von schriftdeutschen Eigenheiten längst durchsetzte gesprochene Deutsch seinerseits der Schriftsprache als Vorbild anzudienen. Wie sagt Karl Kraus?

> Die Journalisten scheinen sich auf den ruchlosen Grundsatz „Schreibe, wie du sprichst" festgelegt zu haben und nehmen ihn wörtlich. Was dabei herauskommt – da sie also faktisch schreiben, wie sie sprechen –, ist ja toll, aber es wäre noch erträglich, wenn sich nicht auch die Konsequenz ergäbe: „Sprich, wie du schreibst", indem nämlich dann die Leser so sprechen, wie die Journalisten schreiben.

Eine Fülle abstrakter, blutarmer Worte ist aus dem Blei auf die Zunge gekrochen, das Soziologen-Kauderwelsch bietet erhabene Redensarten für alle Lebenslagen an, und schon stößt man auf *Spiegel*-Leser, die ihr eigenes Kind „Sohn Otto" nennen. Wir reden, wie uns der Schnabel verbogen wird.

> In Sportsendungen antwortet heute schon der Torhüter eines mittleren Vereins mit der Geläufigkeit bekannter Politiker: „Darüber wird zu gegebener Zeit in der Mannschaft noch zu sprechen sein." Das Medium bekommt die Sprachmuster zurück, die es geliefert hat. (Gert Haedecke, Südwestfunk)

Traurig genug, wenn unsere Rede aus Versatzstücken der Schriftsprache besteht: „Ein Leben ohne Freiräume der Selbstverwirklichung würde meinem Selbstverständnis widersprechen." Noch trauriger, wenn sich die Stilebenen mischen, nach den bekannten Mustern: „Und Jesus sprach zu seinen Mitarbeitern" oder „Aphrodite verduftete" oder „Der Frust sägt mir irgendwie am Ego, echt" oder „‚Knorke', sagte Tschingis Khan."

Was also bleibt von der Faustregel „Schreibe, wie du sprichst"? Eine stark eingeschränkte Gebrauchsanweisung:

> **Versuchen wir beherzt, die Vorzüge des Mündlichen in die Schrift zu übernehmen: das Frische, Spontane, Saftige, Ungekünstelte. Doch machen wir uns klar, dass auch die Schriftsprache Vorzüge hat: Der Schreiber ist weniger geschwätzig und verhaspelt sich seltener.**

Vielleicht hat Schopenhauer Recht, wenn er vom Schreibstil verlangt, er möge seine Verwandtschaft mit dem *Lapidarstil* nicht verleugnen, der schließlich sein Ahnherr war. Lapidar: das kommt von *lapidus*, dem Stein, und erinnert daran, dass die Schrift jahrtausendelang geritzt, geschnitzt und gemeißelt werden musste und später getuscht und gemalt, bis wir endlich mit Bleistift und Kugelschreiber hingleiten konnten über das Papier. Buchstaben meißeln: Das war eine dramatische Erziehung zu Worten und Sätzen mit Kraft und Substanz – weg vom Palaver am Feuer, bei dem vermutlich schon immer viel leeres Stroh gedroschen worden ist.

ZUHÖREN UND FEILEN

Von der Schrift zur Rede lässt sich eine Brücke schlagen mit einem einfachen Trick: Soll der Text länger halten als bis zum nächsten Tag, so lese man ihn laut vor, einem anderen oder sich selbst. Es ist überraschend heilsam, das Geschriebene dem Gehörtwerden auszusetzen: Kleine Unebenheiten, über die der schweigende Leser hinweghuschte, erweisen sich als Stolpersteine; Füllwörter und ungewollte Wiederholungen stellen sich plötzlich borstig auf; bei hölzernem Rhythmus kracht es hörbar im Gebälk; und Sätze, die uns kurzatmig oder langatmig geraten sind, entlarvt unser keuchender Atem. *Schreibe für die Ohren!*

So ist das laute Lesen ein wichtiger, vielleicht der eigentlich unentbehrliche Teil jener Arbeit, auf die viele Schreiber die Hälfte ihrer Zeit verwenden oder noch mehr: am Manuskript zu basteln und zu feilen. Drei Viertel sogar, sagte Fontane – drei Viertel seiner ganzen literarischen Tätigkeit seien das Korrigieren und Feilen gewesen. Wie er's trieb, hat er nicht übermittelt. Ich treibe es so:

- Laut lesen.
- Dabei oder danach: die meisten Füllwörter und möglichst viele Adjektive streichen; bei fahrlässigen Wiederholungen andere Wörter einsetzen; rote Schlangenlinien an Stellen des Missvergnügens machen.
- Den logischen Ablauf prüfen.
- Den dramaturgischen Aufbau prüfen.
- Alle Stellen überarbeiten, die eine Schlangenlinie bekommen haben.
- Die Passagen überarbeiten, die den Gegenlesern missfallen haben.
- Noch mal laut lesen.

Das klingt mühsam und zeitaufwändig. Bei allen Texten, die ich für wichtig hielt, habe ich es gleichwohl so gehalten. Wenn ich nach all den Mühen einen Text immer noch missraten finde, greife ich zum letzten Mittel: Ich schreibe ihn noch einmal, ganz von vorn, mit nur gelegentlichem Blick auf die verworfene Fassung, und mit der Hand natürlich.

„Gesegnet seien alle zerrissenen Briefe, ausgestrichenen Adjektive und in den Papierkorb geworfenen ersten Entwürfe", sagt Süskind. Noch ein Vorzug des schriftlich fixierten, im besten Sinne *geschriebenen* Textes: Er verschweigt seine Geburtswehen und seine Kinderkrankheiten; anders als der stockende, sich verheddernde Erzähler belästigt der Schreiber uns nicht mit der Arbeit, die der Text ihm gemacht hat.

Die Kunst, „Spreche" zu schreiben

Zu fordern ist für den Hörfunk die Rückkehr zum schriftlich fixierten Text. Freie Formulierungen führen zu Überlänge und Geschwätzigkeit. Es ist ein Irrtum, zu glauben, nur der frei formulierte Text sei „funkisch". Ein gut geschriebener Funktext gut vorgetragen ist „Spreche" und nicht „Schreibe". Auch Theaterstücke sind geschrieben, und niemand würde behaupten, hier würden Schriftstücke verlesen.

Bernd-Peter Arnold
(Hessischer Rundfunk)

Die Versuchung, „Schreibe" zu reden

Kollegen hören zwar selten Radio, aber sie lassen sich das Manuskript kommen. Weil wirklich konsequentes Radio-Deutsch sich nicht so brillant liest, wie der Autor auf seine Kollegen wirken möchte, ist die Versuchung groß, im Zweifel lieber fürs Gelesen-Werden zu schreiben.

Walther von La Roche
(Bayerischer Rundfunk)

Sieben goldene Rede-Regeln

1. Man kann über alles reden, aber nicht über 45 Minuten.
2. Das Publikum ist wichtiger als das Manuskript.
3. Nicht jede Rede muss bei Adam und Eva beginnen.
4. Wer verstanden werden will, muss verständlich sprechen.
5. Auch wenn alles falsch ist, müssen die Namen stimmen.
6. Witz ist gut, selbst gute Witze sind nicht immer angebracht.
7. Wer keine Frage offen lässt, hat die Diskussion abgewürgt.

Rolf Breitenstein,
„ghostwriter" von Helmut Schmidt

Die Kunst, die Zunge einzuholen

Merkt ihr nicht deutlich, dass vielen unserer Landsleute die Sprache schon zu kurz geworden ist, daher sie in ihren Aufsätzen nicht allein die längst erlaubten Füll-, Flick- und Streckwörter, sondern sogar die so genannten Flick-Bemerkungen nötig haben, während welcher dann der Geist die Zunge wieder einholt.

Georg Christoph Lichtenberg

Füll- und Flickwörter

Dem Sprecher und Schreiber bietet sich eine kaum überschaubare Fülle von Konjunktionen und Adverbien an, die den Text teils würzen, teils aufblähen oder überfrachten: All die *auch, doch, freilich, eigentlich* und *ausgerechnet*.

Wohl überlegt und sparsam eingesetzt, verdienen sie *Würzwörter* zu heißen (Seibicke); da sie jedoch meist unkontrolliert und überreichlich verwendet werden, treffen die populären Namen *Füllwörter* oder *Flickwörter* meistens besser.

Viele der nachstehend aufgeführten Wörter kennzeichnen einen Gegensatz (aber, dagegen, demgegenüber, dennoch, hingegen, jedoch usw.) oder eine ursächliche Folge (also, dadurch, daher, demnach, denn, deshalb usw.). Solche Wörter wegzulassen würde oft das Verständnis erschweren. Doch auch sie treten meist zu reichlich auf – umso mehr, als z. B. *aber* nicht nur den Gegensatz bezeichnet, sondern auch schieres Füllsel ist: „Das ist aber schlimm!"

Trotz Würze und Verständnishilfe – es ist eine passable Faustregel, beim Feilen am Text möglichst viele der Wörter zu streichen, die auf der folgenden Checkliste stehen. Misstrauen ist mindestens dann angebracht, wenn zwei dieser Wörter aufeinander stoßen. Wörter wie *gar, glatt, einfach, natürlich* sind hier nicht als normale Adjektive („natürlich leben"), sondern in ihrer Zusatzeigenschaft als Flickwörter zu verstehen.

aber*
abermals
allein
allemal
allem Anschein nach
allenfalls
allenthalben
allerallerdings
allerdings
allesamt
allzu
also
andauernd
andererseits
andernfalls
anscheinend
an sich
auch
auffallend
aufs Neue
augenscheinlich
ausdrücklich
ausgerechnet
ausnahmslos
außerdem
äußerst
beinahe*
bei weitem
bekanntlich
bereits
besonders
bestenfalls
bestimmt
bloß
dabei

dadurch
dafür
dagegen
daher
damals*
danach
dann und wann
demgegenüber
demgemäß
demnach
denkbar
denn
dennoch
deshalb
des Öfteren
des ungeachtet
deswegen
doch
durchaus
durchweg
eben
eigentlich
ein bisschen
einerseits
einfach
einige
einigermaßen*
einmal
ein wenig
ergo
erheblich
etliche
etwa
etwas
fast*
folgendermaßen
folglich
förmlich
fortwährend
fraglos
freilich
ganz
ganz und gar
gänzlich
gar
gelegentlich
gemeinhin
genau
geradezu*
gewiss
gewissermaßen*
glatt
gleichsam
gleichwohl
glücklicherweise
gottseidank
größtenteils
halt
häufig
hie und da
hingegen
hinlänglich
höchst
höchstens
im Allgemeinen
immer
immerhin
immerzu
in der Tat
indessen
in diesem Zusammenhang
infolgedessen
insbesondere
inzwischen
irgend*
irgendein
irgendjemand
irgendwann
irgendwie
irgendwo
ja
je
jedenfalls
jedoch jemals
kaum*
keinesfalls
keineswegs
längst
lediglich
leider
letztlich
manchmal
mehrfach
mehr oder weniger
meines Erachtens
meinetwegen
meist
meistens
meistenteils
mindestens
mithin
mitunter
möglicherweise
möglichst
nämlich
naturgemäß
natürlich
neuerdings
neuerlich
neulich

nichtsdestoweniger
nie
niemals
nun
nur
offenbar
offenkundig
offensichtlich
oft
ohnedies
ohne weiteres
ohne Zweifel*
partout
plötzlich
praktisch
quasi
recht
reichlich
reiflich
relativ
restlos
richtiggehend
rundheraus
rundum
samt und sonders
sattsam
schlicht
schlichtweg
schließlich
schlussendlich
schon
sehr
selbst
selbstredend
selbstverständlich
selten
seltsamerweise
sicher
sicherlich
so
sogar
sonst*
sowieso
sowohl als auch
sozusagen
stellenweise
stets
trotzdem
überaus
überdies
überhaupt
übrigens
umständehalber
unbedingt
unerhört
ungefähr*
ungemein
ungewöhnlich
ungleich
unglücklicherweise
unlängst
unmaßgeblich*
unsagbar
unsäglich
unstreitig
unzweifelhaft
vergleichsweise
vermutlich
vielfach
vielleicht*
voll
vollends
völlig
vollkommen
vollständig
voll und ganz
von neuem
wahrscheinlich*
weidlich
weitgehend
wenigstens*
wieder
wiederum
wirklich
wohl
wohlgemerkt
womöglich
ziemlich
zudem
zugegeben*
zumeist
zusehends
zuweilen
zweifellos
zweifelsfrei
zweifelsohne

Goethes Schwarze Liste

Die mit einem * versehenen Füllwörter sind in einer Liste enthalten, die *Goethe* 1817 in seiner Zeitschrift „Über Kunst und Altertum" veröffentlichte (drittes Heft, S. 52–54). Die Liste trägt die Überschrift:

Redensarten
welche der *Schriftsteller* vermeidet, sie jedoch dem *Leser*
beliebig einzuschalten überlässt.

Außer den genannten Füllwörtern enthält Goethes Schwarze Liste Redensarten wie die folgenden:

Ich glaube
Ich möchte sagen
Man könnte sagen
Ohne Umschweife gesagt
Aufrichtig gesprochen
Wie man sich leicht vorstellen kann.

Wie man verständlich schreibt

19. KAPITEL

Wo verständliches und gutes Deutsch sich trennen

Zu den Worten, die jedem Gebildeten geläufig,
aber keinem Denkenden verständlich sind,
hat sich ein weiteres hinzugesellt: das vom
„Dialog mit der Jugend".

Frankfurter Allgemeine,
1. 12. 1981

Wir kommen nun zu dem schmerzlichen Punkt, an dem Verständlichkeit und gutes Deutsch, bisher Hand in Hand, getrennte Wege gehen – teils ohne Beziehung, teils in Feindschaft zueinander.

Da ist die *Ironie*: ein legitimes Stilmittel, das sich verführerisch anbietet und doch eine Quelle von Missverständnissen ist. Jean Paul hat sie als „verdrießlichen Lippenkrebs" bezeichnet und die Einführung von „Ironiezeichen" (parallel zum Fragezeichen) vorgeschlagen, damit jeder wisse, ob das Gegenteil gemeint sei. Preisfrage: Ist das eine ironische Empfehlung?

Allzu oft lässt sich diese Frage einfach nicht entscheiden. Es kann sogar geschehen, dass die ironische Bedeutung sich festfrisst: Ein üppiges Mahl wurde von Deutschen, die das Ironische mit dem Lateinischen verrührten, so oft ein frugales (bescheidenes) Mahl genannt, dass für die Mehrzahl *frugal* heute ganz unironisch *üppig* zu bedeuten scheint. Mindestens gilt die Faustregel:

Die Zahl der Leser oder Hörer, die Ironie mögen oder auch nur erkennen, ist immer kleiner, als Journalisten möchten.

Da ist als zweites das *Sprachklischee*, die stets präsente, tausendfach benutzte Floskel. Sprachfreunde wenden sich mit Grausen – doch gerade die gestanzte Form erleichtert das Verständnis. Klüfte sind immer tief, aber es ist die „tiefe Kluft", die dem Erwartungsbild von Hörern und Lesern entspricht und ihnen den Zugang zum Text am raschesten öffnet. *Bettelarm* und *bitterkalt, stinkfaul* und *goldrichtig* – eben solche Klischees gehen uns am leichtesten ins Ohr.

Dabei spielt es keine Rolle, ob die schablonenhafte Wortverbindung auf Anhieb einleuchtet wie der Stein in *steinhart* oder uns eher Rätsel aufgibt, wie derselbe Stein in *steinreich*; auch das *Stock*finstere und das *Splitter*nackte verlieren sich im etymologischen Dunkel. Der Mangel an Anschaulichkeit wiegt eben nicht so schwer wie das Einrasten der Erwartung: stockfinster, aha, das kenne ich, so muss es sein.

Der Tübinger Sprachwissenschaftler Erich Straßner sagt es kalt: Unerwartete Wörter oder Satzbaupläne lenken die Aufmerksamkeit des Rundfunkhörers vom Inhalt der Texte ab (und seufzend bleibe ich dabei, dass Zeitungsleser genauso behandelt werden sollten, siehe S. 78). Kein Klischee ist so abgegriffen, kein Modewort hängt uns so zum Halse raus, als dass es nicht eben dadurch zur Verständlichkeit des Textes für ein Millionenpublikum beitrüge. Machen wir uns nichts vor, zeigen wir die Feindschaft auf:

Optimale Verständlichkeit	Gutes Deutsch
Geläufige Wörter	Unverbrauchte Wörter
Kleiner Wortschatz, wenige verschiedene Wörter	Großer Wortschatz, viele verschiedene Wörter
Gängige Redensarten	Keine Redensarten
Nie Ironie	Ironie am rechten Platz
Vertraute Bilder (Metaphern)	Neue Bilder (vgl. Kap. 26)

Und doch sind wir dicht an dem Punkt, wo Feindschaft in Freundschaft übergehen kann: Zur *Verständnisfähigkeit* des Lesers muss ja seine *Verständnisbereitschaft* kommen, zur *Transparenz* des Textes seine *Attraktivität* (Kap. 6). Falls nicht ausnahmsweise der pure Inhalt faszinierend ist, muss *interessantes* Deutsch mich motivieren, dem Text treu zu bleiben.

Von der interessanten Sprache wiederum führt ein sehr kurzer Weg zum *guten* Stil. All das Bettelarme und Stockfinstere nämlich, das mir auf Anhieb verstehen hilft, ist geeignet, mich alsbald zu langweilen, weil es mir keinerlei Anspannung abverlangt. Insoweit ist das interessante Deutsch zugleich das gute, und das gute leistet seinen Beitrag zum Verständnis.

Nehmen wir die populäre Warnung, „das Kind nicht mit dem Bade auszuschütten". Das geht glatt ins Ohr und ebenso rasch wieder hinaus, meist nur halb verstanden. Nach meiner privaten Marktforschung erfassen viele Halbwüchsige den Sinn der Floskel zum ersten Mal, wenn man sie umdreht: „Hüten wir uns, mit dem Bad das Kind auszuschütten." Dies ist erstens die treffendere Formulierung, da sie die Hauptsache in die Satzaussage stellt; und sie enthält zweitens jenen kleinen Überraschungseffekt, jenen Stolperdraht, der schläfrige Hörer oder Leser plötzlich munter macht. Man sollte also Straßners harschen Imperativ ein wenig mildern – etwa so:

> **Wortverbindungen von hohem Bekanntheitsgrad erleichtern das Verständnis. Das Optimum an Aufmerksamkeit und oft ein tieferes Verständnis lassen sich jedoch erzielen, wenn man die Erwartung von Hörern und Lesern mäßig verletzt und ihrem Verstand eine mäßige Anspannung zumutet.**

Gleichwohl: Der Ton liegt auf „mäßig". Das lindert nur, es beseitigt nicht unseren Kummer, dass es zwischen unserem Service-Auftrag und unserer Liebe zum guten Deutsch hie und da einen Zwiespalt gibt.

Was aber heißt „tieferes Verständnis"? Es ist zu schlicht, Verstehen gleich Verstehen zu setzen. Christoph Schwarze (Universität Konstanz) unterscheidet vier Stufen der *Verständnistiefe*:

1. Der Leser/Hörer erkennt ein Wort wieder und kann es *wiederholen*. („Die Spieren laschen" habe ich schon mal gehört, und ich kann die Silben korrekt nachplappern.) Wer nur wieder erkennen will, ist mit Sprachschablonen optimal bedient.
2. Der Leser kann den gemeinten Gegenstand *einordnen*. („Die Rahen brassen" findet auf Segelschiffen statt, das weiß ich genau; von einem Segelschiffsroman fordere ich geradezu, dass da von Zeit zu Zeit die Rahen gebrasst werden. Doch nie habe ich mir klar gemacht und niemandem könnte ich erklären, was „brassen" heißt.)
3. Der Leser kann den gemeinten Gegenstand *beschreiben*. (Für konkrete Dinge ist das ein guter Maßstab, für abstrakte nicht: „Den Fortschritt" zu beschreiben – wer traute sich das zu?)
4. Der Leser kann *begründen*, in Kausalzusammenhänge stellen. Es fehlt der 5. Fall: Der Leser *glaubt* eine der unter (2) bis (4) beschriebenen Leistungen erbracht zu haben, befindet sich aber objektiv im Irrtum. (Er meint zum Beispiel, das Brassen der Rahen endlich begriffen zu haben, entwickelt dabei jedoch eine Vorstellung, für die das Laschen der Spieren die korrekte Bezeichnung wäre.)

Die erstrebenswerte Verständnistiefe (4) bei möglichst vielen Lesern/Hörern auf möglichst vielen Feldern herzustellen ist ein Auftrag an alle Journalisten. Mit sprachlichen Mitteln allein können sie das nicht leisten; Art und Umfang ihres Textangebots spielen dabei mit.

Wie wir mit der Sprache umgehen, bleibt jedoch die Kernfrage. Wer für eine Mehrheit von Nichtseglern schreibt, sollte nicht zulassen, dass in seinem Text die Spieren gelascht werden, und wer die unerwünschten Verständnistiefen (1) und (2) vermeiden will, der tilge alle „Freiräume der Mitverantwortung"; denn diese Räume auszuschreiten, wird kaum einer willens und niemand fähig sein: Sie sind aus Watte.

20. KAPITEL

Der notwendige Überfluss

Meistens ist in sechs bis acht
Wörtern völlig abgemacht.
Und in ebenso viel Sätzen
lässt sich Bandwurmweisheit schwätzen.

Christian Morgenstern

Der Levi hat das *Telegramm ohne Worte* erfunden. Als nämlich sein Schwiegersohn, der Cohn, ihm telegrafiert „Rebekka glücklich entbunden Sohn", setzt sich der Levi zornig hin und schreibt: „Rebekka? Kann ich mir denken, wo se is meine einzige Tochter. Glücklich? Kann ich mir auch denken, wenn se hat einen Sohn. Entbunden? Kann ich mir zweimal denken, wie soll se sonst kommen zu einem Sohn! Und Sohn? Das hab ich schon gewusst, wie der Bote kam – wärste auf de Post gerannt für eine Tochter? Also, schmeiss nicht immer Geld weg für zu lange Telegramme!" Als Informationstheoretiker hätte der Levi seinem Schwiegersohn geschrieben: Das Telegramm war redundant.

Reduntantia, redondance, ridondanza, redundancy bezeichnet in allen romanischen Sprachen und im Englischen das Übermaß, den Überfluss, besonders die Weitschweifigkeit, den Wortschwall. Die Informationstheorie definiert demgemäß: Redundant sind die ungenutzten Teile des Aufwands, das heißt diejenigen Elemente einer Mitteilung, die über den nackten Neuigkeitswert hinausgehen und folglich weggelassen werden könnten.

So ist der Satz „Ich werde am Freitag um 8.32 Uhr mit dem Flugzeug in Frankfurt eintreffen" stark redundant gegenüber dem Telegrammtext „Eintreffe Freitag Flug 8.32", der, falls der Adressat in Frankfurt, wohnt, alle Fakten ebenfalls enthält. Die Reduzierung lässt sich noch weitertreiben, so dadurch, dass man statt „eintreffe Flug" *einfliege* telegrafiert und statt Freitag nur *Fr*, und warum nicht *F*, da doch kein anderer Wochentag mit diesem Buchstaben anfängt.

Aber hier beginnen die Techniker wie die Theoretiker der Information zu revoltieren – so hatten sie es nicht gemeint. Wenn nämlich das F falsch übermittelt werden sollte (und ist nicht das Leben eine Kette von Pannen?), so sinkt der Informationswert des Telegramms auf Null. Liest der Empfänger dagegen *reitag*, so weiß er immer noch Bescheid. Redundanz ist also – glückliches Fachwort! – das Gegenteil von dem, was ihr Name bedeutet: Sie ist *nicht* überflüssig. Mit wenigen Ausnahmen wie den Ein-Wort-Zurufen im Operationssaal („Pinzette!") oder auf dem Fußballplatz („Tor!") *brauchen* wir Redundanz. „Wer im Telegrammstil redet, provoziert den Irrtum" (Schlemmer).

Selbst mit keineswegs verkürzten, ganz normalen deutschen Sätzen kann man sein Wunder erleben: „Bitte teilen Sie uns auf einer Postkarte mit…" heißt es in der Anzeige, mit der die „Hamburger Journalistenschule" ihren jeweils nächsten Lehrgang ausschreibt. Doch von den rund 4000 Bewerbern pflegen etwa 1000 statt der Postkarte einen Brief zu schicken, also dem Sekretariat die Zusatzarbeit des Öffnens von 1000 Briefumschlägen und Entfaltens von 1000 Briefbögen zuzumuten. Tatsächlich, man müsste inserieren: „Bitte teilen Sie uns auf einer Postkarte *(und damit meinen wir nicht Brief, sondern Postkarte!)* mit…" Und vielleicht noch obendrauf: „Briefe werden nicht geöffnet."

Dabei ist die Frage „Brief oder Postkarte" kein ideologischer Streitfall wie „Gesamtschule oder Gymnasium" – wie viel Redundanz, wie viele immer neu variierte und exemplifizierte Argumente müsste einer vortragen, wenn er die Chance haben wollte, auch nur einen Bruchteil seiner Leser auch nur ein wenig von ihrer mitgebrachten Meinung über die Gesamtschule abzubringen!

Natürlich heißt das nicht, dass *jede* Erläuterung und *jede* Wiederholung journalistisch willkommen wären. Redundanz ist eben nicht nur das notwendige Beiwerk zur Information, sondern auch das *überflüssige,* die Weitschweifigkeit, das Geschwätz – bis hin zur totalen Redundanz der mündlichen Rede in vielen Lebenslagen: „Also so ein Sauwetter!" (Das ist dem Angesprochenen nicht verborgen geblieben). „Sag ich doch zu meiner Frau: Mensch, sag ich, hast du mitten im Sommer schon mal so ein Sauwetter erlebt? Nein, sagt sie, ich auch nicht. Also wissen Sie, im Juli!"

Unser Thema ist das überflüssige Beiwerk nicht. Unser Problem heißt: Wo verläuft *die Grenze* zwischen notwendiger und überflüssiger Redundanz? Welcher Wortaufwand über die nackte Information hinaus dient der Verständigung am besten? Wenn ich ein Beispiel einfüge: Wird der Leser gähnen, weil er es als banal empfindet – oder wird erst das Beispiel ihm das Thema interessant und verständlich machen?

Je nachdem, was ich zu sagen habe, wem ich es sage und in welcher Situation ich es sage, muss ich keine, wenig oder viel Redundanz anbieten – umso mehr:

- je komplizierter das Thema ist, über das ich meine Leser oder Hörer informieren möchte („die Spieren laschen")
- je gleichgültiger ihnen das Thema ist („Landreform in Paraguay")
- je träger und müder sie sind
- je enger ihr *Erfahrungshorizont* ist
- je niedriger ihr *Erwartungshorizont* liegt.

Man sieht: Bei der Einschätzung der richtigen Menge Redundanz haben wir es mit lauter unbekannten Größen zu tun. Was also soll dieser Exkurs? Gute Journalisten haben ohnehin die Witterung, welchen Grad von Ausführlichkeit die erwarten, für die sie schreiben.

Schon richtig. Nur kann es unmöglich schaden, sich über eines der größten Probleme der Verständigung ein paar Gedanken zu machen, und nicht alle Elemente sind uns unbekannt. Wenn ich als Journalist Mühe habe zu begreifen, was die „Währungsschlange" ist, darf ich unterstellen, dass es meinen Adressaten genauso geht; wenn ich mich für ein staatsbürgerlich wertvolles Thema wie die kommunale Selbstverwaltung nicht zu erwärmen vermag, wird das Thema meine Leser auch nicht heiß machen – es sei denn, ich fände jenes Beispiel, das sie verblüfft; und dass Leser und Hörer träge oder müde sind und von uns aus ihrem Halbschlaf gekitzelt werden wollen, ist unsere Arbeitsbasis – den Redakteuren der saturierten Abonnementszeitungen und der öffentlich-rechtlichen Rundfunkanstalten sei's gesagt.

ERFAHRUNGSHORIZONT UND ERWARTUNGSHORIZONT

Wie aber schätze ich den *Erfahrungshorizont* meines Publikums ein, seine Weltkenntnis, seinen Bildungsstand? Wie viel wissen Hörer und Leser im Vorhinein von dem Thema, das ich ihnen nahe bringen möchte? Kennen sie die Funktion des Bundesrats? (Im Grenzfall nicht.) Mache ich mich lächerlich, wenn ich dem Namen Goethe die Erläuterung „der berühmte deutsche Dichter" voranstelle – und wenn nicht bei Goethe: Wie steht es mit Balzac oder Kleist? Eindeutige Antworten gibt es nicht; aber wenn ich stutze und mir überhaupt die Frage stelle, bin ich dem Leser schon einen Schritt näher gekommen.

Ein klassischer Fall von fruchtbarer Redundanz ist der Versuch des Johann Peter Hebel, seinen Zeitgenossen – lange vor Erfindung der Fernseh-Zoologen – das Wunder der Fliegenden Fische nahe zu bringen:

> Im Meer gibt es Fische, welche aus dem Wasser gehen und in der Luft fliegen können. Man sollte meinen, es sei erdichtet, weil bei uns so etwas nicht geschieht. Aber wenn ein Mensch auf einer Insel wohnte, wo er keinen anderen Vogel als Meisen, Distelfinken, Nachtigallen und andere dergleichen lustige Musikanten des Waldes könnte kennen lernen, so würde er ebenso unglaublich finden, wenn er hörte, dass es irgendwo ein Land gäbe, wo Vögel auf dem Wasser schwimmen und darin untertauchen; und doch können wir dieses auf unserem Gewässer alle Tage sehen, und wir müssen daher auch nicht glauben, dass alle Wunder der Natur nur in anderen Ländern und Weltteilen

> seien. Sie sind überall. Aber diejenigen, die uns umgeben, achten wir nicht, weil wir sie von Kindheit an und täglich sehen. Was nun die Vögel und Fische betrifft…

Und jetzt erst wagt Hebel seinen Lesern weitere Informationen über die Fliegenden Fische zuzumuten; jetzt erst kann er hoffen, für glaubwürdig zu gelten und den Erfahrungshorizont seines Publikums genügend angehoben zu haben.

Ähnlich groß ist der Redundanzbedarf, wenn die Information den *Erwartungshorizont* des Hörers oder Lesers übersteigt – und hier wenigstens lassen sich ziemlich klare Regeln aufstellen; dass Tausende von Journalisten sie dennoch ignorieren, ist kein Ruhmesblatt für unsere Zunft.

Wenn ich in Chile oder Nicaragua zwei Wochen nach dem letzten Beben einen Erdstoß verspüre und die Menschen im Hause warnen möchte, damit sie ins Freie laufen, so genügt der Schrei „Erdbeben!" In Berlin müsste ich, damit meine Warnung Erfolg hätte, mindestens einen Text wie diesen ins Treppenhaus rufen: „Achtung, hören Sie bitte alle zu! Ich habe einen Erdstoß gespürt. Das kann der Anfang eines Erdbebens sein. Ja, eines Erdbe-bens! Ich kenne mich aus, ich habe vor zwei Jahren in Chile ein Erdbeben mitgemacht. Ins Freie, möglichst weit weg von allen Gebäuden! Glauben Sie mir, ich mache keinen Witz, ich bin auch nicht betrunken, gehen Sie doch bitte, rennen Sie!"

Hat einer etwas Aufregendes mitzuteilen, so greift er – so greifen Kinder, Dichter, Evangelisten und wir alle, nur Journalisten nicht, falls sie im Dienst sind –, so greifen wir völlig selbstverständlich zu einem probaten Mittel, den Erwartungshorizont zu heben: Wir schicken der Sensation einen Herold voraus, der die Fanfare bläst, einen Vorreiter, Vorlauf oder *Voranfang* (Jean Paul): „Der Mensch platzt ungern heraus – er will überall ein wenig Morgenrot vor jeder Sonne… Und es wird in der Tat jedem schwer, eine Geschichte ohne allen Voranfang anzufangen."

Keiner rief „Kennedy ermordet", das war nur die Zeitungsschlagzeile, sondern: „Mensch, hast du gehört? Kennedy ist ermordet worden!" Kein Kind schreit heraus: „Ich blute!" Jedes ruft: „Mami, Mami, sieh mal, ich blute!" Das Alarmierungsbedürfnis des Rufenden entspricht exakt der Alarmierungsbedürftigkeit des Angerufenen.

Poes „Verräterisches Herz" fängt so an: „Bei Gott!" (Fanfarenstoß), „Nervös" (Stufe 1), „furchtbar nervös bin ich gewesen und bin es noch" (Stufe 2); und jetzt erst, mit der dritten Stufe, enthüllt sich die ganze Seelenqual: „Doch warum wollt Ihr mich für wahnsinnig halten?" Und wie bestellt im Lukas-Evangelium der Engel des Herrn den Hirten auf dem Felde seine Botschaft – „Heiland geboren"? Nein, so: „Fürchtet euch nicht; siehe, ich verkündige euch große Freude, die allem Volke widerfahren wird – denn euch ist heute..."

Solche Art von Redundanz ist alles andere als „überflüssig" – sie ist psychologisch für beide Teile nötig, der Verständigung förderlich und zwischen Menschen unumstritten. Dass als Einzige die Journalisten sich nicht daran halten, liegt einerseits im Wesen der Schlagzeile, die dem Herold keinen Platz lässt: „Flugzeug abgestürzt – 150 Tote".

Zum anderen jedoch geht es auf eine Marotte zurück, die zumal Rundfunk und Fernsehen kultivieren. Sie sprechen nicht in Schlagzeilen, sondern in Sätzen, wie zwischen Menschen üblich; die Sensationsnachricht könnte also lauten: „In der Nähe des Flughafens Nairobi hat sich vor wenigen Stunden ein furchtbares Unglück ereignet: Ein Jumbo der Deutschen Lufthansa stürzte kurz nach dem Start aus zweihundert Metern Höhe ab. Von den 157 Insassen kamen 97 in dem brennenden Wrack ums Leben."

Was aber klang aus den Lautsprechern? „*Beim Absturz* eines Jumbos in der Nähe von Nairobi kamen 97 Menschen um" oder „*Den ersten Absturz* eines Großraumflugzeugs vom Typ B-747 haben in Nairobi 97 von insgesamt 157 Passagieren nicht überlebt" oder „97 Menschen kamen ums Leben, *als ein Jumbo...* Mit dieser Nachrichtentechnik wird gegen die Logik und die Psychologie des Hörens gleichermaßen verstoßen.

Es ist ein Widersinn, die Menschen sterben zu lassen, ehe das Flugzeug abgestürzt ist. Es ist grotesk, dem Absturz eines Riesenflugzeugs nicht die Aussage eines Hauptsatzes zu widmen

– als ob nach dieser Nachricht die Fernsehteilnehmer gelangweilt abschalteten, weil sie die Zahl der Toten noch nicht im ersten Satz erfahren haben! Und selbst bei der allein richtigen Gliederung in zwei Hauptsätze wird ein Teil der möglichen Aufmerksamkeit verschenkt, wenn man der Sensation nicht den Herold vorausschickt, der die Erwartung weckt.

Und woran liegt es, dass Berufsmitteiler die Katastrophe mit *beim* einläuten statt mit einem Schreckensruf? Sollen wir am Ende noch die Sensation „Die Welt ist untergegangen" dem Satzbrei entnehmen: „Beim Weltuntergang kamen mehr als vier Milliarden Menschen ums Leben"?

Es liegt an der Existenz und dem Geschäftsinteresse der Nachrichtenagenturen. Darüber im nächsten Kapitel mehr.

Systematik zum Stichwort „Redundanz"

- *Buchstabenredundanz* – mehr Buchstaben, als zur Wiedergabe der Laute nötig wären: Er *zieht* mit dem Lautwert *ziht*, engl. *though* mit dem Lautwert *thru*.
- *Lautredundanz* – mehr Laute, als zur Identifizierung des Wortes erforderlich wären: Konservativismus statt des (ebenfalls richtigen) Konservatismus; Katastrophe, obwohl die Scherzbildung *Kastrophe* völlig eindeutig ist.
- *Wortredundanz*
  a) im weiteren Sinn: mehr Wörter, als zum Verständnis erforderlich wären – Schreibstil statt Telegrammstil
  b) im engeren Sinn: Flickwörter, Verdoppelungen (samt und sonders), Wiederholungen („Da sag ich zu ihm: Mensch, sag ich!")
- *Satzredundanz*
  a) Einfügung nichts sagender Haupt- oder Nebensätze (»Ich würde sagen«, »Wenn Sie so wollen«)
- *Affirmative* (bekräftigende) Aussagen: das Beschwatzen des jedermann Bekannten („Mein Gott, diese Hitze!")
- *Performative* (vollziehende) Aussagen: die Wortbegleitung zu Handlungen, die auch sprachlos verständlich wären („Hiermit überreiche ich Ihnen die Ehrenurkunde für …")

- *Innovationsredundanz*: das Angebot von Fakten, Nachrichten, Informationen, die den Adressaten nicht interessieren: „Chefarzt Prof. Dr. med. Dr. phil. h.c. Carsten-Detlef Meyer (48) mit Ehefrau Hilde", auch wenn die Formel „Prof. Meyer mit seiner Frau" das Informationsbedürfnis befriedigt hätte.
- *Abundanz* (lat.) der Überfluss:
  a) Synonym für Redundanz, bes. für den eindeutig redundanten Wortschwall
  b) das Überangebot einer Sprache an austauschbaren Wörtern (Tischler+Schreiner, Fahrstuhl+Lift)
  c) eine unnütze Fülle grammatischer Formen, z. B. im Deutschen die Pluralbildung nach 14 Modellen (Schüler – Väter – Schafe – Nächte – Kammern – Betten – Bauten – Textilien – Bilder – Bücher – Bildnisse – Autos – Soli – Atlanten).

Dreimal gesagt versteht sich leichter

Erst sage ich den Leuten, was ich ihnen sagen werde. Dann sage ich es ihnen. Dann sage ich ihnen, was ich ihnen gerade gesagt habe.

Erfolgsrezept eines nicht identifizierten
amerikanischen Predigers

21. KAPITEL

Ein Vorschlag an die Nachrichtenagenturen

Wohl zehn Minuten las ich in
einer Zeitung, ließ durch das Auge
den Geist eines verantwortungs-
losen Menschen in mich hinein,
der die Worte anderer im Munde
breitkaut und sie *eingespeichelt,*
aber unverdaut wieder von sich gibt.

Hermann Hesse, „Der Steppenwolf"

Die Nachrichtenagenturen orientieren sich völlig realistisch an den Bedürfnissen ihrer Abnehmer – und das sind nicht Millionen Leser und Hörer, sondern allein die Nachrichtenredakteure von Zeitungen und Rundfunk. Diese Redakteure sind gehetzte, überarbeitete, übersättigte Menschen, denen alle Nachrichten von einigem Rang von zwei, drei, vier, sogar fünf Agenturen auf den Tisch geworfen werden. Welche Version wählen sie aus?

Im Idealfall die, die sie rundum für die beste halten; meistens aber jene, die sie am ehesten anspricht in jener Zeiteinheit, die sie für den Vergleich der vier Versionen übrig haben, zum Beispiel zwanzig Sekunden.

Folglich kann sich eine Agentur gegenüber den anderen nur behaupten, wenn sie nicht insgesamt und nicht einmal im ersten Satz am besten ist – erste Sätze sind oft viel zu lang; sondern wenn sie das Äußerste tut, um dem überfütterten Redakteur mit der Sensation ins Gesicht zu springen, das heißt sie in die *ersten Wörter des ersten Satzes* zu legen: „97 Menschen kamen ums Leben, als…" oder „Als einen Skandal bezeichnete der SPD-Fraktionsvorsitzende Herbert Wehner die Erklärung des CDU-Abgeordneten Zimmermann, wonach…" Tote und Skandale: Darauf springen Nachrichtenredakteure an.

Würden sich nun diese Zeitungs- und Rundfunk-Redakteure ebenso realistisch auf ihre Leser und Hörer einstellen, wie die Agentur sich auf *ihre* Abnehmer eingestellt hat, so wäre die Antwort klar: Fast jeder Agentur-Anfang müsste umgeschrieben werden – Subjekt vor Objekt, das Pferd nicht beim Schwanz aufzäumen, die Hauptsache ist die Satzaussage.

Dem Zeitungsleser kann man mit dem Satzverhau „97 Menschen kamen ums Leben, als…" ohnehin nicht mehr imponieren: Er kennt die Sensation längst aus der Überschrift. Der Nachrichtenhörer bekommt zwar keine Überschrift geboten – aber würde er gelangweilt weghören, wenn der erste Satz lautete „Der Ozeanriese Titanic ist untergegangen", wenn ihm also die Zahl der Ertrunkenen zwei Sekunden lang vorenthalten wird?

Umgeschrieben werden müsste der typische Agentur-Anfang aus einem weiteren Grund, von dem in diesem Buch schon oft die Rede war: Aus dem rücksichtslosen Nach-vorn-Ziehen des Aufregenden folgt jener Satzbau, in dem ein vielgliedriges Objekt sich vor das Subjekt drängt und ein Dutzend abstrakter Substantive seinen Kegelabend feiert. Stichproben aus den Agenturmeldungen eines einzelnen Tages (7.10.1981):

> Machtmissbrauch, mangelnden Sachverstand und einseitige Orientierung in Richtung Gewerkschaften hat der Präsident der hessischen Arbeitgeberverbände, Horst Knapp, den beiden großen christlichen Kirchen vorgeworfen. (dpa)
>
> Heftige Kritik an den Kirchen, denen er einseitige Interventionen im Zusammenhang mit Betriebsstilllegungen der letzten Zeit in Hessen vorwarf, hat Horst Knapp, der Präsident der Vereinigung hessischer Arbeitgeber- und Wirtschaftsverbände, geübt. (AP)
>
> Auf eine baldige Verwirklichung einer Nachfolgeregelung zur Graduiertenförderung dringt der niedersächsische Minister für Wirtschaft und Kunst, Johann-Tönnjes Cassens. (ddp)

In solchen Wortmorast sinkt man noch tiefer ein, wenn das erste Substantiv wie ein Subjekt heranschreitet, sich aber nachträglich als Objekt enthüllt (Vgl. S. 116):

> Größere Anstrengungen zur Gewährleistung einer hohen inneren Sicherheit (sind nötig? Nein:) hat das Ostberliner Innenministerium von den Volkspolizisten der DDR verlangt. (ddp)

So geht es weiter: „*Zu* einer zweiwöchigen Reise durch sechs afrikanische Staaten ..." „*Als* einen wesentlichen Schritt vorwärts hat heute ..." „*Nach* der neuerlichen krankheitsbedingten Absage der norddeutschen Kunstturnmeisterin ..." Es wäre die schiere Marotte, wäre es nicht mit einleuchtender, bösartiger Konsequenz auf die Gemütslage des Zeitungs- oder Funkredakteurs gezielt. Was geht in ihm vor?

„Lähmendes Entsetzen in Kairo" (gottseidank, er gähnt nicht mehr) „und besorgte Verwirrung in Israel" (besorgte Verwirrung: Aha, denkt er, nahezu ein Einfall, geradezu ein Versuch zu einem Einfall!) „hat die Ermordung des ägyptischen Staatspräsidenten ..." (Wer hat wen oder was? Oder: Wen oder was hat wer? Kommt gleich:) „ausgelöst". (AP, 7.10.1981)

Es geht auch anders. Hie und da stößt man am Anfang des Agenturtextes auf einen ganz normalen Satz:

> US-Präsident Ronald Reagan hat in den Kongress einen neuen Gesetzentwurf eingebracht, der die bisherigen Einschränkungen des Geheimdienstes CIA wesentlich lockern soll. (ddp)

„Einschränkungen des Geheimdienstes", nun ja, man kann nicht alles haben. Was man ohne Mühe haben kann, ist jenes Atemholen mit den ersten Wörtern, das der Psychologie des *Zuhörens* entspricht und der des *Lesens* auch, zumal da das lähmende Entsetzen längst als Blickfang in der Überschrift gestanden hat. „Bundeskanzler Helmut Schmidt sagte am Sonntag in Hamburg ..." *ist ein guter Anfang*. Die meisten Musikstücke beginnen *nicht* mit einem Paukenschlag, sondern mit einem Auftakt, d. h. mit *un*betonten Noten.

Bleibt nur zu fragen, *warum* die Nachrichtenredakteure von Zeitung und Rundfunk ihren Kunden das klare Deutsch und den allein angemessenen Stil der Information verweigern. Weil das Umschreiben aller ersten Sätze natürlich zeitraubend und lästig ist; am Rande wohl auch, weil es einigen an jenem Quantum Problembewusstsein, Service-Gesinnung, Nächstenliebe mangelt, das dafür nötig wäre. Sie bestehen darauf, als einzige Menschen das falsch zu machen, was Kinder und Dichter richtig machen; nur im Dienst falsch zu machen, versteht sich. Zu Hause erzählen sie: „Stellt euch vor! Die Titanic ist untergegangen."

Die Agenturredakteure handeln so, wie es im Hinblick auf ihre Kunden richtig ist. Die Kunden der Agenturen handeln leider nicht so, wie es im Hinblick auf *ihre* Kunden richtig wäre, auf Hörer und Leser; sie haben keine Zeit oder sie haben keine Lust, den mühsam hingedrechselten Agentur-Anfang mühsam

Also nicht:	Sondern:
Als „töricht" hat der SPD-Abrüstungsexperte Egon Bahr die von US-Senatoren und Washingtoner Regierungsvertretern im Zusammenhang mit dem Festhalten der Europäer am Erdgas-Röhrengeschäft mit Moskau geführte Diskussion über Wert und Unwert eines Rückzugs amerikanischer Truppen aus Europa bezeichnet. *AP/Frankfurter Rundschau,* 9.3.1982	Der SPD-Abrüstungsexperte Egon Bahr hat die Diskussion über Wert und Unwert eines Rückzugs amerikanischer Truppen aus Europa als „töricht" bezeichnet. Amerikanische Senatoren und Regierungsvertreter hatten diese Diskussion eröffnet, weil die Europäer am Erdgas-Röhrengeschäft mit Moskau festhalten.
1 Satz 1 Verb 40 Wörter „... hat (36 Wörter) bezeichnet."	2 Sätze 3 Verben 36 Wörter „... hat (14 Wörter) bezeichnet."

auseinanderzufummeln. Das ist die Diagnose. Gibt es eine Therapie?

Vielleicht. Könnten die Agenturen nicht erwägen, jede Meldung mit *zwei* Anfängen zu versehen: drei Anreißzeilen für den selektierenden, überfütterten Zeitungs- oder Rundfunkredakteur – und dann den Anfang für die Millionen Leser und Hörer in jenem normalen Deutsch, in dem die Menschen erst ins Wasser fallen, ehe sie ertrinken? Ohne die gestopften Wortwürste und kritisiert worden seienden Verschiebungen der Anpassung der Freibeträge und Bedarfssätze nach dem Bundesausbildungsförderungsgesetz?

Welch eine Vision! Zeitungs- und Rundfunkredakteure brauchten nur noch die Anreißzeilen zu streichen; und der Konkurrenzkampf der Agenturen würde nicht mehr auf dem Rücken von Millionen ausgetragen; und an unserer Schönen, der deutschen Sprache, würde die häufigste Form der Notzucht einfach nicht mehr verübt.

Mit das Zweitbeste

„Mit Europameister Paul Schockemöhle (Mühlen/Oldenburg), Weltmeister Gerd Wiltfang (Thedinghausen) und Franke Sloothaak (Mühlen/Oldenburg) sind drei deutsche Springreiter unter den ersten 20 der Europa-Rangliste der Internationalen Reiterlichen Vereinigung (FFI) platziert." (dpa, 7.10.1981)

Also sind *sechs* platziert? Nämlich drei „*mit* Schockemöhle, Wiltfang und Sloothaak"? Dieses *mit* ist falsch, mindestens irreführend, immer eine verblasene Floskel. „Mit X ist ein großer Humanist gestorben" – es starben aber gar nicht zwei. „Ich war *mit* der Beste" – ich war also nicht der Beste, ich war *einer* der Besten.

„Armer Cohn", sagt der Levi beim Anblick der Grabinschrift („hier ruht ein gütiger, ehrlicher, bescheidener Mensch"): „Haben se drei wildfremde Leit *mit* dir begraben."

22. KAPITEL

Einbruch mit der Verneinung

Der Regen wird von
binocken Milien erzeugt.
Es ist übrigens interessant zu wissen,
dass man bis heute noch nicht weiß,
dass auch der bekannte
Regenforscher Rembremerdeng
das noch nicht gewusst hat.

Karl Valentin

Jede Verneinung ist ein Problem; die doppelte Verneinung ist eine Katastrophe.

Ja, wenn es üblich wäre, Verneinungen durch ein klares Nein, Kein oder Nicht auszudrücken! Doch statt dieser drei benutzen wir 73 Wörter und Silben – es sei denn mehr, weil dem Verfasser nicht alle eingefallen sind (siehe die nachstehende Tabelle). Darunter befinden sich solche, deren verneinenden Charakter wir auf Anhieb nicht immer erkennen (Mangel, Flaute) oder gar leugnen würden wie bei den Verneinungssilben *frei* und *unter* (Man unterlasse es, koffeinfreien Kaffee zu trinken); ja selbst Silben wie *ein* und *preis* können eine Verneinung bewirken, wenn sie aus dem Büßen das Einbüßen und aus dem Geben das Preisgeben machen.

Wie umgekehrt das scheinbar eindeutig verneinende *un-* oft die gegenteilige, nämlich eine bekräftigende Wirkung hat (Kosten – *Unkosten*); gar nicht gerechnet, dass *Untiefe* ebenso eine besonders tiefe wie eine besonders flache Stelle bezeichnet (S. 15). Das Wort *unmittelbar* ist zwar logisch richtig, aber psychologisch falsch, da es so tut, als ob das Mittelbare, also Indirekte, der Normalfall wäre, während das Direkte nur per Negation ausgedrückt werden kann (ein schöner Grund, das Wortpaar direkt/indirekt vorzuziehen). Jean Paul ging so weit, Wörter mit einem verneinenden Bestandteil wie *Nichtachtung* als „durch ein Nicht vernichtete Nebelwörter" einzustufen, die er hasse.

Noch ärger: Manches Nicht hat keine Wirkung – es einzusetzen oder es wegzulassen macht keinen Unterschied. Wir sagen zwar: „Das braucht uns nicht zu interessieren, solange wir *nicht* wissen, ob ..." Setzen wir jedoch statt „solange" *bis* oder *ehe* ein, so bleibt die Aussage dieselbe, ob wir ein *nicht* einschieben oder nicht: „Das braucht uns nicht zu interessieren, ehe wir wissen ..." oder „ehe wir nicht wissen, ob ..."

So verwundert es nicht, dass nach amerikanischen Untersuchungen der Durchschnittsmensch um 48 Prozent mehr Zeit braucht, eine verneinende Satzaussage zu verstehen, als eine bejahende (*Psychology today*, 9/1974). Noch viel mehr Zeit wird vergeudet, wenn Rundfunkredakteure die Verneinung mutwillig hinauszögern und so den Hörer zunächst auf eine falsche Fährte locken wie in dem Fall: „Bei den Verhandlungen konnte *ein Fortschritt nicht* erzielt werden" (S. 110).

Als ob dies nicht genug der Verwirrung wäre, lieben es viele Profis, zwei, ja drei einander durchkreuzende Verneinungen aufeinander prallen zu lassen oder Bejahung und Verneinung so kunstvoll zu verhäkeln, dass statt der indirekten Aussage eine unselig mittelbare entsteht: „Das NOK hat sich *für einen Boykott gegen* die Olympischen Spiele ausgesprochen" (Tagesschau, 15. 5. 1980). Es hat sich also *dafür* ausgesprochen, etwas *dagegen* zu tun; das heißt: Es hat sich *gegen* die Teilnahme an den Spielen erklärt. Warum nicht gleich?

Nach ähnlichem Muster: „Die Welternährungsorganisation klagt über *zunehmenden Mangel* an Weizen" (der Weizen nimmt gar nicht zu, er nimmt ab), oder: „Ausbleibende Fortsetzung der Anfangserfolge" (Überschrift der *Neuen Zürcher Zeitung* 1981) oder „Der Trend einer abgeflachten" (runter!) „Kostensteigerung" (rauf!) „hat sich fortgesetzt" (Bundesverband der Innungskrankenkassen 1979).

Mit der *doppelten Verneinung* betreten wir vollends glattes

Eis. Viele Leute, die sie lesen sollen, verstehen sie nicht oder verstehen sie falsch, und viele Profis, die sie niederschreiben, sind dem selbst gestellten Anspruch nicht gewachsen.

Machen wir uns zunächst Folgendes klar: Dass zwei Verneinungen einander aufheben, also in ihrem Zusammenwirken eine Bejahung ergeben, ist eine logische Konstruktion, die den Sprachgebrauch aller Dialekte und Volkssprachen der Erde kühn ignoriert. Die Leute sagen nämlich „Ick hab keen Jeld nich" in Berlin und „I hob koa Geld net" in München und „I don't have no money" in New York und manchmal auch „Null Bock auf no future". Was nicht ist oder nicht sein soll, kann gar nicht oft genug verneint werden – *so* empfinden sie. Wir handeln ja ähnlich, wenn wir wütend sagen: „Nein, nein und nochmals nein!" Ludwig Thoma schrieb: „Der Seppei ließ niemalen keinen Freund nicht sitzen", und Goethe: „Zur Strafe war ihm verboten, zehn Jahre kein Gewehr zu führen" und „Unsere Weiber haben nie kein Geld".

Doch dieser psychologisch schlüssige Ansatz soll nicht gelten, sobald wir „nichts für ungut" sagen oder „nichts weniger als" oder „nicht nur nicht" – wobei der Satz „Er ist nichts weniger als glücklich" auch Gebildeten oft Übersetzungsarbeit abverlangt, und noch nie bin ich einem Menschen begegnet, der mir „nichts für ungut" aus seinen Bestandteilen hätte erklären können.

Niemand plädiert dafür, die schiefe Logik von Dialekt und Slang in die Schriftsprache zu übernehmen, bloß weil sie *psychologisch* überzeugend ist. Wahrscheinlich haben sich auch etliche unbelesene Leute inzwischen daran gewöhnt, dass die Formel „Meyer ist nicht unvermögend" entweder einen mäßigen Reichtum bezeichnen soll oder einen besonders großen, nur ironisch untertrieben. Auch wenn ein Leitartikel mit den Worten beginnt: „Es ist so unüblich nicht…" (*Natur* 10/1981), so wirkt dies eher verschmockt, als dass es schwer verständlich wäre.

Doch was halten wir von logisch korrekter Doppelverneinung, wenn sie solche Resultate hat: „Bei diesen Verfahren seien ausnahmslos die Befürworter eines *Verbots* des Farbentragens *unter*legen" (*Frankfurter Rundschau*, 10. 12. 1980). Also:

Wer dafür war, dagegen zu sein, unterlag. (Alles klar?) Also: Die dagegen waren, unterlagen. Also: Die dafür waren, siegten. Also: „Bei diesen Verfahren hätten sich ausnahmslos die Anhänger des Farbentragens durchgesetzt." (Wobei das „ausnahmslos" auch noch eine Verneinung ist, die vermieden werden könnte.)

Recht geschieht es den Profis, wenn sie einbrechen auf dem Eis, das sie ohne Not betreten haben. „Unsere Republik hat dem Gewalt*verzicht* endgültig *ab*geschworen", sprach Bundesverteidigungsminister Apel (laut *Stern* 41/1979). „Im Lager der Koalitionsparteien breitet sich bereits Erleichterung über den *missglückten Fehl*start des Kandidaten aus" (Leitartikel der *Süddeutschen Zeitung*, 25. 10. 1979). Und der amerikanische Außenminister Haig sagte: „This is *not* a experience I *haven't* been through before" – wozu *Time* kommentierte: „Definitely not a non-Haigism" (23.3.1981).

Diese selben Leute trauen sich zu, eine *dreifache Verneinung* logisch zu bewältigen! Sie schaffen es nicht. Schon Lessing schaffte es nicht:

> Wie wild er schon war, als er nur hörte, dass der Prinz dich jüngst *nicht ohne Missfallen* gesehen!
>
> (Emilia Galotti, II, 6)

Bundestagspräsident Stücklen schaffte es nicht (am 4.11.1980 vor dem Plenum):

> *Ebenso wenig* gibt es unter den Fraktionen dieses Hauses *keine*, die *nicht* friedenswillig oder friedensfähig wäre.

Und der *Spiegel* schaffte es auch nicht (16. 3. 1981):

> Der *Einbruch* der Automobilkonjunktur hat die Reihen der *nicht* vorhandenen Fachkräfte *gelichtet*.

Was hülfe es da, wenn einem Schreiber eine korrekte dreifache Verneinung gelänge? Man verstünde ihn nicht: „Ich hoffe nicht, dass Sie außer Stande sein könnten, diese Einsicht von sich fern zu halten." Wirklich korrekt? Falls ich es richtig übersetze, habe ich geschrieben: „Ich hoffe, dass Sie kein Einsehen haben." Das aber hoffe ich gar nicht. Ich hätte nicht darauf verzichten sollen, nicht zu sagen, was ich nicht meine – dann brauchte ich mich über Mangel an Erfolgslosigkeit nicht zu beklagen.

Das war eine jener volkstümlichen vierfachen Verneinungen, mit denen dieses Kapitel angemessen schließt. Denn die Verneinung ist nichts weniger als kein unlösbares Problem. („Volkstümlich" – das war *Ironie*, die 74. Verneinung).

73 Möglichkeiten, nein zu sagen

A. Verneinung durch Wörter

1. Direkte Verneinung

alle (Die Äpfel sind alle – keine mehr da)
alles andere als
außer (außer mittwochs, außerstande)
kein
keinerlei
keinesfalls
keineswegs
mitnichten
nein
nicht
nichtig
nichts
nie
niemals
niemand
nimmer
nirgends
nirgendwo
Null
ohne
weder – noch
wenig (ebenso wenig)

2. Integrierte Verneinung

Boykott	= das Wegbleiben
Dreck (Das geht dich einen Dreck an)	
falsch	= nicht richtig
Fehler	= das Nichtrichtiggemachte
Flaute	= das Nichthaben von Wind
hindern	= nicht zulassen
kaputt	= nicht funktionsfähig
kaum	= nicht genug
knapp	= nicht genug
lassen	= unterlassen, nicht tun (Lass das!)
lichten (Die Reihen haben sich gelichtet	
	= Es sind weniger geworden)
Lüge	= die Unwahrheit
Mangel	= das Nichtgenughaben
Pleite	= das Kein-Geld-mehr-Haben
rauben	= wegnehmen
Rückgang	= das Nichtmehrgenughaben
schlecht	= 1. nicht gut
	= 2. kaum (Das ist schlecht möglich)
Schwund	= das Wenigerwerden
selten	= nicht oft genug
sich weigern	= nicht tun
sperren	= nicht durchlassen
stehlen	= wegnehmen
Zusammenbruch	= das Nichtmehrkönnen
zweifeln	= nicht glauben

Andere integrierte Verneinungen wie Abnahme, Ausnahme, Einbuße, Entbehrung, Verbot, Verzicht sind hier nicht aufgeführt, weil ihre verneinenden Vorsilben unter (3) auftauchen.

B. Verneinung durch Silben

3. durch Vorsilben

a-	(amoralisch)
ab-	(ablehnen, abnormal)
auf-	(aufheben = abschaffen)
aus-	(ausbleiben)
de-	(dementieren, Defizit)
des-	(desinfizieren)
dis-	(disqualifizieren)
durch-	(durchkreuzen)
ein-	(einbüßen)
ent-	(entbehren, entfernen)
fehl-	(Fehlstart)
fern-	(fernbleiben)
gegen-	(gegensteuern, Gegensatz)
i-	(ignorieren)
im-	(immobil)
in-	(indiskutabel)
miss-	(missfallen, missglücken)
ohn-	(ohnmächtig)
preis-	(preisgeben)
un-	(unmäßig)
unter	(unterlassen)
ver-	(verbieten, sich verzählen)
weg-	(weglassen)
zurück-	(zurückweisen)

4. durch Nachsilben

-frei	(koffeinfrei)
-leer	(inhaltsleer)
-los	(arbeitslos)

Das umgänglich Unnötige

Ein Wiener Abendblatt schreibt in einem Bericht über einen Unfall eines Schauspielers: „Der Künstler schwebt außer Lebensgefahr." Es ist gewiss erfreulich, dass der Künstler demnach einem besseren Jenseits fernbleiben wird und ihm die letzte Ehre unerwiesen bleiben kann. Ist es aber unumgänglich notwendig, dass die Wiener Blätter von Leuten geschrieben werden, die sich in der deutschen Sprache nicht zurechtfinden, oder sollte es nicht doch umgänglich unnötig sein?

Karl Kraus

Das falsch Nichtrichtige

Daher ist auch falsch die nicht richtige Unterscheidung zwischen Moral und Recht.

Prof. Dr. Dr. Dr. Gustav Ermecke, *Deutsche Tagespost*, 25.7.1975

Rekord: Die fünffache Verneinung

Eine nicht ernstlich gemeinte Willenserklärung, die in der Erwartung abgegeben wird, der Mangel der Ernstlichkeit werde nicht verkannt werden, ist nichtig.

Die sog. „Scherzerklärung" in § 118 des Bürgerlichen Gesetzbuchs.

Was konnte die KLM?

Die niederländische Luftfahrt-Gesellschaft KLM konnte am Dienstag kurz vor Mitternacht vorherige Aussagen nicht bestätigen, die Mehrheit der verunglückten 13 Passagiere, die wenige Stunden zuvor beim Absturz einer Verkehrsmaschine des Typs Fokker Fellowship der niederländischen Gesellschaft NLM, einer Tochter der KLM, über dem Rheinmündungsgebiet ums Leben kamen, seien Deutsche gewesen.

dpa, 26.10.1981 – 50 Wörter! (Vgl. Seite 90)

Verneinung à la DDR

„Gibt's denn hier keine Unterhosen?", fragt der Kunde im Kaufhaus verärgert.

„Nein, hier gibt's keine Badehosen", weist ihn die Verkäuferin zurecht.

„Keine Unterhosen gibt's im 3. Stock."

23. KAPITEL

Statt des Knäuels die Tabelle

… und sagt es klar und angenehm,
was erstens, zweitens und drittens käm.

Wilhelm Busch, Jobsiade (1872)

Zur Erinnerung: Wir behandeln in diesem Abschnitt das Problem, wie sich, bei voller Einsicht in die grenzenlosen Schwächen der Sprache, eine Aussage so formulieren lässt, dass sie von denen, für die sie bestimmt ist, optimal aufgenommen werden kann. Und das heißt:

- vollständig
- mit dem geringsten Risiko des Missverständnisses
- mit möglichst niedrigem Reibungsverlust
- mit möglichst großer Verständnistiefe (S.141)
- mit möglichst geringer Mühe.

Das ist ein Beispiel für *tabellarische Gliederung* – und diese ist ein wichtiges Element der optischen Aufbereitung gedruckter Texte; wie die Interpunktion, von der das nächste Kapitel handelt; wie Schriftart und Schriftgröße, Fettsatz und Kursivsatz, Absätze, Schmuckfarbe und Kästen. Nach Werner Früh bildet die wohl überlegte optische Gliederung eine der vier Säulen der Verständlichkeit (neben geläufigen Wörtern, vielen Verben und linearem Satzbau).

Den herkömmlichen Satz zu Gunsten der tabellarischen Aufgliederung zu zertrümmern bietet sich bei komplizierten Sachverhalten an, vor allem dann, wenn es gilt, ein Knäuel von Aspekten oder Argumenten zu entknoten. Wer für seine Sache drei Gründe ins Feld führen will, kann sagen:

- nicht nur – sondern auch – und überdies; oder
- sowohl die – als auch der – wie auch das:
- oder er reiht seine Gründe mit *und* aneinander und zählt gar nicht, wie viele er hat (für faule Schreiber die angenehmste Lösung).

Er kann jedoch stattdessen die Form der Tabelle wählen: „Nach Darstellung des SPD-Vorstands sprechen drei Gründe für diese Ansicht: 1., 2., 3."

Man soll das nicht übertreiben, schon wahr: Der Anblick von Ziffern und Tabellen wirkt auf viele Menschen abstoßend; und bekannt ist die Not der Hochzeitsgäste, wenn der Pfarrer das Thema „Glaube, Liebe, Hoffnung" gewählt hat und nach einer halben Stunde noch immer beim Glauben verweilt; aus einer angekündigten Dreiteilung kann ein heimliches Grauen folgen. Gar sechs Gründe vorher anzusagen wie in Kap. 18 dieses Buches, glaubte ich Profis zumuten zu können; einem breiteren Leserkreis gegenüber würde ich dies unterlassen. Mit der tabellarischen Gliederung behutsam umzugehen ist also eine weise Regel.

Dann freilich kann sie großen Nutzen bringen – zum Beispiel bei einem Text wie diesem:

> In den zwölf Thesen zur Mitbestimmung wird geklärt, dass alle bisher diskutierten Modelle volle Unterstützung verdienen, wenn sie von einer eindeutigen Verantwortungszuweisung für die Unternehmensleitung und gleichzeitig von der Verhinderung von Willkür und Machtmissbrauch in der Menschenführung durch reale Gewaltenteilung und Kontrolle ausgehen. (*Die Welt*, 27.6.1973)

Alarm! Nichts lässt sich dagegen tun, dass eine komplizierte Materie mit vielsilbigen, abstrakten, ungeläufigen Wörtern dargestellt werden muss. Desto wichtiger wird es, den Text linear aufzubauen, ihn auf aktive Verben zu stützen und den Argumentenknoten zu zerschlagen; etwa so:

> In den zwölf Thesen zur Mitbestimmung heißt es, alle bisher diskutierten Modelle verdienten volle Unterstützung, falls sie von zwei Voraussetzungen ausgehen:

1. Sie weisen die Verantwortung eindeutig der Unternehmensleitung zu.
2. Sie verhindern Willkür und Machtmissbrauch in der Menschenführung, und zwar durch reale Gewaltenteilung und Kontrolle.

	Wörter	Sätze	Aktive Verben
Alter Text	43	1	2
Neuer Text	44	3	5

Was Wilhelm Busch seinen vielfältig verkrachten Hieronymus Jobs auf der Kanzel tun lässt, bietet ein gutes, zu selten angewandtes Rezept: Jobs sagt es klar und angenehm, was erstens, zweitens und drittens käm. Klar: in verständlichem Deutsch; angenehm: in gutem und interessantem Deutsch; erstens, zweitens, drittens: mit entrümpelten Sätzen, frei von Wort- und Gedankenklumpen.

Ist aber die Lage hoffnungslos verworren, so lautet die Aufgabe: Bloß nicht die Schilderung einer Verwirrung mit einer verwirrten oder verwirrenden Schilderung verwechseln! Sondern den möglichen Grad von Klarheit herstellen, die verbleibende Unklarheit beim Namen nennen und den Schuldigen anprangern, wenn er gefunden werden kann.

Auf dem Tiefpunkt der Ölkrise im Winter 1973/74 beispielsweise verfuhr *Die Welt* nach diesem Muster (Vorspann des Aufmachers vom 29.11.1973):

> Die Bundesregierung hat am Mittwoch versucht, den Eindruck abzuschwächen, den Bundeskanzler Brandt am Vorabend mit der Ankündigung weiterer Notmaßnahmen hervorgerufen hat. Brandt hatte über den Januar gesprochen; Regierungssprecher Grünewald sprach davon, dass „im Dezember" nicht mit zusätzlichen Einschränkungen zu rechnen sei. Die dadurch erzeugte Verwirrung wurde von Wirtschaftsminister Friderichs der Presse zugeschoben.

Ähnlich die *Süddeutsche Zeitung* (21.1.1982) über den Zickzack-Kurs des Grafen Lambsdorff in Sachen Beschäftigungsprogramm, allerdings erst auf Seite 3:

> War was? Ist was? Natürlich war nichts. Und deshalb ist auch nichts geblieben – außer einer beträchtlichen Verwirrung und der Frage, wer denn wohl wen hereingelegt oder einfach nur im entscheidenden Moment nicht aufgepasst hat. Leider gibt es auch am Mittwoch über die Entstehung der Verwirr-Posse keine verlässlichen Berichte, sondern nur Mutmaßungen.

Sollten wir diesen Ton nicht wenigstens ansatzweise öfter auch auf Seite 1 anschlagen? Allzu oft erhebt der abgeschliffene Einheitsstil der Nachricht jedwedes Polit-Geflunker in den Rang einer amtlichen Verlautbarung.

24. KAPITEL

Die verschenkte Interpunktion

> Mit liegt auch dreißig Jahre
> nach meinem Tode mehr an einem Komma,
> das an seinem Platz steht,
> als an der Verbreitung
> des ganzen übrigen Textes.
>
> Karl Kraus

Der gescheite Umgang mit der Zeichensetzung gehört für die Mitglieder der schreibenden Zunft zu den wichtigsten Elementen der Verständlichkeit. Überraschend viele Journalisten jedoch stehen der Chance, Sätze und Absätze mit optischen Mitteln übersichtlich und transparent zu machen, gleichgültig gegenüber. Sie kennen nur Punkt und Komma; oder sie bedienen sich vorzugsweise gerade derjenigen Satzzeichen, mit denen man *sparsam umgehen* sollte. Vorsicht vor:

- dem *Ausrufungszeichen,* das den eigenen Worten einen Tusch nachschickt (unerhört!)
- den *drei Punkten* am Satzschluss, mit denen ein geheimnisvolles Nachhallen eingeläutet werden soll (Dann schlossen die beiden die Tür hinter sich…)
- dem *Doppelpunkt* nach *Spiegel*-Manier: Seufzen in fernen Provinzen
- der *Klammer,* die meist alle Nachteile eines Zwischensatzes hat und noch den dazu, dass der bloße Anblick von Klammern (wie von Parenthesen) viele, zumal weniger gebildete Leser irritiert
- der *Parenthese,* der nicht nur – wie der Klammer – alle Nachteile des Zwischensatzes und des optischen Ärgernisses an-

hängen, sondern noch ein Nachteil mehr: Anders als die Klammer teilt sie nicht mit, wo bei ihr vorn und hinten ist, und leicht kann sie mit dem *einfachen* Gedankenstrich verwechselt werden, der zu den erfreulichen Zeichen gehört.

Was sollen *die erfreulichen Satzzeichen* sein, und warum?

1. Der *einfache Gedankenstrich* ist ein vorzügliches Mittel, eine Zäsur innerhalb des Satzes anschaulich zu machen oder zwei Hauptsätze auf dramatische Weise zu verbinden. Beide Wirkungen hat er indessen nur, wenn er sparsam verwendet wird (höchstens einmal pro Absatz, eher seltener) und wenn er nie als Bestandteil eines doppelten Gedankenstrichs – der Parenthese – missdeutet werden kann; kein Problem für den, der Parenthesen meidet.
2. Der *Doppelpunkt* abseits der *Spiegel*-Masche. Da der *Spiegel* die halbe Branche daran gewöhnt hat, dass der einzige Zweck des Doppelpunkts ein ritualisierter Unsinn sei, wird der Doppelpunkt immer seltener dort verwendet, wo er dringend hingehört, weil er Zusammenhänge anschaulich macht und Sätze gliedert. Seine drei wichtigsten Funktionen:

- die direkte Rede einzuleiten. Nicht einmal dies ist noch selbstverständlich: Schon gibt es Journalisten, die das Zitat mit einem Komma eröffnen – was englisch, doch selbst dort kein Glanzpunkt ist: Meyer sagte, „ich habe jetzt keine Zeit."
- Schachtelsätze zu entschachteln, mit dem Doppelpunkt als Scharnier (S. 114)
- zu signalisieren, dass der zweite Satz eine Begründung des ersten Satzes ist (Doppelpunkt statt *denn*) oder dass er eine Erwartung befriedigt, die der erste Satz geweckt hat (Doppelpunkt statt *nämlich*). „Dann geschah etwas Grässliches. Der Pilot kippte mit Schaum vor dem Mund aus dem Sessel." Der Punkt zwischen den beiden Sätzen ist verwirrend und widersinnig, er verleugnet ihre enge zeitliche und inhaltliche Bindung aneinander – er *muss* durch einen Doppelpunkt ersetzt werden.

3. Das *Fragezeichen*. Fragt einer in direkter Rede, so wird ihm das Zeichen dazu fast ausnahmslos gegönnt; das ist immerhin eine Basis. Doch leider glauben viele Schreiber, *rhetori-*

sche Fragen bedürften des Fragezeichens nicht, und in indirekter Rede sei das Fragezeichen unzulässig.

- Lasse ich bei der *rhetorischen Frage* das Fragezeichen weg, so bleibt Rhetorik übrig – und ist das nicht zu wenig. Verzeihung: Und ist das nicht zu wenig?
- In *indirekter Rede* ist das Fragezeichen bei älteren Schriftstellern verbreitet – was nicht dagegen spricht: Denn sollte nicht mancher ältere Schriftsteller mehr Qualität als mancher jüngere Schriftsteller haben. (haben?) Wie bei dem zitierten Goethe-Text: „Wir fragten, ob der Weg über die Furka noch gangbar wäre?" Das ist lebendig, im besten Sinne mündlich, er bringt Musik in die Schrift.

4. Das *Semikolon*. Gute Stilisten sind dankbar für ein Satzzeichen, das nicht so beiläufig wie das Komma, aber nicht so hart wie der Punkt ist; das ähnlich dem Doppelpunkt Verbindungen zwischen Aussagen knüpft; das statt des Hammerschlags einen federnden Satzschluss ermöglicht. Allerdings: Das Semikolon ist ein intellektuelles Zeichen, insofern der Klammer und der Parenthese verwandt; mindestens 90 Prozent der Deutschen benutzen es nie; tritt es gehäuft auf, kann es manieriert wirken.

Am deutlichsten wird der fantasielose Umgang vieler Journalisten mit der Interpunktion, wenn sie eine Tonbandabschrift redigieren, zum Beispiel bei einem Interview: Plötzlich scheint es, als habe der Befragte nur mit Punkten und Kommas geredet. Das aber tut kein Mensch, solche Texte schläfern ein, die Sätze schlittern und holpern. Hinein also mit den Doppelpunkten und den Fragezeichen! Hie und da ein einfacher Gedankenstrich; seltener ein Semikolon, wenn es sich um die Wiedergabe mündlicher Rede handelt; in diesem Fall durchaus zwei oder drei Ausrufungszeichen!

ZUM LOB DER GROSSSCHREIBUNG

Der Maßstab der Orientierungshilfe für das Auge sollte auch an die deutsche Großschreibung gelegt werden. In der endlosen Debatte darüber taucht ein Aspekt überraschend selten auf:

Wäre die Tilgung der Großbuchstaben eigentlich eine Hilfe für *Leser?*

Alle umlaufenden Argumente beschäftigen sich mit der Not der Schreiber: dass Leser nach lauter Kleinbuchstaben lechzten, ist natürlich falsch und nie auch nur behauptet worden. Die großgeschriebenen Substantive sind die Leuchttürme über dem Satz, und der Satz kann sie brauchen – umso dringender, je schlimmer er verschachtelt ist. Wer Satzpolypen züchtet, sollte nicht auch noch für die Kleinschreibung plädieren. Kleinschreibung mögen Amateurschreiber sich ertrotzen, wenn sie wollen; unter Profis, die für Leser schreiben, ist die Endlosdebatte unprofessionell.

Einer Wortgruppe, für die der Duden Kleinschreibung verordnet, bekommt dies so schlecht, dass sogar Grund zu *vermehrter* Großschreibung bestünde: den Zahlwörtern wie *alle*, die *meisten*. „Das Glück aller ist gefährdet" liest sich schlecht, „das Glück Aller" wäre eine nützliche Lesehilfe, und da es sich um lauter Menschen und sogar besonders viele Menschen handelt, ist die Kleinschreibung auch logisch dubios. Einladung an beherzte Journalisten mit ausgeprägter Service-Gesinnung: Schreibt mehr groß!

Zum Ruhm des Semikolons

Der freiwillige Verzicht auf Satzperioden, in denen zwei Semikolons vorkommen, ist nicht nur ein Verzicht auf Zeichensetzung, sondern ein Verzicht auf Denkvorgänge.

Günter Grass, Kopfgeburten

Zum Lob der Klammer und der Parenthese

Leicht will es die Billie dem Bobby jedoch nicht machen: Der zweimal geschiedene – von seiner zweiten Frau ließ er sich mit einer Million Dollar abfinden –, selbst ernannte Frauenhasser („Die Frau gehört ins Schlafzimmer und in die Küche, und genau in dieser Reihenfolge"), der seine Gegner mit selbst gewählten Handikaps verunsichert – er tritt im Tarzan-Kostüm auf, spielt mit einem Aktenkoffer in der Hand oder führt einen Hund an der Leine –, schlug als Oma verkleidet nicht nur die beiden Fernsehstars Alan King und Bob Cosby („Tennisschläger und Kanonen"), sondern fegte beim so genannten „Muttertagsmassaker" im Mai dieses Jahres die dreifache Wimbledon-Siegerin und Australiens Nr. eins, Margaret Court, in zwei Sätzen glatt vom Platz (*Die Welt*, 20.9.1973)

Weltrekord!

Die drei populären Komma-Fehler

Zwei Drittel aller Komma-Fehler, wie vor allem Volontäre sie machen, lassen sich mit Hilfe von drei schlichten Regeln vermeiden:

1. *Vor „und" kann ein Komma stehen*, und zwar immer dann,
   a) wenn der auf *und* folgende Teil des Satzes ein vollständiger Hauptsatz ist („Meyer ist mein Feind, und Müller hat mich auch oft genug geärgert")
   b) wenn das Komma nur zufällig vor „und", notwendig aber hinter dem Relativsatz steht, der manchmal vor „und" endet; ohne Komma wird es hier wirklich kurios:
   Der Zug überfuhr die Kuh, die auf dem Bahndamm stand und entgleiste.
2. Damit ist schon die zweite Grundregel erwähnt: *Der eingeschobene Nebensatz* endet immer so, wie er angefangen hat, nämlich mit einem Komma:
   Der Zug überfuhr die Kuh, *die auf dem Bahndamm stand*, und entgleiste.
3. Vor *wie* und *als* steht nur dann, aber immer dann ein Komma, wenn der auf „wie" oder „als" folgende Teil des Satzes ein Verbum enthält; also:
   Fritz ist größer als ich. Aber: Fritz ist größer, als ich es *bin*.

Unter den Kannregeln der Kommasetzung gibt es eine, die zu Missverständnissen führt: Komma vor dem bekleideten Infinitiv (Meyer war bereit, *Skat* zu spielen), kein Komma vor dem unbekleideten Infinitiv (Meyer war bereit zu spielen). Bei Anwendung dieser Regel lässt sich nicht unterscheiden:

- Er hatte keinen Mut zu verlieren (denn er besaß keinen)
- Er hatte keinen Mut, zu verlieren (obwohl dazu mehr Mut nötig gewesen wäre als zum Gewinnen).

In solchen Fällen empfehle ich einen Verstoß gegen die Schulgrammatik. Ausnahmsweise auch dann, wenn der unbekleidete Infinitiv Gewicht hat und dies zeigen soll. Und da beschloss er, zu bleiben. Vgl. Matthäus 13, 7: „Siehe, es ging ein Sämann aus, zu säen…"

Ärger mit dem Bindestrich

„Südseeland" stellte die *Welt* im Reiseteil vom 14.8.1981 vor. Ich liebe die Südsee und war enttäuscht, mich in Dänemark wiederzufinden: Ich hätte nicht Südsee-Land lesen sollen, sondern Süd-Seeland. Warum sagt einem das keiner? Haben wir nicht eben dafür jenen Trennstrich, der irreführenderweise *Bindestrich* heißt?

De facto bindet und kuppelt der Strich nicht – er *trennt*. Die Frage ist nie: durch Strich zusammenbinden oder unverbunden nebeneinander stellen? Denn *Pflaumen Kompott* ist Kantinendeutsch und auch *Hermann Löns-Straße* falsch: Es handelt sich nicht um einen Menschen mit dem Doppelnamen Löns-Straße, der mit Vornamen Hermann heißt, sondern um eine Hermann-Löns-Straße. Falsch ist auch die Marotte der deutschen Verlage, sich *Insel Verlag* oder *Axel Springer Verlag* zu schreiben: Anspruch, mit ihrem Schreibfehler zitiert zu werden, haben sie nur im Geschäftsbericht; sonst heißt es natürlich Axel-Springer-Verlag.

Im Rahmen der grammatischen Korrektheit kann die Frage allein lauten: Pflaumenkompott oder Pflaumen-Kompott – durch Strich *trennen* oder zusammenschreiben? Gleichwohl: Die Setzer sprechen von *kuppeln*.

Gekuppelt werden *muss* selten, *sollte* oft, *darf* manchmal nicht, *wird* in der Praxis immer seltener.

Laut Duden *kann* gekuppelt werden:

1. wenn andernfalls drei Vokale aufeinander treffen würden: Kaffee-Ersatz, Tee-Ernte. (Dies soll jedoch bei Zusammensetzungen mit Adjektiven nicht gelten: seeerfahren. Ziemlich töricht).
2. bei Zusammensetzungen mit Einzelbuchstaben oder Abkürzungen: A-Dur, Zungen-R, Kfz-Papiere.

Laut Duden *darf nicht* gekuppelt werden:

- bei Zusammensetzungen mit Zahlen: 8fach, 100stel, sogar 68er ver307fachen (nach neuer Rechtschreibung aber 32-Eck, 32-jährig).
- Dies gilt jedoch nicht für drei- und mehrgliedrige Zusammensetzungen, wenn ein Glied eine Ziffer ist: 10-Pfennig-Marke, 400-m-Lauf jedoch: Zehnpfennigmarke.

Laut Duden *soll* gekuppelt werden:

a) wenn Zusammenschreibung missverständlich wäre: der Streikende, das Streik-Ende – Druck-Erzeugnis und Drucker-Zeugnis.
b) bei drei- und mehrgliedrigen Zusammensetzungen, *wenn sie unübersichtlich sind*: Gemeindegrundsteuer-Veranlagung – aber (da übersichtlich) Eisenbahnfahrplan.

Für alle übrigen Zusammensetzungen gilt laut Duden: Sie werden „im Allgemeinen zusammengeschrieben".

Aus dieser Generalvollmacht haben Setzer und Korrektoren, immer mehr auch Lektoren und Redakteure in den letzten zehn, zwanzig Jahren die Regel abgeleitet: Wir schreiben zusammen auf Teufel komm raus – Lesbarkeit interessiert uns nicht:

Amazonasindianer
Austastimpuls
Eliteuniversität
Europaargumente
Urinsekt

Vollends grotesk wird diese Sitte, wenn der Zeilensprung zur Silbentrennung zwingt (lauter Zitate aus deutschen Zeitungen):

Asbestab-	baustelle
bergunge-	wohnt
Bioindi-	katoren
Elektro-	nikriese
Genauf-	frischung
Gewinner-	schleichung
Grabbe-	pflanzung

hyper-	belähnlich
Jurasedi-	mente
Kafkaken-	ner
Konsument-	scheidung
Kumpeluni-	form
Profier-	fahrung
Racheter-	zett
Randepi-	soden
Rubatodo-	sierung
Selbsthilfeini-	tiativen
Talent-	wässerungsnetz
Universalide-	ologien

Faustregel: Lesbarkeit ist der oberste Wert. Über Lesbarkeit entscheiden nicht Korrektoren, sondern Redakteure. Sie können sogar im August anders entscheiden als im Juli, ja für den Lauftext anders als für die Überschrift: Bricht in Uruguay eine Krise aus, so wird irgendwann das Wort *Uruguay-Krise* fällig. Hat es sich im Auge eingeprägt, so kann man dem Leser *Uruguaykrise* zumuten.

25. KAPITEL

Die leidigen Ziffern

Dies ist das Kapitel,
für das ein illustrierendes oder
erheiterndes Motto nicht zu
finden war.

Der Verfasser

Die meisten Redaktionssekretärinnen sind ratlos, viele Redakteure schlecht beraten, die Setzerzunft von allem Geist verlassen, wenn es darum geht, zwischen Zahlen in Buchstaben und Zahlen in Ziffern eine vernünftige Grenze zu ziehen – eine wichtige Abgrenzung, wann immer wir die Verständlichkeit schriftlicher Texte optimieren wollen. Denn eine Häufung von Ziffern stößt die meisten Leser ab (falls es sich nicht um Sport oder Wirtschaft handelt), und die Setzerregel „elf, zwölf, 13" richtet eine zum Teil groteske Verwirrung an.

Die Verwirrung beginnt damit, dass überraschend viele Leute die *Begriffe* „Zahl" und „Ziffer" nicht auseinander halten können. Zur Sicherheit also für die Schwankenden:

- Die *Ziffer* ist das Zahlzeichen: arabische Ziffern, römische Ziffern. Sämtliche Zahlen werden aus nur zehn Ziffern zusammengesetzt: 1 bis 9 und 0. Auf dem *Zifferblatt* steht 8, nicht acht (eine Eselsbrücke für hartnäckige Verwechsler).
- Die *Nummer* ist eine Kennzahl: Hausnummer, Telefonnummer, Losnummer, Nummernschild. Auf dem Telefon steht immer 8 (wie auf dem Zifferblatt), nie *acht*. Nummern werden also stets in *Ziffern* geschrieben – und die verbreitete Schreibweise „Staatsfeind Nummer eins" ist so widersinnig, als wenn wir im Hotel die Zimmernummer „vierhundertsechsundzwanzig" suchen müssten.
- Die *Zahl* ist ein Mittel zur Bezeichnung einer Menge, eine

durch Zählen gewonnene Größe. *Alle Zahlen* lassen sich *in Ziffern oder in Buchstaben* schreiben: 8 oder acht, 600 oder sechshundert, 3 000 000 oder 3 Millionen oder drei Millionen. Wird die Zahl in Ziffern geschrieben, so kann sie aus einer oder aus beliebig vielen Ziffern bestehen: 8 oder 7451639. Nun lautet die bei weitem gröbste und dümmste Faustregel unseres Gewerbes: Bis zwölf in Buchstaben, von 13 an in Ziffern, mit nur zwei Ausnahmen – den Dezimalzahlen (4,5 Prozent) und der Paginierung. (Schon bei dieser wird es kurios: „Auf Seite acht dieses Heftes …" schreibt der *Spiegel*; wer dort nachschlägt, findet aber auf der Seite eine 8.)

Erfreulicherweise sind es nur wenige Redaktionen (die des *Spiegels* darunter), die sich eisern an diese Regel halten. Die meisten entfernen sich von ihr in unterschiedlichem Grade; am weitesten die Buchverlage, in denen die Schreibweise „vor dreizehn Jahren" selbstverständlich und „vor vierhundert Jahren" üblich ist. Hier ein Versuch, die unbrauchbare Zunftregel durch drei aufgeklärte Faustregeln zu ersetzen.

1. *Was verglichen werden soll,* wird gleich geschrieben: durchweg in Ziffern oder durchweg in Buchstaben. Wenn der Stimmenanteil der FDP von acht auf 6,5 Prozent gesunken ist (*Spiegel*-Regel), so geschieht das Äußerste, um mir jenen Vergleich zu erschweren, auf den doch alles ankommt; er sank also von 8 auf 6,5 Prozent. Für den Antrag stimmten 23 Abgeordnete, gegen ihn 9 (nicht „neun").
2. *Was nicht verglichen werden soll,* wird ungleich geschrieben, bei zwei verschränkten Zahlenreihen also eine in Ziffern und die andere in Buchstaben. Nach der Setzerregel heißt es: „Zehn Briefmarken zu 50 und 20 zu zehn Pfennig"; 50 steht für den Wert, 20 dagegen für die Stückzahl – es fällt schwer, sich für Verständnis und Gedächtnis eine höhere Hürde auszudenken. Für welche Zahlengruppe nehmen wir die Ziffern? Die Briefmarken helfen uns: 10 steht auf ihnen und nicht zehn. Also kann es nur heißen: „Zehn Marken zu 50, zwanzig zu 10."
3. *Was nicht exakt gemeint ist,* sollte nicht in Ziffern geschrieben werden, dem Symbol der Exaktheit (der „Bezifferung"): Die

Schreibweise „1000 Zuschauer“ erweckt den Anschein gezählter Personen, 1000 und nicht 1050 – anders als „tausend Zuschauer“. Haarspalterei? Machen wir die Gegenprobe: Ist es vernünftig, „rund 1000 Zuschauer“ zu schreiben oder „nicht einmal 1000 Zuschauer“ oder gar „ein paar 1000 Zuschauer“ (*Capital 5/80*)? Wenn ich nicht gezählte 1000 meine, *sollte* ich „tausend“ schreiben; wenn ich ganz ausdrücklich zwei- bis dreitausend meine („ein paar 1000“), *muss* ich „ein paar tausend“ schreiben.

Die Verliebtheit in die Ziffer treibt die krausesten Blüten. So lesen wir allen Ernstes von einer Stadt, dass sie 189 651 Einwohner habe. Erstens ist diese Exaktheit bis ins Letzte gänzlich überflüssig. Zweitens erschwert sie es dem Gedächtnis, sich das allein Interessante zu merken, nämlich 190 000. Drittens ist sie nicht einmal exakt, da zwischen der Erhebung der Zahl und ihrer Lektüre ein Zeitraum mit Geburten und Todesfällen, Zuzügen und Wegzügen liegt, der mindestens die beiden letzten Ziffern mit Sicherheit falsch macht.

Und viertens war die Zahl nicht einmal exakt, als die Behörden sie ermittelten: Volkszählungen und zumal Fortschreibungen enthalten bekanntlich eine Fehlerquote von fünf Prozent (das macht 9500 bei 190 000), gar nicht gerechnet Leute mit doppeltem Wohnsitz, Schwarzmieter und jene Rentnerin, die seit acht Wochen tot in ihrer Wohnung liegt. Es ist also im höchsten Grade irreführend und schlechthin albern, einer derart unsicheren Zahl durch Bezifferung bis in die Einer den Anschein letzter Korrektheit zu geben.

Verliebt ist unsere gesamte Zunft in die Dezimalstelle, wo immer es um *Prozente* geht. Wahlergebnisse oder Produktionsrückgänge werden niemals in der Form „32 Prozent“, sondern immer als „32,1 Prozent“ wiedergegeben. Ob die Preissteigerung im letzten Monat 5,8 oder 5,9 Prozent betrug, mag noch einige Leute interessieren, aber auch Wahlergebnisse aus Japan und selbst Uganda werden uns mit einer Dezimalstelle serviert – obwohl schon die Zahl „97 Prozent für die Regierungspartei“ etwas genauer ist, als viele von uns je zu erfahren wünschten. Hier liegt die reine Zwangshandlung vor; umso kurioser, als die Exaktheitsfanatiker de facto nicht mit Prozenten arbeiten, sondern mit *Promille*: Wer von 43,6 Prozent nicht lassen kann, hat 436 Promille gesagt; wem die Promille missfallen, der sollte über die Dezimalstelle immerhin mal nachdenken.

Nicht um Dezimalstellen dagegen handelt es sich bei dem *Spiegel*-Satz (36/1979): „Hartnäckig hatte Wadja, 53, 13 Jahre auf die Genehmigung gewartet.“ Wir danken der Leertaste für die Aufklärung, dass es sich nicht um 53,13 Jahre handelte, sondern offenbar um die Zahl der Haare, die der Betroffene in der Wartezeit verloren hat.

Wie man gut schreibt

26. KAPITEL

Farben und Bilder

Gedankenreiche und originelle Literaturkritiker haben bewundernswerte Vorschriften für gute Prosa in fürchterlicher Prosa formuliert. Andere haben in vorzüglichem Englisch die dümmsten Theorien über gute Prosa aufgestellt.

Gilbert Ryle (englischer Sprachforscher, 1949)

Leider eignet sich das gute Deutsch ungleich weniger als das verständliche dazu, in Faustregeln gefasst zu werden; jedenfalls dort, wo gut und verständlich sich trennen.

Überwiegend gehen die beiden Hand in Hand – dass dies nicht in Vergessenheit gerät: Beiden Zielen nähern wir uns immer, wenn wir bildhafte Wörter und aktive Verben wählen, Hauptsachen in Hauptsätze stellen, Blähung, Schwulst und Marotten verabscheuen und Klemmkonstruktionen ebenso. Meist auch für den guten Stil gilt die Verständlichkeitsregel, Schachtelsätze zu vermeiden und den linearen Satz zu pflegen; wie umgekehrt die Abwechslung im Satzbau, eine der wichtigsten Forderungen ans gute Deutsch, zur Verständlichkeit beiträgt, weil ohne sie der Leser ermüden würde.

Doch *am ungewohnten Wort* trennen sich die Wege. Stil ist die *Abweichung* vom Üblichen und Erwarteten, definiert Sowinski. Eine literarische Definition, gewiss – doch ist den Journalisten der literarische Ehrgeiz nicht verschlossen, im Feuilleton und in der großen Reportage hat er sogar seinen Platz.

Mit dieser Differenzierung können wir uns helfen. Wo verständliches und gutes Deutsch nicht harmonieren, werden wir die Partei der Verständlichkeit ergreifen bei den Nachrichten und in der Lokalberichterstattung, die Partei der Schönheit im feuilletonistischen Geplauder, und je nach Geschmack mehr die eine oder mehr die andere in Satire und Essay.

Großer Wortschatz heißt übrigens nicht, dass wir altväterliche und prätentiöse Vokabeln aus der Mottenkiste kramen sollten, den Aar und den Odem, das Haupt und die Gazette, just und alldieweil, saumselig und sauertöpfisch. Solche Wörter sind allenfalls ironisch verwendbar, und viele von ihnen wirken auch dort längst abgestanden; man muss schon zum „zwilchenen Leibchen" greifen, um etwas Altes frisch zu sagen.

Unbedingt gehört zum Stil, dass man instinktiv oder mit Bedacht die *Farben* und die *Bilder* wählt – und den *Rhythmus* (von dem das folgende Kapitel handelt).

Für Farbgebung oder Tonfärbung der Sprache habe ich ein seriöses Rezept nirgends gefunden; was nicht heißt, dass es das Problem nicht gäbe. Offenbar berauschte sich Stefan Zweig an seiner Überschrift „Meudon, Maison Rodin", doch Karl Kraus nannte diesen Tanz der Nasale eine „erlesene Schmockerei".

Beliebt ist das Gesellschaftsspiel, den *Vokalen* bestimmte Farbwerte zuzuordnen, die man dabei empfinden könne. Arthur Rimbaud und Ernst Jünger haben jeder eine komplette Skala solcher Farbgefühle aufgestellt, und es fragt sich, worüber man mehr staunen soll: über die unerschrockene Klarheit ihrer Aussage oder über die gänzliche Verschiedenheit ihrer Empfindungen. Das A sieht Rimbaud „schwarz" und Jünger „purpurrot" (ich sehe es blau, wenn Sie mich fragen), das O Rimbaud „blau" und Jünger „gelb", warum auch immer.

Populärer ist die Behauptung, das I sei der „Lichtvokal", man sehe es im Blitz, am Glitzern, am Flimmern und Schillern; das U dagegen sei ein Uhu aus Gruft und Dunkelheit. Wie hübsch! Nur dass der Lichtvokal zugleich die Steigerung der Dunkelheit, die *Finsternis*, regiert; und die Sterne, sie glitzern und *funkeln*.

Und doch: An einer verwandten Vermutung scheint etwas dran zu sein. Sie besagt, in abstrakten, bürokratischen Texten dominierten die Vokale E und I – frei nach dem Vorwurf Heinrich Bölls an die Mutter seines „Clowns", sie lege „eine trügerische I- und E-Sanftmut" an den Tag. Reflektieren und reglementieren, diskretieren und diskriminieren, die Gesprächsebene, der Reizpatient und der schichtspezifische Stellenwert liefern in der Tat Indizien.

Das hieße umgekehrt, dass A, O, U dem prallen Leben zuzuordnen wären. Wenn wir die journalistische Verlegenheitsfloskel „das schreckliche Geschehen" in handfestes Deutsch übersetzen, umringen uns sogleich die tönenden Vokale: Unglück, Drama, Katastrophe.

VORSICHT MIT METAPHERN

Festeren Boden betreten wir mit der *Bildersprache*. Sie beginnt damit, dass wir die bildhaften Wörter statt der abstrakten wählen oder dass wir abgenutzte Bilder wieder hörbar machen: *Haushohe Wellen* sind eine so automatische Begründung jedes Schiffsuntergangs, dass das Wort erst wieder Leben gewinnt, wenn wir das leidige Adjektiv zertrümmern und von *Wellen hoch wie Häuser* schreiben (was zugleich interessanter ist und die Verständnistiefe mehrt – wie schön, dass die Wege sich immer wieder treffen).

Das wichtigste und meistberedte Element der Bildersprache, die *Metapher*, hat zwei völlig verschiedene Funktionen.

Es ist die königliche Funktion der Metapher, mit den alten Worten das Neue zu sagen oder das Unbekannte anschaulich zu machen. Lange, bevor die Schulmeister uns die *Lokomotive* aufnötigten, war sie als *Dampfross* populär: *So* schreitet die Sprache fort, *so* macht sie das Fremdartige fassbar. (Nordamerikas Indianer, durch Dampfrösser endgültig niedergezwungen, dachten auf dieser Schiene weiter, als sie den neuesten Aberwitz des Weißen Mannes benennen wollten: *Steam chicken* sagten sie zum Flugzeug, „Dampfhuhn".)

Von solcher Art sind auch der *Butterberg*, die *Währungsschlange*, der *Geisterfahrer*. Etwas Neues war zu benennen, und der Name traf, weil er bildhaft ist.

In ihrer anderen Funktion richtet die Metapher häufig jenes

Unheil an, für das sie zu Recht verspottet wird: als bloßer Redeschmuck, als Überhöhung des Altbekannten, als „Sprechblume" (Jean Paul). Es bringt journalistisch nichts, für ein Kamel „das Wüstenschiff" zu sagen; und wem die Bilder durcheinander kommen, der macht sich lächerlich: „Da habe ich mit scharfer Zunge auf den Putz gehauen" oder „Der Finger Gottes hat schon manchem mit rauer Hand ein Bein gestellt."

Die albernsten sind häufig die Wirtschafts- und Sozialmetaphern: „Tief in der wirtschaftlichen Großwetterlage" mag noch gehen: „BBC-Ergebnis geriet unter Schwachstrom" und „Pirellis Gewinnprofil ist abgefahren" deuten auf einen Lyriker in der Maske des Diplomkaufmanns; „Wir lassen uns das soziale Netz nicht durchlöchern" widerlegt die Kleistsche These, dass beim Reden eine allmähliche Verfertigung von Gedanken stattfinde.

Wer Sprechblumen zum Blühen bringen will, der sollte nicht so sehr Journalist, er sollte Dichter sein. „Gottes nackter Lümmel" für den Mond, das hat Kraft (bei Brecht). Kraft hat Herders Schlusssatz über das tödliche Duell zwischen Rom und Karthago: „Die Wölfin, die die Erde bezwingen sollte, musste sich zuerst im Kampf mit einem afrikanischen Schakal üben, bis sie solchen zuletzt elend vertilgte." Kraft hat das Gleichnis Arno Schmidts: „Seine Augen leuchteten wie die Scheiben brennender Irrenhäuser". Saft hat die ironische Metapher, die Robert Walser seinem „Genie" in den Mund legt: „Ich bin, was meine ganze Naturanlage betrifft, einer der süßlichsten Kerls in Europa, meine Lippen sind Zuckerfabriken, und mein Benehmen ist ein total schokoladenes."

Würde und Innigkeit

Die Prosa soll die auszusprechenden Gedanken in möglichst logischer Ordnung, Klarheit und Deutlichkeit vortragen. Je nach ihren besonderen Aufgaben wird auch Feinheit und Anmut, Lebendigkeit und charakteristische Treue, Würde und Innigkeit der Diktion von ihr erheischt.

Meyers Konversationslexikon, 1890

Gelassenheit

Die Sätze so entstehen lassen, als rauchte man eine Pfeife.

Charles Ferdinand Ramuz

Üben hilft

Das Rezept zum Beispiel, wie einer ein guter Novellist werden kann, ist leicht zu geben, aber die Ausführung setzt Eigenschaften voraus, über die man hinwegzusehen pflegt, wenn man sagt: „Ich habe nicht genug Talent." Man mache nur hundert und mehr Entwürfe zu Novellen, keinen länger als zwei Seiten, doch von solcher Deutlichkeit, dass jedes Wort darin notwendig ist; man schreibe täglich Anekdoten nieder, bis man es lernt, ihre prägnanteste, wirkungsvollste Form zu finden; man sei unermüdlich im Sammeln und Ausmalen menschlicher Typen und Charaktere; man erzähle vor allem, so oft es möglich ist, und höre erzählen, mit scharfem Auge und Ohr für die Wirkung auf die anderen Anwesenden; man reise wie ein Landschaftsmaler und Kostümzeichner; man exzerpiere sich aus einzelnen Wissenschaften alles das, was künstlerische Wirkungen macht, wenn es gut dargestellt wird; man denke endlich über die Motive der menschlichen Handlungen nach, verschmähe keinen Fingerzeig der Belehrung hierüber und sei ein Sammler von dergleichen Dingen bei Tag und Nacht. In dieser mannigfachen Übung lasse man einige zehn Jahre vorübergehen: Was dann aber in der Werkstätte geschaffen wird, darf hinaus in das Licht der Straße.

Nietzsche, „Menschliches, Allzumenschliches", I, 163

27. KAPITEL

Rhythmus ohne Verse

„Niemand“, sagen die Verfasser der Bibliothek, „wird leugnen, dass die deutsche Schaubühne einen großen Teil ihrer ersten Verbesserung dem Herrn Professor Gottsched zu danken habe.“ Ich bin dieser Niemand; ich leugne es geradezu.

Lessing, „17. Brief, die neueste Literatur betreffend“

Das ist ein großer Satz: Sein Inhalt hat Kraft, und seine Form hat Rhythmus. Im „geradezu“ wird der Wille zur rhythmischen Gestaltung greifbar: ein Füllwort, das der große Stilist nicht ohne Not verwendet; ein Auftrumpfen über das bloße Leugnen hinaus; vor allem aber ein rhythmisches Ausschwingen des letzten Satzes, der in der Form „ich leugne es“ ein zu jähes und musikalisch unbefriedigendes Ende gefunden haben würde: Der letzten betonten Silbe *(leug-)* wären zwei unbetonte Silben nachgeklappert *(-ne es)*, während in Lessings Satz das *-zu* noch einmal den Ton hochreißt, wozu schwächere Stilisten das Ausrufungszeichen verwenden; Kraft und Wohllaut in einem.

Schon gut, doch um Gottes willen: Ist das nicht überdreht, gilt es nicht allenfalls für gesprochene Sprache, und welcher Journalist soll Zeit für solche Finessen finden?

Der Reihe nach. Irgendeinen Rhythmus – eine Abfolge von Hebungen und Senkungen, Längen und Kürzen – hat jeder Text. Unterläuft uns der Satz „Dies ist ein Fall, der ganz klar zu sein scheint“, so entdecken wir rasch, dass die Silben sich reiben: lauter einsilbige Wörter, drei davon nach dem letzten Tonwort (klar), die beiden letzten (sein scheint) zudem mit der hässlichen Eigenschaft, dass sie zwar unbetont, aber lang sind. Schreiben wir stattdessen „Dieser Fall scheint klar zu sein", so ist der Satz nicht nur kürzer, sondern auch rhythmisch angenehmer. Oft bieten uns Synonyme mit unterschiedlicher Betonung eine simple Wahl: *aber* oder *jedoch, meistens* oder *zumeist, richtig* oder *korrekt.*

Unserer ständigen Bedrohung durch das hölzerne Gepolter gleichgültig formulierter Sätze stellen die meisten Journalisten unbewusst und mit wenig Mühe ihr Sprachgefühl entgegen. Bei vielen wird es durch einen bewussten Stilwillen ergänzt. Beide wirken meist in dieselbe Richtung; die rhythmische Bewegung der Wörter nicht dem Zufall zu überlassen – und in der Prosa ein paar Anleihen bei der gebundenen Rede, beim Gleichmaß, beim Vers, zu machen.

Eine Reihe rhythmischer Floskeln, die ebenso gut in Versen stehen könnten, verwenden wir ganz selbstverständlich: „mit Pauken und Trompeten" oder „Gleich und gleich gesellt sich gern" oder „Das hab ich mir doch gleich gedacht". Irritiert sind wir nur, wenn solche Annäherung ans Versmaß Satz um Satz durchgehalten wird; dann entsteht eine Mischform, die die wenigsten mögen, etwa in Rilkes „Cornet":

> Nicht immer feindlich nach allem fassen; einmal sich alles geschehen lassen und wissen: Was geschieht, ist gut. Auch der Mut muss einmal sich strecken und sich am Saume seidener Decken in sich selber überschlagen.

Die Binnenreime erwecken hier vollends den Eindruck eines ohne Zeilenfall geschriebenen Gedichts; doch auch ohne sie wirkt Versmaß in der Prosa manieriert, wie in Ernst Jüngers „Marmorklippen":

> Von jeher hatte ich das Pflanzenreich verehrt und seinen Wundern in vielen Wanderjahren nachgespürt. Und wohl war mir der Augenblick vertraut, in dem der Herzschlag stockt, wenn wir in der Entfaltung die Geheimnisse erahnen, die jedes Samenkorn in sich verbirgt.

Die Kunst ist: rhythmischen Wohllaut maßvoll zu dosieren, instinktsicher oder wohl überlegt; sich in Halbsätzen dem Vers anzunähern, aber rechtzeitig den Rhythmus zu wechseln, um nicht an den Marmorklippen zu zerschellen.

Manche bedeutenden Stilisten wie Stifter und Storm haben ihre Abneigung gegen rhythmische Regelmäßigkeit in der Prosa bekundet, besonders gegen den vorsätzlich oder fahrlässig „iambischen Tonfall" nach Art von Schillers Dramen: „Kann ich Armeen aus dem Boden stampfen? Wächst mir ein Kornfeld auf der flachen Hand?" Doch wie *schrieb* Stifter? „Was ist das schrecklichste Gewitter, es ist ein lärmender Trödel gegen diese todesstille Majestät." Und wie *schrieb* Storm? „Am andern Morgen, beim goldensten Sonnenlichte, das über einer weiten Verwüstung aufgegangen war, ritt ich über den Hauke-Haien-Deich zur Stadt hinunter." Beides nur knapp am Versmaß vorbei.

Und wobei ertappte sich der Verfasser dieses Buches? „Nicht doppelt erzählen sie alles, sondern fünffach", wollte ich auf S. 126 schreiben, doch ich ließ es sie siebenfach erzählen, des Klanges wegen (harmlos, wie ich hoffe, verglichen mit der Entscheidung Rousseaus, aus den hundert Senatoren im alten Rom „deux cent sénateurs" zu machen, ebenfalls des Klanges wegen).

Rhythmische Möglichkeiten des Deutschen
Rhythmus entsteht durch den Wechsel von langen und kurzen, betonten und unbetonten Silben. Beim Wort *leben* ist die erste Silbe zugleich lang und betont. Lange Silben können jedoch auch unbetont sein wie die zweite Silbe im Wort *Hochzeit*, das aus zwei etwa gleichlangen Silben besteht. Umgekehrt bei *immerdar, nimmermehr*: Die betonte erste Silbe wird eher kürzer gesprochen als die unbetonte letzte.

Die meisten deutschen Wörter tragen den Ton auf der *ersten Silbe*: glücklich, immer, Mitternacht. Bei vielen Vorsilben (Präfixen) springt der Ton auf die *zweite Silbe*: bestimmen, ersetzen. Ist die zweite Silbe schon die letzte, so werden auch deutsche Wörter (wie im Französischen alle Wörter) auf der *letzten Silbe* betont: Ersatz, bestimmt.

In einigen Grenzfällen tragen sogar *drei- und mehrsilbige Wörter* den Ton auf der letzten Silbe:

- die 2. und 3. Person Singular und die 2. Person Plural von Verben mit zwei Vorsilben (du unterstellst, er überzeugt, ihr unterlasst) oder von Verben auf -ieren (du inhalierst, er lamentiert), ebenso das Perfektpartizip der meisten dieser Verben (überzeugt, aber: unterlassen)
- die Substantive auf -at, -ät, -enz, -ion und -thek (Bibliothek, Deklamation, Konsequenz, Majestät, Resultat)
- einige Füllwörter wie Lessings „geradezu": allerdings, keineswegs, allemal.

Es sind also zwei nicht sonderlich beliebte Wortgruppen – die Fremdwörter und die Füllwörter –, denen wir eine gewisse Auswahl an drei- und viersilbigen Wörtern mit dem Ton auf der letzten Silbe verdanken.

DIE STUMME MELODIE

Wie groß oder klein auch immer die Rolle ist, die einer dem rhythmischen Wohlklang einräumen will: Anstreben sollte keiner, dass sich, in Kafkas Formulierung, „ein Satz am anderen reibt wie die Zunge an einem hohlen Zahn". Der hörbaren Bewegung der Wörter eine angenehme oder kraftvolle oder einleuchtende Richtung zu geben ist eine Grundforderung an guten Stil.

Niemand auch sollte geltend machen, der Tonwert der Silben, die Sprachmelodie sei ans Mündliche gebunden. Das stumme Lesen ist nur die letzte Verfeinerung des Sprechens und Hörens, viele Leser bewegen die Lippen, Ausrufungs- und Fragezeichen sind Versuche, dem gelesenen Satz die Melodie vorzuschreiben, und auch geschriebene Sätze verändern, wenn sie Kraft haben, die Länge und die Tiefe unserer Atemzüge.

Kraft: spüren lassen kann sie nur der, der sie erstens hat, sich zweitens traut, sie zu zeigen, und drittens dabei nicht an seiner

Sprache scheitert. Für den angemessenen Ausdruck vorhandener Kraft ist der kraftvolle Rhythmus unentbehrlich; doch er hilft nichts, wenn man nicht wagt, zu seiner Sache zu stehen.

Bei einem heiklen Thema mag es vorkommen, dass der Autor sich die stärkste Wirkung von ein paar vorsichtig relativierenden Wörtern verspricht. In der Regel aber sind sie die Pest, all diese Abschwächungen und Rückversicherungen, dieses *sozusagen* und *Ich würde sagen*, dieses flaue *wohl, vielleicht, gleichsam* und *gewissermaßen*. Sie lassen den Leser fürchten, der Schreiber habe Luther auf den Kopf gestellt: „Hier stehe ich, ich kann auch anders."

Kraft: Das war, als Churchill seinen Landsleuten „blood, tears and sweat" in Aussicht stellte. Kraft ist in dem Bibelspruch: „Der Herr ist mein Hirte, mir wird nichts mangeln."

Ob ein Satz Kraft hat, lässt sich vor allem *hören*, und wer dem Rhythmus auf die Spur kommen will, den er fahrlässig oder vorsätzlich erzeugt hat, der lese *laut!* Zwei starke Gründe mehr, das laute oder im Notfall halblaut gemurmelte Vorlesen mit Nachdruck zu empfehlen. Dabei bleibt der Zunge kein hohler Zahn, kein hohles Wort verborgen.

Dass der Rhythmus, der dem Autor zusagt, seinen Lesern noch lange nicht behagen muss, steht auf einem anderen Blatt. Annähernd beweisbar wie die Verständlichkeitsregeln sind die Fingerzeige für das gute Deutsch nicht. Das ist auch besser so. Nur *Spiegel*-Redakteure haben den Ehrgeiz, nicht Stil zu besitzen, sondern sich in die kollektive Masche zu verstricken.

MUSTER UND MEISTER

So bleibt wohl der fruchtbarste Rat, den man angehenden oder fortbildungswilligen Journalisten geben kann: sich die richtigen Muster und Meister wählen. Was freilich das Problem mit den „richtigen" vor uns auftürmt.

Ich kann nur mit einer subjektiven Meinung dienen, die sich freilich auf umfangreiche Lektüre stützt: Die größte Wahrscheinlichkeit, auf gutes Deutsch zu treffen, bieten in der deutschsprachigen Presse das „Streiflicht" und die Seite 3 der

Süddeutschen Zeitung und das Feuilleton der *Frankfurter Allgemeinen;* und obwohl dieses Buch ein *Stern*-Buch ist, nehme ich mir die Freiheit hinzuzufügen: die längeren, nicht aktuellen Texte im *Stern* mit ihrem klar dahinströmenden, marottenfreien Deutsch.

Und die *Meister?* Zweierlei vorweg. Es ist natürlich *nicht* gleichgültig, ob ich tausend Seiten Kleist lese oder tausend Seiten Günter Grass; sie färben ab, mindestens nach intensiver Lektüre ein paar Tage lang. Rousseau versprach sich von dieser Einfärbung so viel, dass er ein Buch der Annalen des Tacitus übersetzte, um sich jenen mannhaften Stil anzueignen, über den er als Ankläger gegen die verrottete Gesellschaft gebieten wollte. Tacitus und dazu Thukydides, das sind nach Nietzsche die Unsterblichen des Stils.

Aus dem Stichwort „Nietzsche" folgt die zweite Vorbemerkung: Kein anständiger Mensch könne ihn lesen, so hört man häufig, da er dem Faschismus Vorschub geleistet habe. Dies ist strittig, doch darauf kommt es hier nicht an; die inständige Bitte lautet vielmehr: Lest Freud, auch wenn ihr von der Psychoanalyse nichts haltet, lest Schopenhauer, auch wenn ihr keine Pessimisten seid, denn sie waren große Stilisten. Lest Brecht, auch wenn ihr nicht marxistisch, und Luther, auch wenn ihr nicht evangelisch seid, denn sie waren große Stilisten. „Luthers Prose", schrieb Jean Paul, „ist eine halbe Schlacht. Wenige Taten gleichen seinen Worten."

Warum nicht in den Psalmen lesen oder in den Briefen, die der Rabbi Saulus geschrieben hat, nachdem er der Apostel Paulus geworden war? Warum nicht Karl Marx oder Oswald Spengler lesen, wenn wir uns an großer Pose freuen oder schulen wollen? Lichtenberg lesen, dessen Feinschliff nie übertroffen worden ist. Robert Musil lesen oder Thomas Mann, wenn wir uns an die Grenzen des Sagbaren vortasten wollen. Heine und Nietzsche lesen, weil sie die größten Artisten der deutschen Prosa waren. Und den modernsten unserer großen Stilisten lesen, Georg Büchner, die Dramen und den „Lenz".

Die Störung macht die Musik

Eine Periode, die, metrisch konzipiert, nachträglich an einer einzigen Stelle im Rhythmus gestört wird, macht den schönsten Prosasatz, der sich denken lässt.

Walter Benjamin

Die hörbare Bewegung der Worte

Was die hörbare Bewegung der Worte oder die rhythmische und musikalische Form der Sprache anlangt, so bedient sich der Dichter zu jenem Zwecke des bestimmten, dem Charakter der poetischen Gemütsbewegung und der sie veranlassenden Gegenstände entsprechenden Rhythmus; aber auch in der Prosa kann derjenige, der stets den vollkommensten und entsprechendsten Ausdruck seines Innern sucht, den Sinn für angemessene Bewegungen und Wohllaut des Gedankenausdrucks nie ganz verleugnen, ja er muss sogar unwillkürlich seinen Worten eine hörbare Bewegung geben. So entsteht der ungebundenere, aber wohllautende Rhythmus der Prosa, welchen man als Erfordernis jeder guten Prosa in den Perioden und Verhältnissen der Sätze verlangt.

„Brockhaus-Conversations-Lexikon", 1846

Wie man interessant schreibt

28. KAPITEL

Nützen und ergötzen

Daher nun ist die erste,
ja schon für sich allein beinahe
ausreichende Regel des
guten Stils diese, *dass man etwas zu
sagen habe:* O, damit kommt man weit!

Schopenhauer, „Über
Schriftstellerei und Stil"

Vielleicht sollte man hinzufügen: ... und dass man es sagen will; denn mancher Politiker, der durchaus etwas zu sagen hätte, zieht die Verschleierung vor; eine Krankheit, die auch in unseren Kreisen zirkuliert, wenn man an diesen oder jenen Korrespondenten oder Wirtschaftsjournalisten denkt.

Daraus folgt umgekehrt: Wer von einem Reportage-Auftrag heimkehrt und sich eingestehen muss, dass er nicht genug zu sagen hat, der möge die Kraft haben zu schweigen – gleich dem Berichterstatter, der in der *Festrede* einen Gedanken nicht zu entdecken vermochte. Wie also ist im Idealfall ein interessanter Text beschaffen?

1. Der Text teilt mir etwas Neues und mich Interessierendes mit; mindestens findet er zu einem altbekannten Thema einen überraschenden Aspekt.
2. Er teilt es mir auf kurzweilige Weise mit – was nicht Kabarett oder Mangel an Gründlichkeit bedeuten soll, sondern Freiheit von Langeweile. Der Anspruch, den große Zeitschriften an sich stellen – dass sie informierend unterhalten und unterhaltend informieren wollen –, ist durchaus seriös; schon weil er von Horaz stammt: *prodesse et delectare,* forderte er, nützen und ergötzen, zugleich lehrreich und unterhaltsam sein.

3. Der interessante Text ist ein anschaulicher Text, prall von Sinneseindrücken, von Menschen und von Beispielen.
4. Er beschreibt keinen Zustand, sondern einen Vorgang, nicht das Sein, sondern das Werden – Homers Beispiel folgt.
5. Im Idealfall mündet der Text in eine Aussage (ein Fazit, ein Aha-Erlebnis), die so eindeutig ist, dass sie sich in einem Satz erzählen lässt, und zugleich so faszinierend, dass es den Leser *drängt,* diesen Satz weiterzugeben: „Hast du das gewusst? Schon die alten Ägypter hätten fliegen können, sie hatten nur Angst davor!"

So nämlich ließe die Weltgeschichte der Luftfahrt sich erzählen. Statt mit dem Ballon der Brüder Montgolfier von 1783 anzufangen, kann man auch so beginnen:

> Dass niemals ein Pharao in einen Freiballon gestiegen ist, um sich die Pyramiden von oben anzusehen, gehört zu den Merkwürdigkeiten der Weltgeschichte.

Falls dem Autor nämlich bei der Vorbereitung aufgefallen sein sollte, dass die erste Montgolfiere aus nichts bestand, was nicht auch die alten Ägypter besessen hätten (Papier, Hanf und Feuer); dass aber spätestens Archimedes von Syrakus das Fliegen hätte erfinden können, weil er noch dazu die Gesetze des Auftriebs entdeckte. Demnach scheint es, als habe es jahrtausendelang eine psychologische Barriere gegen das Fliegen gegeben: Die fantastische Idee, in den Himmel, den Sitz der Götter, aufzusteigen, konnte erst im atheistischen, revolutionsträchtigen Frankreich entstehen.

Damit wäre einer vertrauten Materie ein überraschender Nebengedanke abgewonnen worden. Oder so: Wenn man in hundert Artikeln über das/den Zölibat hundertmal von der Geschlechtsnot katholischer Priester gelesen hat – wäre es da nicht eine Wohltat, im 101. Artikel auf ein eingeschränktes Lob des Zölibats zu stoßen: weil vermutlich, wenn Kardinäle legitime Söhne haben dürften, diese Söhne bei der Papstwahl bevorzugt werden würden – also der Sohn eines italienischen Bauern (Johannes XXIII.) und der Sohn eines polnischen Eisenbahners (Johannes Paul II.) nie eine Chance bekommen hätten?

Angenehme Überraschung durch unvermutete Argumentation: Das wäre erholsam auch beim klassischen Leitartikel. Warum werden wir so selten zu Zeugen eines gleichsam zähneknirschenden Abwägens von Pro und Kontra gemacht? Wo sind die Kommentatoren, die nicht nur die fünf Gründe für den gegnerischen Standpunkt liebevoll beleuchten, sondern der anderen Seite noch zwei Gründe mehr anbieten, die ihr gar nicht eingefallen waren – ehe sie es unternehmen, den Gegner Punkt für Punkt zu widerlegen? Eine andere Chance, einen zähen Stoff interessant zu machen, liegt darin, an die Stelle der vagen Kenntnis des Lesers die höchste Genauigkeit des Details zu setzen: Donnerwetter, nun weiß ich Bescheid! Das hat zum Beispiel der Kisch-Preisträger Stefan Klein getan durch die beklemmende, grimmige Gründlichkeit, mit der er die Arbeit in einem Schlachthaus schilderte (*Süddeutsche Zeitung,* 21. 9. 1979).

Damit hat er zugleich der Forderung (3) entsprochen: prall von Menschen und Sinneseindrücken zu schreiben. Menschen sind interessanter als Sachen (übrigens auch interessanter als „Personen“, denn dies ist das unlebendigste, das bürokratischste Wort für Menschen aus Fleisch und Blut). Die Akteure, die Drahtzieher, die Lachenden oder die Geprügelten beim Namen zu nennen, statt sie im Passiv zu verstecken oder in Sachverhalten zu erdrosseln, ist ja ohnehin eine der wichtigsten journalistischen Grundregeln.

Interessant und obendrein ein Beitrag zur staatsbürgerlichen Bildung wäre es sogar, die handelnden Menschen auch dort aufzuspüren, wo wir uns angewöhnt haben, nach ihnen nicht zu fragen: Gegen den Satz „Die Preise steigen“ lässt sich geltend machen, hier entstehe der Eindruck einer schicksalhaften, von niemandem zu verantwortenden Eigenbewegung – während es doch Menschen geben muss, die die Bewegung in Gang gesetzt haben.

Bei den *Sachen* sind die konkreten interessanter als die abstrakten, das Wandern willkommener als der Wandertrieb und das Zebra anschaulicher als der quer gestreifte Unpaarhufer aus der Gattung Equus. Was schon für das verständliche und das gute Deutsch zutraf, gilt für das interessante erst recht: Wir sollten Leser und Hörer so nahe ans Sehen, Hören, Riechen und Anfassen führen, wie das mit Worten möglich ist. Mit den Elefanten sollten wir verfahren wie der Engländer, der, in der alten Anekdote, nach Afrika reist, wenn er welche zeichnen soll; notfalls wie der Franzose, der sich mit einem Gang in den Zoo begnügt; der Deutsche dagegen malt den Elefanten „aus der Tiefe des Gemüts".

Dies war Veranschaulichung durch ein *Beispiel,* und Beispiele sind immer gut; schon weil sie das Abstrakte nicht nur ins Konkrete, sondern meist zugleich ins Lebendige zurückverwandeln: drei Elefanten, drei Nationalitäten. Wie warb die amerikanische Lebensversicherungsgesellschaft – mit „Vorbedenklichkeit" und „familiärer Rücksichtnahme"? Nein, mit dem Satz: „Als Noah die Arche baute, regnete es *nicht.*" Wie schrieb Freud, als er uns unser aller Unlust am Neuen nahe bringen wollte?

> Wenn sich der Säugling auf dem Arm der Pflegerin schreiend von einem fremden Gesicht abwendet, der Fromme den neuen Zeitabschnitt mit einem Gebet eröffnet, aber auch die Erstlingsfrucht des Jahres mit einem Segensspruch begrüßt, wenn der Bauer eine Sense zu kaufen verweigert, welche nicht die seinen Eltern vertraute Fabrikmarke trägt, ist die Verschiedenheit dieser Situationen augenfällig, und der Versuch scheint berechtigt, jede derselben auf ein anderes Motiv zurückzuführen. Doch es wäre unrecht, das ihnen Gemeinsame zu verkennen. In allen Fällen handelt es sich um die nämliche Unlust, die beim Kinde elementaren Ausdruck findet, beim Frommen kunstvoll beschwichtigt, beim Bauern zum Motiv einer Entscheidung gemacht wird. Die Quelle dieser Unlust aber ist der Anspruch, den *das Neue* an das Seelenleben stellt.

HOMER FÜR JOURNALISTEN

Und zurück zu Punkt 4: Werden ist besser als sein, Handlungen sind interessanter als Zustände, das drohende Nahen des Gewitters berührt uns mehr als der blaue Himmel in den Stunden davor. (Es schreibt sich auch leichter darüber.)

Wie nun aber, wenn eben Zustände und nicht Abläufe, das Gewordene und nicht das Werden unser Stoff sind? Dann kommt die Stunde des journalistischen Einfalls. Das erfolgreichste Beispiel lieferte 1927 der amerikanische Bakteriologe Paul de Kruif: Den Stand seiner Wissenschaft beschrieb er als das Abenteuer der „Mikrobenjäger“, mit allen Wechselfällen einer Jagd; damit war er der Ahnherr des modernen Sachbuchs, das in Deutschland 1949 durch C. W. Ceram populär wurde.

Das berühmteste Beispiel ist 2700 Jahre alt: 140 Verse lang beschreibt uns Homer den prächtig verzierten Schild des Achilles. Selbst jenen Feinschmeckern, die sich an Homer zu laben lieben, würde das Loben vergehen, wenn Homer den Schild Quadratdezimeter um Quadratdezimeter abgetastet hätte, wie manche Fernsehkameraleute dies tun. Doch was tat er? Lessing hat es begeistert geschildert:

> Homer malet nämlich das Schild nicht als ein fertiges vollendetes, sondern als ein werdendes Schild. Er hat also auch hier sich des gepriesenen Kunstgriffes bedienet, das Koexistierende seines Vorwurfs in ein Konsekutives zu verwandeln und dadurch aus der langweiligen Malerei des Körpers das lebendige Gemälde einer Handlung zu machen. Wir sehen nicht das Schild, sondern den göttlichen Meister (Hephaistos), wie er das Schild verfertiget. Er tritt mit Hammer und Zange vor seinen Amboss, und nachdem er die Platten aus dem Gröbsten geschmiedet, schwellen die Bilder, die er zu dessen Auszierung bestimmet, vor unsern Augen, eines nach dem andern, unter seinen feinern Schlägen aus dem Erze hervor. Nun ist es fertig, und wir erstaunen über das Werk, aber mit dem gläubigen Erstaunen eines Augenzeugen, der es machen sehen.

Mit Sonne, Mond und Sternen verziert Hephaistos, „der hinkende Feuerbeherrscher", den aus Bronze, Gold und Silber geschmiedeten Schild, blühende Jünglinge, rosige Jungfrauen, junge Bräute tanzen zum Flötenspiel, liebende Weiber und wankende Greise formt Hephaistos unter dem Feuerhauch von zwanzig Blasebälgen, dazu Bauern, Hirten, Rinder, Schafe, Hunde und zwei Löwen, die einen Stier zerreißen, die Göttin Pallas Athene, den Ozean und zwei Heere in der Schlacht.

Zu Augenzeugen einer feurigen Handlung hat Homer uns bestellt, wo einem schlechten Journalisten vermutlich die Lösung „Links oben sieht man…" eingefallen wäre. Auch sind die tanzenden Bräute mehr als Zierrat, da sie in erkennbarer Spannung zum blutigen Zweck des Schildes stehen.

So meidet Homer ein weiteres Leser-Ärgernis, das viele Schreiber lieben: uns mit Details füttern, die nichts bedeuten und nichts beweisen. „Jedes Gewehr, das an der Wand hängt, muss auch schießen!", hat Anton Tschechow gefordert – mit anderen Worten: Verschone uns, Autor, mit der Beschreibung jeder Kanone, die in deinem Text nie knallen wird.

Nur einen Fehler hätten die 140 Zeilen über den Schild des Achilles, falls sie für ein heutiges Publikum geschrieben wären: So viel wollen die Leute über einen Schild nicht wissen. Wie lang werden Leser und Hörer mir folgen? Für dieses klassische Problem der Schreiber gibt es keine Patentlösung. Aber vielleicht eine Faustregel: meistens *nicht* so lang, wie der Autor es gern sähe. Eine hübsche, nachdenkliche Formel für die richtige Länge hat der große Journalist Theodor Fontane hinterlassen; da lädt die greise Prinzessin den Pastor Schleppegrell ein, seine Geschichte zu erzählen:

> Aber nun beginnen Sie, Schleppegrell, und treffen Sie's im Maß: nicht so kurz, dass es nichts ist, und nicht so lang, dass wir uns ängstlich ansehen.

Ein Hörbild in vier Zeilen

Festreden und Volkslieder zu Ehren eines Bundespräsidenten – daraus einen interessanten Text zu zimmern, ist nicht leicht. Der *Süddeutschen Zeitung* gelang dies in einer Reportage vom 5. 10. 1981, aus der ein einzelner Satz als Beispiel dienen möge:

> Zu Ettal wird der Empfang vollends zur sakralen Feierstunde, ungeachtet des innig gesäuselten Volksliedes „Da Summa is umma" und der defekten Lautsprecheranlage, die alle Festreden wohltätig unterdrückt.

Eine Feierstunde mit Hindernissen also, was den Leser sogleich für sie einnimmt. Die Lautsprecheranlage ist defekt; die Festreden gehen unter; der Schreiber zwinkert uns mit dem Beiwort *„wohltätig* unter" einvernehmlich zu. Auch das Volkslied wird mit sanfter Bosheit als natürliches Hindernis der Weihestunde hingestellt („ungeachtet des"). Die Lied-Aussage, dass der Sommer „um" sei, lässt sich Anfangs Oktober eher belächeln als bezweifeln; und wie sich deutsche Innigkeit lähmend auf unser Liedgut legt, weiß jeder, der ein Ohr für die fröhlich grellen Stimmen südländischer Chöre hat.

Fazit: Ein wahres Hörspiel in vier Zeilen, mit Schalmeienklängen für spöttische Ohren und zugleich ohne aggressive Posaunen gegen die Sachwalter der Innigkeit.

Fünf Zeilen Zähneknirschen

Das Widerwärtige an den Amerikanern ist, dass sie Recht haben, wenn sie prahlen. „Bei uns in den USA" (wer hätte das nicht schon sagen hören) „sind die Städte größer, die Häuser höher, die Straßen breiter, die Brücken länger, die Winter kälter, die Sommer heißer, die Stürme schwerer, die Bäume dicker." Und es ist alles, alles wahr.

Süddeutsche Zeitung, 16. 11. 1965

29. KAPITEL

Einfangen und Weichen stellen

An einem Juni-Morgen
des Jahres 1872 erschlug ich meinen
Vater – eine Tat, die damals
tiefen Eindruck auf mich machte.

Ambrose Bierce,
„An Imperfect Conflagration"

Zweierlei ist sogleich geschehen: Der Leser ist gefesselt – der Autor auch, auf seine Weise. Dem Ton, den er da angeschlagen hat, dem „damals" in seiner königlichen Schamlosigkeit, kann er nicht mehr entrinnen. Zynisch hat er angefangen, zynisch muss er weitermachen. Ironisch beginnt der Gerichtsbericht:

> Der 52-jährige Prof. Dr. rer. pol. Dr. rer. techn. Dr. h. c. Henri Cusé-Cerf ist vom Landgericht München zu zwei Jahren vier Monaten Gefängnis verurteilt worden, weil er eigentlich Heinrich Kuse heißt und Maschinenschlosser aus Berlin-Pankow ist.

Also muss der Bericht ironisch *bleiben*. Ein doppeltes Kunststück wird verlangt vom Schreiber, wenn er sich daranmacht, die erste Zeile zu bedenken: Sich selber gibt er die Tonlage und überdies die Gliederung seines Textes vor – das unbekannte Publikum will er für sich gewinnen durch Trommelwirbel oder Flötenklang, durch ein Panorama in zehn Wörtern oder durch ein Lupfen des Vorhangs, hinter dem das Schreckliche droht. Wenn der Leser die Hürde des ersten Satzes nicht nimmt, ist er für den Text verloren.

Nirgends sonst also weicht der Journalismus so weit ab vom Schulaufsatz. Um Gottes willen keine Einleitung, schon gar keine „logische", nach dem Muster „Ehe wir uns dem eigentlichen Thema zuwenden, gilt es, einige Begriffe grundsätzlich zu klären." Sondern mitten hinein ins bunte Leben oder ins handfeste Detail, und wenn denn Begriffe geklärt werden müssen, dann im dritten Absatz und ganz unaufwändig.

Zwei Einwände gegen diese Regel liegen in der Luft: Wie verhält sie sich zu der Behauptung in Kap. 21, die Formel „Bundeskanzler Helmut Schmidt sagte am Sonntag in Hamburg ..." stelle einen guten Anfangs dar? Dieser leise Auftakt leitet eine *Nachricht* ein und schlägt den Ton an, der zu ihr passt. Bei der *Reportage* kann der Anfang ebenso still sein – falls er „erzählt" ist und geschickt eine Erwartung weckt:

> Vor den Genossen in der SPD-Fraktion blieb Helmut Schmidt noch ganz allgemein.
>
> *Süddeutsche Zeitung*, 3. 12. 1981

Der andere Einwand gegen den pointierten ersten Satz: Gerät der Journalist nicht in die Versuchung, den Anfangs zu überreizen – oder ihm zuliebe einen Einstieg in den Text zu wählen, der ihm einen anderen als den eigentlich vernünftigen Ablauf aufnötigt? Und können Leser nicht übersättigt werden, wenn man sie allzu oft mit appetitlichen Anfängen stimuliert?

Die Gefahr ist da. Nur ist es ja nicht Marktgeschrei, was den Auftakt interessant macht. Die Unverschämtheit von Ambrose Bierce im Motto dieses Kapitels besteht gerade in der *Unter*treibung: dass der Mord am eigenen Vater ihn „beeindruckt" habe, und dies nur „damals". Mit einer anderen Art von Untertreibung eröffnet Wilhelm Raabe seinen „Hungerpastor":

> Vom Hunger will ich in diesem schönen Buche handeln, von dem, was er bedeutet, was er will und was er vermag.

Milder lässt sich ein so garstig Ding gar nicht ankündigen und eben in dieser Gegensatzspannung liegt der Reiz des Beginns. Eine ähnliche Spannung weckt der Kisch-Preisträger Peter Brügge mit schlitzohriger Beiläufigkeit (*Der Spiegel*, 21. 7. 1980):

> Als die Vietnamesen nach Unterwössen kamen, hat der Pfarrer Franz Niegel das für einen Segen und für eine Prüfung genommen.

Ähnlich Schiller, wenn er Speise fürs Herz verspricht:

> In der ganzen Geschichte des Menschen ist kein Kapitel unterrichtender für Herz und Geist als die Annalen seiner Verirrungen.

So beginnt „Der Verbrecher aus verlorener Ehre", und der zweite Satz verstärkt noch den Eindruck, dass der Autor dem Bösen mit Gelassenheit begegnet: „Bei jedem großen Verbrechen war eine verhältnismäßig große Kraft in Bewegung."

Gerade bedeutende Dichter und Schriftsteller waren sich nie zu schade, der Einladung des Dr. Faust zu folgen: „Bedenke wohl die erste Zeile ..." Einige haben Anfänge erdacht, deren Kraft oder deren Verblüffungseffekt kaum je von einem Journalisten erreicht worden sind. Mancher erste Satz ist berühmt geworden, so Goethes Auftakt zu „Dichtung und Wahrheit":

> Am 28. August 1749 mittags mit dem Glockenschlage zwölf kam ich in Frankfurt am Main auf die Welt.

Mit mehr Recht berühmt wurde der Anfang des Kommunistischen Manifests:

> Ein Gespenst geht um in Europa – das Gespenst des Kommunismus.

Und Ruhm auf seine Weise gebührt dem ersten Satz von Martin Heideggers „Einführung in die Metaphysik":

> Warum ist überhaupt Seiendes und nicht vielmehr nichts?

Mancher teilt der Welt als erstes mit, um wie viel klüger er ist als seine Leser:

> Wie dieses Buch zu lesen sei, um möglicherweise verstanden werden zu können, habe ich hier anzugeben mir vorgesetzt.
>
> Schopenhauer,
> „Die Welt als Wille und Vorstellung"

> In diesem Buch wird zum ersten Mal der Versuch gewagt, Geschichte vorauszubestimmen.
>
> Oswald Spengler,
> „Der Untergang des Abendlands"

Beliebt als Anfang ist die *Sentenz;* scharf blendet sie den Scheinwerfer auf:

> Alle glücklichen Familien sind einander ähnlich; unglücklich ist jede Familie auf ihre eigene Art.
>
> Tolstoi, „Anna Karenina"

> „Marathonläufer", so doziert Karl Kirsch, „sind im Grunde lebende Fossilien." (*Geo* 12/1981)

Ironische Sentenzen geben dankbare Anfänge ab:

> Es ist schwer, über die Natur zu schreiben, besonders für einen Schüler der zweiten A-Klasse.
>
> Robert Walser, „Die Natur"

> Wir Deutschen, liebe Kitty, können ein Wirtschaftswunder machen, aber keinen Salat.
>
> Johannes Mario Simmel,
> „Es muss nicht immer Kaviar sein"

> Zu den wunderbaren Gaben des Menschen gehört die Kraft zum Überleben hygienischer Maßnahmen.
>
> *Süddeutsche Zeitung,* 17. 2. 1975

Mit ähnlichem Tonfall versteht es der Sozialwissenschaftler und Kulturphilosoph Joseph Schumpeter, uns für sein schwerfüßiges Thema „Kapitalismus, Sozialismus und Demokratie" sogleich einzunehmen:

> Die meisten Schöpfungen des Verstandes oder der Fantasie entschwinden *für ewig* nach einer Frist, die zwischen einer Stunde nach dem Essen und einer Generation variieren kann.

Das lässt den Leser auf einen Autor von souveränem Urteil hoffen, und er wird nicht enttäuscht. Auf große *Satire* macht er sich zu Recht gefasst bei Anfängen wie diesen:

> Ich wollte, entweder mein Vater oder meine Mutter oder lieber alle beide – denn im Grunde war sie so gut dazu verpflichtet wie er – hätten sich richtig überlegt, worauf sie hinauswollten, als sie mich zeugten.
>
> Laurence Sterne, „Tristram Shandy"

> Die Stadt Göttingen, berühmt durch ihre Würste und Universität, gehört dem Könige von Hannover und enthält 999 Feuerstellen, diverse Kirchen, eine Entbindungsanstalt, eine Sternwarte, einen Karzer, eine Bibliothek und einen Ratskeller, wo das Bier sehr gut ist.
>
> Heine, „Die Harzreise"

O ja, die Palette ist bunt, das Komische lässt sich ernst und das Ernste heiter nehmen, und Dichter, die gelesen werden wollen, ziehen am selben Strang wie Journalisten. Auch das Boshafte, das Zynische, sogar das Ekelhafte werden als Reize ausgespielt:

> Ich bin ein kranker Mensch … bin ein boshafter Mensch … bin ein abstoßender Mensch.
>
> Dostojewski,
> „Aufzeichnungen aus einem Kellerloch"
> (oder „… aus dem Untergrund")

> Mancherlei Abstoßendes in dem, was ich zu erzählen habe, mag durch die Verhältnisse bedingt gewesen sein.
>
> T. E. Lawrence,
> „Sieben Säulen der Weisheit"

> Ich bin ein Kind des Kindergelds und eines arbeitsfreien Tages.
>
> Christine Rochefort,
> „Kinder unserer Zeit"

> Er hat acht Kinder in die Welt gesetzt und alles getan, um sie wieder abflatschern zu sehen.
>
> Georg Glaser,
> „Geheimnis und Gewalt"

> Nur die Nutten blicken nüchtern; wahrscheinlich sind sie konservativ.
>
> *Süddeutsche Zeitung*, 11. 12. 1981

> Liegt es an mir, wenn mich ein Gefrierfach voll abgehackter Geschlechtsteile nicht amüsiert?
>
> *Frankfurter Allgemeine*, 23. 11. 1979 (Buchbesprechung)

Dann sind da die Sätze, aus denen uns das Unheil anspringt:

> Am Freitag, dem 20. Juli 1714, um die Mittagsstunde, riss die schönste Brücke in ganz Peru und stürzte fünf Reisende hinunter in den Abgrund.
>
> Thornton Wilder, „Die Brücke von San Luis Rey"

> Als Gregor Samsa eines Morgens aus unruhigen Träumen erwachte, fand er sich in seinem Bett zu einem ungeheuren Ungeziefer verwandelt.
>
> Kafka, „Die Verwandlung"

Und jene, in denen das Unheil am Himmel hängt, ohne dass es sich schon entladen hätte; vielleicht sind es die aufregendsten.

> Es gibt Dinge, die man fünfzig Jahre weiß, und im einundfünfzigsten erstaunt man über die Schwere und Furchtbarkeit ihres Inhalts.
>
> Adalbert Stifter, „Die Sonnenfinsternis am 8. Juli 1842"

> Diederich Heßling war ein weiches Kind, das am liebsten träumte, sich vor allem fürchtete und viel an den Ohren litt.
>
> Heinrich Mann, „Der Untertan"

> Die dabei gewesen sind, die letzten, die ihn noch gesprochen haben, Bekannte durch Zufall, sagen, dass er an dem Abend nicht anders war als sonst, munter, nicht übermütig.
>
> Max Frisch, „Mein Name sei Gantenbein"

> Es war jetzt Essenszeit, und sie saßen alle unter dem doppelten grünen Sonnendach des Speisezelts, als sei nichts passiert.
>
> Hemingway,
> „Das kurze glückliche Leben des Francis Macomber"

> Wir verließen Perekop in der gemeinsten Stimmung – hungrig wie Wölfe und wütend auf die ganze Welt.
>
> Maxim Gorki, „In der Steppe"

Nur *einem* Schriftsteller ist es bisher gelungen, die Klippe des ersten Satzes zu umschiffen, sodass sein Buch gewissermaßen keinen Anfang hat – Franz Werfel im „Stern der Ungeborenen":

> Dies hier ist ein erstes Kapitel, welches verhindern soll, dass vorliegendes Werkchen mit einem zweiten Kapitel beginne.

Doch das ist Spielerei. Mein Herz schlägt für Samuel Goldwyn, einen der Gründerväter und Tycoons von Hollywood. Was er von seinen Drehbuchautoren verlangte, war einfach: „Mit einem Erdbeben anfangen und dann langsam steigern."

Wenn der Autor uns ärgert

Für mich ist auch die Literatur eine Form der Freude. Wenn wir etwas mit Mühe lesen, so ist der Autor gescheitert.

Jorge Luis Borges, Das Buch (1979)

Wenn der Held seinen Erfinder niederringt

Wer zum ersten Mal sprach: „Es war einmal ...", der hatte Folgendes getan. Er hatte eine Auswahl getroffen; er hatte aus dem Schwarm der in ihm lebenden Gesichte ein einzelnes herausgesondert, er hatte gewisse Begebenheiten für mitteilenswerter gehalten als andere. Er hatte einen Entschluss gefasst und Mut gezeigt, denn wie er sofort zu spüren bekam, hatte er sich mit dem „Es war einmal ..." auf eine schiefe Bahn begeben, von der es kein Entrinnen mehr gab.
Mit jedem Wort nämlich, das der Erzähler sprach, wurde die Freizügigkeit seiner Auswahl geringer, während er doch geglaubt hatte, er

könne nun weiter nach Gutdünken fabulieren. Weit gefehlt: Sowie er sich entschloss, von diesem und nicht von jenem Helden eine Geschichte zu erzählen, nahm ihn sein Wahlgenoss sogleich bei der Hand und führte ihn mit erzener Faust zu einem ganz bestimmten Abenteuer und zog ihn ebenso energisch fort von einem anderen, das der Erzähler vielleicht ebenso gern berichtet hätte. Wo er, der Erzähler, gern ein lächelndes Bild hervorgezaubert hätte, sagte der Held: Nichts da! und erzwang sich was Schauerliches, ob es dem Autor passte oder nicht. Beim Erzählen war also keineswegs der Anfang schwer und die Fortsetzung leichter; sondern der Anfang dauerte fort und schrieb vor, wie die Fortsetzung vor sich zu gehen habe.

Es waren einmal ein König und seine Frau …, denen hatte der Himmel kein Kind beschert …, fährt der Erzähler fort, und wie beschattet sich sogleich der Weg der Geschichte mit Zauberei und Feenfluch! Ein einziger Satz ist gesprochen, und schon sind Licht, Stimmung und Stoffkreis der Erzählung festgelegt. Es gibt kein Entrinnen mehr, nur noch ein Weiter auf dem vorgezeichneten Weg.

So also steht es mit dem Anfang. Er ist eine Beschwörung, und auf seinen Anruf erscheint mehr als ein dienender Geist: es erscheint ein Gebilde. Der dienende Geist, wenn der Beschwörer etwas taugt, ist kleiner als der Meister und kann von diesem wieder entlassen werden. Das beschworene Gebilde aber verlangt, dass es nach seinem Gesetz zu Ende lebe, und der Anfang, dieser weit mehr geistig-sittliche als zeitliche Punkt, macht den „Anfangenden" zugleich zum Urheber und zum Geschöpf unumstößlicher Gesetzlichkeit.

W. E. Süskind, „Vom ABC zum Sprachkunstwerk"

SENDUNG

Wie man korrekt schreibt

30. KAPITEL

Volkes Maul ist nicht genug

Die Sprache ist Gemeineigentum.
Alles gehört allen, alle baden darin,
alle saufen es, und alle
geben es von sich.

Fritz Mauthner, „Beiträge zu einer
Kritik der Sprache“

Wer es wagt, als Ratgeber für korrektes Deutsch auf den Plan zu treten, der wird sogleich von drei Einwänden überfallen: erstens, dass es sich um ein uferloses Thema handle; zweitens, dass Profis selbstverständlich am besten wüssten, was richtig ist; und drittens, dass es altmodisch sei, die Frage des korrekten Sprachgebrauchs, der grammatischen Normen, der Rechtschreibung nach dem Duden allzu wichtig zu nehmen. Die Sprache wachse und ändere sich wie jedes Lebewesen; „scheinbar“ gegen „anscheinend“ abzugrenzen sei eine Pedanterie; und wenn das Volk keinen korrekten Konjunktiv mehr wolle, dann möge der korrekte Konjunktiv eben sterben, und wer dagegen sei, könne ohnehin nichts ändern.

Ein uferloses Thema: ja. Daher kommen hier nur solche Verstöße gegen das korrekte Deutsch zur Sprache, die unter Volontären häufig und unter Redakteuren nicht ganz selten sind; nicht alle Profis der schreibenden Zunft haben ihre Grammatik memoriert.

Was aber den Punkt angeht, dass es altmodisch sei, zerbrechende Normen zu verteidigen, oder gar hoffnungslos und lächerlich wie der Kampf des Don Quijote gegen die Windmühlenflügel: darüber sollte man keine zu rasche Meinung haben.

Es war schon immer so, dass Feinheiten oder zusätzliche Verfeinerungen der Grammatik nicht von Landarbeitern und Halbwüchsigen ersonnen oder hochgehalten wurden, sondern von Dichtern, Mönchen und Lehrern; das Volk neigt zu saftigem Ausdruck in schlampiger Form. Jahrtausendelang hat sich das Volk *nicht* gegen die Lehrer und Mönche durchgesetzt; und da wir mit dem Ergebnis, nehmt alles nur in allem, doch zufrieden sind, muss die Frage erlaubt sein, warum Lehrer und Journalisten plötzlich vor der uralten Formfaulheit des Volkes kapitulieren sollen. (Bloß weil die Mönche fehlen?)

Im Zusammen- und Gegeneinanderwirken der erfindenden und der bewahrenden, der experimentierenden und der reglementierenden Kräfte, des kraftvollen Inhalts und der geschmiedeten Form sind die großen Sprachen groß geworden, und dabei sollte man es lassen.

Man könne es nicht, die alten Regeln würden von der Entwicklung überrollt? Dieser Einwand ist allgegenwärtig, ziemlich ausgeleiert und im Grunde einfach falsch. Wenn hunderttausend Lehrer und Journalisten ihre historische Pflicht gegenüber der Sprache nicht mehr erfüllen wollen, weil sie es nicht mehr zeitgemäß finden oder weil es ihnen zu mühsam ist, dann freilich hat Volkes Maul gesiegt – auf welches Luther *schaute,* während er dem Volk gleichzeitig die sächsische Hof- und Kanzleisprache entgegentrug.

Würden dagegen Lehrer und Journalisten ihre historische Funktion mit gutem Gewissen und schönem Eifer erfüllen, so bliebe das ungefähre Gleichgewicht zwischen Saft und Form gewahrt. Dass die Autorität der Kanzel fehlt, ist dabei kein Unglück: An ihre Stelle ist die Autorität der Medien getreten. Jeder *Spiegel*-Leser, der sein eigenes Kind „Sohn Otto" nennt, lässt uns (insoweit) hoffen: Denn er beweist, bis zu welchem Grade Journalisten die Sprache des Volkes steuern können.

Steuern wir also ein bisschen. Vernünftigerweise sollte dem die Selbststeuerung, die Vermeidung eigener Fehler, vorausgehen. Die meisten Probleme scheinen unserer Zunft der Konjunktiv und die Deklination zu bereiten.

Nur mit Grund die Norm verletzen
Wer die Normen beherrscht, möge sich nach ihnen richten oder sich auch darüber hinwegsetzen. Aber dies sollte mit bewusster Absicht und Begründung geschehen und nicht aus Willkür oder aus Unwissenheit.

Hans Eggers, Universität Saarbrücken

Die Vorbild-Rolle annehmen
Wenn auch nicht jeder bereit sein wird, die Qualität journalistischer Sprache als vorbildlich zu bewerten, so wird doch niemand bestreiten, dass die Presse in allen ihren Erscheinungsformen sowohl objektiv ein großes Interesse am Bestehen einer leistungsfähigen Gemeinsprache hat, als auch über die besten Möglichkeiten verfügt, auf die Gemeinsprache steuernd, kontrollierend und vorwärts treibend einzuwirken. Es scheint mir wichtig, dass Journalisten nicht nur darauf bedacht sind, ein gutes Deutsch zu schreiben, sondern dass sie ihre Vorbildrolle bewusst annehmen.

Christoph Schwarze, Universität Konstanz

DER SCHÖNE, SCHLIMME KONJUNKTIV

Der *Konjunktiv der indirekten Rede* ist erstens eine schwierige Form; zumal die Abgrenzung zum Konjunktiv des Unwirklichen oder des Unmöglichen (Irrealis) gelingt selbst vielen Profis nicht. (Dazu der Text auf S. 221 f).

Er ist zweitens eine noble, klangvolle Besonderheit der deutschen Sprache, die überdies eindeutige Zuordnungen möglich macht, wo Engländer im Dunkeln tappen: Zitat oder kein Zitat?

Und drittens ist er, selbst korrekt verwendet, oft ein Ärgernis: immer dort, wo der Autor ohne Not Absatz um Absatz die Konjunktive häuft. Dagegen gibt es ein paar Tricks (auf Seite 221 f.) und eine Generalregel, freilich zu Lasten des journalistischen Selbstgefühls: Es ist erlaubt, eine Verlautbarung von zehn Zeilen wörtlich, d. h. insgesamt zitiert und ohne Konjunktiv, zu übernehmen!

Seltsamerweise ist das *nicht* selbstverständlich. Zumal die

Agenturen neigen zu der Zwangshandlung, jedes Kommuniqué in indirekte Rede zu übersetzen, selbst wenn es kurz und mit Anstand zitierbar ist. Statt einen zusammenfassenden Satz voranzustellen und dann die zehn Zeilen wörtlich wiederzugeben, machten sie aus zehn Zeilen Wortlaut zwölf Zeilen indirekte Rede, unterbrochen durch ein bisschen Gänseklein in Gänsefüßchen. (Bei *weitschweifigen* Vorlagen *muss* man so verfahren, doch von denen ist hier nicht die Rede.)

„MUTTER GLEITET BABY AUS DEM ARM"

Bei der *Deklination* nehmen viele Journalisten die Hürde des Genitivs und des Dativs nicht; zu schweigen vom Kasus der Apposition.

Einerseits liegt die aufwendige Deklination im Sterben: Niemand sieht mehr Helen*en* in jedem Weibe, keiner küsst Charlott*en* und keiner schielt auf Karl*n* den Großen; unsere Neigung zum starken Deklinieren hat sich in den letzten zwei Jahrhunderten abgeschwächt. Auch dem langsam sterbenden Dativ-E (dem Könige, dem Tage) brauchen wir nicht nachzuweinen.

Andererseits hängen sich viele an den modischen Unfug, dem *Typ* und dem *Autor* eine Dativ-Endung zu verpassen: dem Typen, dem Autoren – obwohl sie doch ihrem Motoren dergleichen nicht zumuten würden.

Dann wieder haben sie vor dem Dativ solchen Horror, dass sie ihn unterdrücken; teils mit der Folge linkischer Stolperei: „Verkehrstod Kampf angesagt" (19.9.1981) und „Hüttendorf Erdboden gleichgemacht" (4. 11. 1981), beides in der *Frankfurter Rundschau;* teils entstellt zur schieren Lächerlichkeit: „Mutter gleitet Baby aus dem Arm" (Überschrift im Vermischten der *Süddeutschen Zeitung,* 1. 9. 1981) – die Mutter dem Baby oder der Mutter das Baby?

Auch den Krieg gegen den *Genitiv* scheinen manche Redaktionen zu gewinnen: „Haig: Keine Interventionspläne Kubas oder Nicaraguas" (*FAZ,* 26. 11. 1981): Keine Interventionspläne hat aber gar nicht Kuba (wie es dasteht), sondern Haig gegen Kuba (wie es nicht dasteht).

Dass der *Spiegel* das ihm Mögliche tut, den Genitiv aus dem Deutschen zu verbannen, ist bekannt: „Brandt-Schatten Gaus", und im Schatten des *Spiegels:* die Scheidung von Queen-Schwester Margaret" (S. 82). Dann plötzlich ein Polterabend der Genitive:

> Trotz *Lobes des* Bruckner-Dirigenten Karajan ist schon in *Stresemanns* Bewertung *des* Musikers, wohl auch unter dem *Eindruck des* – neben Toscanini – Jahrhundert-Dirigenten Furtwängler, eine gewisse Reserve spürbar. (*Der Spiegel,* 48/1981)

Zeitschriften, die ein Wort der deutschen Sprache als Eigennamen angenommen haben, gefallen sich in dem Hochmut, diesen Namen der deutschen Deklination zu entziehen: der Chefredakteur des *Spiegel,* des *Stern,* der *Bunte.*

Beliebt in vielen Redaktionen ist der Streit, ob es „des Kreml" oder „des Kremls" heiße. Grundsätzlich hängen wir männlichen Eigennamen ein -s an (am Ufer des Rheins) – nicht aber ausländischen Eigennamen (der Lauf des Mississippi). Oft stellt sich also die Frage, ob ein Name als deutsches oder als fremdes Wort zu betrachten sei: des Nils? In einer Zeit, die unter Anleitung des *Spiegels* immer deklinationsfauler wird, sollten die Journalisten als Nachfolger der Mönche handeln und im Grenzfall für das -s plädieren: „Walesa fordert die ‚Solidarität' zum Aufbau eines neuen Polens auf" (Aufmacher der *Süddeutschen Zeitung* vom 7. 9. 1981).

AN EINEM WIE JEDEM

Dass „die Apposition im selben Kasus steht wie das Substantiv, auf das sie sich bezieht", scheint die schwierigste Regel der deutschen Grammatik zu sein. „An *einem* Tag wie *jedem* anderen" heißt es natürlich, und der Filmtitel „... wie jeder andere" war falsch.

Nur nach *als* braucht die Apposition nicht dekliniert zu werden: „Das Wirken Albert Schweitzers als Tropenarztes" darf (und sollte) heißen: „... als Tropenarzt".

Nicht:	Sondern:
Nach Auskunft *von* Emil Meyer, *des* Präsidenten...	Nach Auskunft *von* Emil Meyer, *dem* Präsidenten...
Nach Auskunft Emil *Meyers, dem* Präsidenten...	Nach Auskunft Emil *Meyers, des* Präsidenten...

Apposition, Deklination, Konjunktiv: die Felder, auf denen am häufigsten gegen die grammatischen Normen verstoßen wird. Die *korrekte* Sprache ist nicht alles, aber unkorrekte Sprache bedeutet meistens eine Verarmung, immer eine Unhöflichkeit und manchmal eine Flegelei.

Sprache wird verwendet, verformt, verschlampt und aufgeblasen in Finanzämtern und Diskotheken, in soziologischen Seminaren und bei Schützenfesten. Niemand wundert sich, dass sie dort weder liebevoll behandelt wird noch zu frischer Kraft erblüht. Beides muss andernorts beginnen: in den Schulklassen und in den Redaktionen.

Lernzwang für Lehrlinge

Die Meister dürfen die Formen zerbrechen. Gesellen tun gut daran, sie zu wahren, und Lehrlinge sollten sie lernen.

Rudolf Walter Leonhardt, *Die Zeit,* 8. 1. 1982

Geldstrafen für schlechtes Deutsch

Ganz ernstlich muss ich nun aber hier zu bedenken geben, dass gewiss mehr als neun Zehntel der überhaupt lesenden Menschen nichts als die Zeitung lesen, folglich fast unausbleiblich ihre Rechtschreibung, Grammatik und Stil nach diesen bilden und sogar in ihrer Einfalt dergleichen Sprachverhunzungen für Kürze des Ausdrucks, elegante Leichtigkeit und scharfsinnige Sprachverbesserung halten, ja überhaupt den jungen Leuten ungelernter Stände die Zeitung, weil sie doch gedruckt ist, für eine Autorität gilt.

Daher sollte in allem Ernst von Staatswegen dafür gesorgt werden, dass die Zeitungen in sprachlicher Hinsicht durchaus fehlerfrei wären. Man könnte zu diesem Zweck einen Nachzensor anstellen, der, statt des Gehaltes, vom Zeitungsschreiber für jedes verstümmelte oder nicht bei guten Schriftstellern anzutreffende Wort, wie auch für jeden grammatischen, selbst nur syntaktischen Fehler, auch für jede in falscher Verbindung oder falschem Sinne gebrauchte Präposition einen Louisd'or als Sportel zu erheben hätte; für freche Verhöhnung aller Grammatik aber, wie wenn ein solcher Skribler statt „hinsichtlich" *hinsichts* schreibt, drei Louisd'or und im Wiederbetretungsfall das Doppelte. Oder ist etwa die deutsche Sprache vogelfrei, als eine Kleinigkeit, die nicht des Schutzes der Gesetze wert ist, den doch jeder Misthaufen genießt? Elende Philister! Was, in aller Welt, soll aus der deutschen Sprache werden, wenn Sudler und Zeitungsschreiber diskretionäre Gewalt behalten, mit ihr zu schalten und zu walten nach Maßgabe ihrer Laune und ihres Unverstandes?

Daher müssen solche Sprachverbesserer, ohne Unterschied der Person, gezüchtigt werden, wie die Schuljungen. Jeder Wohlgesinnte und Einsichtige ergreife also mit mir Partei für die deutsche Sprache gegen die deutsche Dummheit.

Schopenhauer, „Über Schriftstellerei und Stil"

Der Konjunktiv der indirekten Rede

Er besagt:

- dass ein anderer als ich etwas gesagt hat
- dass ich ihn an dieser Stelle nicht im Wortlaut mit Anführungszeichen zitieren kann oder zitieren möchte
- dass ich für die Richtigkeit des von ihm Gesagten keine Gewähr übernehme.

Eine Reihung vieler Konjunktive wirkt ermüdend oder manieriert, mindestens in nichtliterarischen Texten; es kommt also darauf an, *den Konjunktiv korrekt einzusetzen, aber oft zu umgehen.* Unerwünschte Häufungen lassen sich vermeiden:

1. durch Abwechslung mit der direkten Rede
2. durch Satzanfänge nach Art von „Wie Meyer sagte" oder „Nach

Meyers Worten“; sie *verbieten* den Konjunktiv der indirekten Rede im gesamten Satz

3. indem man etwa einer Zeugenaussage den Satz voranstellt: „Nach Darstellung des Zeugen hat sich der Unfall folgendermaßen abgespielt:...“
4. indem man von der Freiheit Gebrauch macht, sich in längeren Texten, die über Bücher, Vorträge usw. referieren, scheinbar mit dem Autor oder Redner zu identifizieren, wenn man am Anfang die Relation ähnlich wie bei der Zeugenaussage klargestellt hat.

Die grammatischen Formen

Konjunktiv I, vom Präsens abgeleitet (und daher oft irreführend als „Konjunktiv Präsens“ bezeichnet): sei, habe, komme, nehme.

Konjunktiv II, vom Imperfekt abgeleitet (aber ohne Imperfekt-Funktion): wäre, hätte, käme, nähme.

Funktion des Konjunktivs I:

a) Aufforderung (man nehme, dem Autor sei Dank)

b) indirekte Rede,

Funktionen des Konjunktivs II: Ausdruck der Unmöglichkeit oder des Nichtvorhandenseins, *Irrealis* (Wenn meine Großmutter Räder *hätte, wäre* sie ein Omnibus.). Immer nötig ist er nach *als ob.*

Grundregel (Duden-Grammatik) „Die indirekte Rede soll im Konjunktiv I stehen, *sofern dessen Formen eindeutig sind.*“ In annähernd der Hälfte aller Fälle sind sie es nicht. Das ist die Schwierigkeit.

Denn einen Konjunktiv I *in allen Personen* hat nur das Verbum *sein* (ich sei, wir seien).

Einige Verben haben den Konjunktiv I *nur im Singular:* ich wolle, ich solle, ich möge, ich könne, ich müsse – „wir wollen“ dagegen ist Indikativ und „wir wollten“ Konjunktiv II.

Haben hat den Konjunktiv I nur in der 2. und 3. Person Singular (du habest, er habe).

Die meisten Verben haben den Konjunktiv I *nur in der 3. Person Singular (er komme, sie nehme).*

Für alle anderen Fälle muss man sich den *Konjunktiv II = Irrealis* ausborgen. „Ich sagte, ich habe“ ist ja Indikativ – folglich muss die Funktion des Konjunktivs I hilfsweise durch den Konjunktiv II erfüllt werden: „Ich sagte, ich hätte“. Also:

	sein	wollen	haben	fahren	führen
Er sagte, ich	*sei*	*wolle*	hätte	führe	führte
du	*seist*	*wollest*	*habest*	führest	führtest
er	*sei*	*wolle*	*habe*	*fahre*	*führe*
wir	*seien*	wollten	hätten	führen	führten
ihr	*seiet*	wolltet	hättet	führet	führtet
sie	*seien*	wollten	hätten	führen	führten

„Er sagte, er komme" bedeutet de facto das Gegenteil von „Er sagte, er käme":

Er komme = *er kommt*

Er käme = *er kommt nicht* (er käme nur zu gern, wenn nicht leider seine Großmutter gestorben wäre).

„Er sagte, *er würde kommen*" bedeutet dasselbe wie „er käme": *er kommt nicht*. Gemeint ist aber oft: „er komme" – d. h. *er kommt*.

31. KAPITEL

Schludereien und Marotten

Alphabetische Liste von Fehlern, Blähungen, Anglizismen, ausgeleierten Floskeln, abgewetzten Modewörtern und anderen Unsitten, die in deutschen Zeitungen, Zeitschriften und Sendern häufig sind; allerdings ohne diejenigen Unsitten, die im Buch bereits behandelt wurden. Die Liste ist kein Kodex, sondern eine Einladung zu Kritik, Widerspruch, Ergänzung.

ab Die überflüssigste Vorsilbe – wenn es nicht *an-* und *auf-* gäbe. Abändern, abmildern, absichern, absinken, abstützen: alle besser ohne ab-. *Abklären:* besonders hässlich. *Absegnen:* saloppes Modewort für gutheißen, genehmigen. *Abzielen:* Tell zielte auf den Apfel ab. *Absehen:* s. nächstes Stichwort.

abgesehen davon, dass ist entweder eine *Anmaßung* („Von örtlichen Aufheiterungen abgesehen…" sagt der Wetterbericht. Woher weiß er aber, dass ich gerade vom einzigen Erfreulichen am Wetter abzusehen wünsche?) – oder eine *Antinachricht:* Alles, wovon der Leser absehen soll, sollte man schlüssigerweise weglassen.

> *Abgesehen davon,* dass dieser Film, besonders zum Schluss, leider eher redselig als wirklich bildkräftig gelungen ist, und abgesehen davon, dass einige gelungene Symbolismen des Anfangs und des mittleren Teils wenig diagnostische Qualitäten haben, dieser Künstler also extrem subjektiv arbeitet und sich deshalb seine bildnerischen Einfälle nicht durchweg in einem Erklärungssystem unterbringen lassen, finde ich die Frage, was bedeuten Motorradfahrer zum Schluss, eben jene falsch gestellte Frage, von der am Anfang die Rede war. (*FAZ,* 8. 11. 72)

abzuwarten bleiben Schlussfloskel und Verlegenheitswort in Leitartikeln, die auf den Knalleffekt zumarschieren: „Ob sich die Lage in (Persien, Bolivien, Kambodscha usw.) wirklich beruhigt… Ob diese törichte Redewendung im Stande ist, dem Rat unseres Blattes zu folgen … bleibt abzuwarten."

Administration Amerikanismus für *Regierung.* Denn: *government* heißt nicht primär „Regierung", sondern *Staat* im Sinne der Staatsbehörden. Bei uns erhebt „der Staat" Anklage, in Amerika „the government". Für „Regierung" bleibt somit nur noch „administration" – auf Englisch, aber nicht auf Deutsch.

Aktivitäten gibt es nicht. Die Summe aller *Tätigkeiten* ist auf Deutsch die *Aktivität.* Der Plural ist ein Anglizismus („activities"). Wer „Aktivitäten" schreibt, meint überdies zumeist Aktionen, erliegt aber dem modischen Hang zur Blähung. Einen Plural gibt es von „Aktivität" so wenig, wie von Fleiß, Glück oder Wut. Schade, dass die meisten Journalisten diesem Wortpolypen mit so starken Passivitäten gegenüberstehen. Reemtsma kündigte 1981 an: „Aktivitäten innovativer Promotion".

aktuell heißt „für die Gegenwart bedeutsam" – nicht aber „gegenwärtig, derzeitig" und schon gar nicht „tatsächlich, wirklich" wie engl. actual/frz. actuel.

allermeiste „Die meisten" sind schon so viele, dass für „aller" kein Platz mehr bleibt – geschwätzige *Verdoppelung* (s. diese).

als bedeutet *Gleichzeitigkeit ohne Kausalzusammenhang:* „Als Moskau brannte, war Moritz Piefke drei Jahre alt" – richtig, denn es bestand keine ursächliche Verknüpfung. „Elf Menschen kamen ums Leben, als ein Omnibus in den Chiemsee stürzte" – falsch, denn offenbar sind sie doch *dabei, dadurch dass, weil* umgekommen. Warum, wodurch die elf umkamen, wird mir aber gar nicht mitgeteilt. „Hundert Menschen starben auf den Straßen, als wir Kaffee tranken" – da wird's wieder richtig.

„Bereits 1979 hatte sie einen Selbstmordversuch unternommen, *als* sie sich vor den Zug warf." (*Die Welt,* 27.6.80)

„Zu einem Zwischenfall kam es, *als* der Angeklagte den Richter ohrfeigte" – Unfug, denn die Ohrfeige *ist* eben der Zwischenfall. Also: „... kam es zu einem Zwischenfall: Der Angeklagte ohrfeigte den Richter."

Der Ursprung der Als-Seuche ist ein doppelter Amerikanismus: eine Fehlübersetzung von „when", das zugleich eine Standardformel der amerikanischen Nachrichtenagenturen ist, weil es ihnen erlaubt, die Menschen sterben zu lassen, noch ehe der Omnibus in den See gestürzt ist.

alternativ Das abgewetzteste aller politischen Modewörter. Alternative Energien: *Andere* Energien, neue, neuartige, ungewöhnliche, Ersatz-. „Alternatives Kommunikationszentrum": zweites Wohnzimmer.

Amerikanismen s. Anglizismen

an Eine oft überflüssige und ärgerliche Vorsilbe (vgl. *ab* und *auf*). Anheben, ankaufen, anmieten, anschwellen, ansteigen, anwachsen, fügen dem Heben und Wachsen nichts hinzu. Vgl. anlasten, ansprechen.

Anglizismen s. Administration, Aktivitäten, aktuell, als, attraktiv, dieses Land, einmal mehr, Herausforderung, kontaktieren, konzertieren, Mexiko-City, Mittlerer Osten, Netzwerk, notwendigerweise, realisieren. Schwankung, Subkontinent, Technologie, unter, Verantwortlichkeit, Westbank.

anlasten Bürokratisches Kunstwort für vorwerfen, anhängen.

ansonsten Blähwort für „sonst", „im Übrigen", auch „andernfalls".

ansprechen kann man Frauen auf der Straße, aber nicht „Probleme". Es gibt schon das *Andenken* (nicht als Souvenir, sondern als das Sich-an-ein-Problem-Herandenken). Vgl. hamburgisch: gar nich an denken, gar nich um kümmern.

argwöhnen Zwangshandlung von *Spiegel*-Redakteuren, wann immer Argwohn oder Misstrauen gehegt oder empfunden wird.

Arzneimittel Zunft- und Blähwort für Arznei, Medikament, Medizin, Tablette, Pille. Die Zunft bläht z. T. noch weiter auf zu *Arzneimittelspezialität.* Vgl. Verdoppelung.

Attentat, missglücktes Ein Attentat kann misslingen, scheitern, verhindert werden; „missglücken" kann nur etwas, bei dem das Glücken vom normalen Leser als Glück empfunden worden wäre. Vgl. Deutlichkeit, sorgen für.

Attentatsversuch Geschwätzige *Verdoppelung* von Attentat – welches nämlich „Versuch" heißt. Ein Mordanschlag kann scheitern; ein Attentat bleibt er doch. „Attentatsversuch" ließe sich allenfalls rechtfertigen, wenn der Täter nicht nur daneben schießt, sondern durch eine Lähmung gehindert wird, zum Revolver zu greifen.

attraktiv Aus Amerika importiertes, bis zum Überdruss verwendetes Standardwort, für alle Frauen oder Mädchen, die früher hübsch, schön, ansehnlich, appetitlich, schmuck, niedlich, nett, adrett, sympathisch hießen – oder nichts dergleichen sind und mit dem Modewort getröstet werden sollen.

auf Eine oft überflüssige Vorsilbe wie *ab* und *an:* auffüllen, aufspalten, aufzeigen. *Auflisten:* Bürokratenjargon, dem Zunftjargon der Datenverarbeiter entlehnt.

aufmüpfig Einst eine ganz hübsche Entnahme aus dem Allemannischen; inzwischen vom *Spiegel* und seinen Nachbetern in der Provinz total verschlissen.

aufoktroyieren Geschwätzige Erweiterung von „oktroyieren" (was „auferlegen" heißt).

aufweisen Meist eine Blähung für das schlichte *haben:* „Das Auto weist vier Räder auf."

auseinander dividieren Blähwort für spalten, teilen, auseinander bringen; so viel wert wie „neu renovieren" – da *dividieren* „teilen" heißt und das Teilen stets auseinander bringt, was vorher zusammen war. Vgl. Verdoppelung.

ausklammern Erstens ein überstrapaziertes Modewort. Zweitens ein schiefes Wort: Denn bekanntlich klammern die Klammern *ein* und nicht aus. Auch heißt es gar nicht „Klammer aus", sondern „Klammer auf". Was vorn und hinten zugeklammert worden ist, ist eingeklammert. Probleme lassen sich also durchaus einklammern. „Ausklammern" gibt es auch, aber es bedeutet „aus der Klammer herausnehmen", also das Gegenteil.

Auswirkung Eine törichte Silbe mehr als „Wirkung".

Azubi Die Rache des Volksmunds am Bürokratenwort „Auszubildender". *Lehrling* heißt er.

Bahnhof, großer Ein vollständig ruiniertes Klischee.

Basis (Basisarbeit, Basisaktivitäten) Modewort und Heilige Kuh der politischen Diskussion. „Die Basis redet nicht durch allgemeine Wahlen, sondern durch Propheten, die sich für ihre Stimme ausgeben. Sie besteht aus aktivistischen Randgruppen, die auf die Mehrheit Druck ausüben und Basis werden wollen, indem sie behaupten, es zu sein." (Johannes Gross)

basteln Neuerdings die Lieblingstätigkeit von Experten, die bis zum Überdruss an Verordnungen und Alternativen basteln.

befassen Bürokratenjargon. Jemand kann sich mit etwas befassen – aber man kann nicht ihn damit befassen, und er ist nicht ein damit Befasster.

beide „Beide Staatsmänner gingen spazieren" heißt: Sie gingen getrennt spazieren (was selten gemeint ist). Gingen sie zusammen, so muss es heißen: „Die beiden Staatsmänner". Gegenprobe: „Meine Schwestern haben beide geheiratet" – ja, aber doch nicht sich selbst? Wenn zwei einander heiraten, sagen wir natürlich: „Die beiden haben geheiratet."

beinhalten Bürokraten-Klischee.

bekennen s. verraten.

Bekenntnis ablegen zu Eine garstige Floskel und die typische Einleitung einer Unnachricht. Wer immer nichts Besseres zu tun hatte, als ein Bekenntnis zu diesem oder jenem abzulegen, sollte überhaupt nicht gedruckt oder gesendet werden.

Beliebtheit, sich zunehmender… erfreuen: Geblähte Floskel vom Range des „an Deutlichkeit nichts zu wünschen übrig lassen".

Beobachter, politische gibt es nicht. Erstens grammatisch nicht: Denn ein Beobachter der politischen Zustände ist so wenig ein „politischer Beobachter", wie der Besitzer eines vierstöckigen Hauses ein vierstöckiger Hausbesitzer ist (Reitende Artilleriekaserne, halbseidener Strumpffabrikant, struktureller Maßnahmenkatalog). Zweitens journalistisch nicht: denn der Beobachter ist der Korrespondent selber oder sein Taxifahrer oder sein Freund in der Botschaft. Wenn ich keinen von diesen nennen darf oder will, dann schreibe ich: „Es gilt als sicher".

berappen (für bezahlen) kommt aus der Gaunersprache und wäre dort besser geblieben.

Bereich Schwammiges *Verlegenheitswort* für alle Lebensbereiche. Nicht: „im innerschulischen Bereich" (8 Silben), sondern: „in der Schule" (4 Silben).

bereits schon In Mode gekommene geschwätzige *Verdoppelung.*

Beschreibung, jeder … spotten

1. Überaus abgewetzte Metapher (wer hört da noch Hohn und Spott heraus?)
2. Unjournalistische Formel, da Journalisten eben gerade *beschreiben* sollen, statt sich zu rühmen, dass sie nicht beschreiben können.

Bevölkerung Schiefes modisches Synonym für *Volk.* Schief, weil B. ein *Vorgang* ist („die Bevölkerung Ostpreußens durch Friedrich den Großen"). Modisch, weil sie vier Silben statt einer hat (vgl. Aktivitäten). „Volk", von Hitler missbraucht, steht gleichwohl im GG (Art. 20, 38 usw.) Nicht „weite Kreise der Bevölkerung", sondern „viele Leute".

beziehungsweise bzw. **bzw.** Eine meist vermeidbare Hässlichkeit und Pedanterie. „Meier und Müller verdienen 3000 und 4000 Mark" ist ein völlig klarer deutscher Satz.

Blähungen, modische auch Blähfreudigkeit, verbale: s. ab, Aktivitäten, an, ansonsten, auf, aufweisen, Beobachter (politische), Beliebtheit, Bevölkerung, Deutlichkeit, Ding der Unmöglichkeit, gezielt, insbesondere, Mangelware, Motivation, Netzwerk, Nostalgie, notwendigerweise, Schwankung (saisonale), Situation (konjunkturelle), Stellenwert, Technologie, weilen, Witterung, Zeitpunkt, Zielsetzung, zutiefst, zwischenzeitlich. Vgl. Verdoppelung.

blauäugig Abgedroschenes Modewort für arglos, gutgläubig.

bräuchte Falscher Konjunktiv für „brauchte". Ich räuchte eine Zigarette, wenn ich hätte.

Bürokraten-Jargon s. anlasten, anmieten, auflisten, Azubi, befassen, beinhalten, durchführen, Ebene, erfolgen, erstellen, hinsichtlich, insbesondere, Niederschläge, seitens, zwischenzeitlich.

chic gilt als schicker als *schick* (in einer Ceit, die Cigaretten liebt). Schlimmer wird es bei Declination: chice Kleider – zu sprechen schize Cleider.

Deutlichkeit, an … nichts zu wünschen übrig lassen: (1) Erstarrte Floskel, die (2) an Umständlichkeit nichts zu wünschen übrig lässt und (3) oft sogar dort verwendet wird, wo kein vernünftiger Mensch entsprechende Wünsche hegt: „Die Ausfälle der *Prawda* gegen die

Gewerkschaft ‚Solidarität' ließen an Deutlichkeit nichts zu wünschen übrig" (Tagesschau, 27.3.81).

dieses Land ist eine Nichtübersetzung von „this country", das für Englischsprachige immer nur ihr Heimatland sein kann; Bulgarien ist immer *that* country. Bei uns aber kann „dieses Land" durchaus Bulgarien meinen, wenn wir im Satz zuvor von Bulgarien gesprochen haben. „This country" heißt also „unser Land"; und wem das „uns" zu vertraulich klingt, der kann ja „Deutschland" sagen.

Ding der Unmöglichkeit Spreiz- und Blähwort für „unmöglich".

dislozieren Militärjargon für „stationieren". Stolz derjenigen Journalisten, die sich damit als Wehrexperten zu erkennen geben.

durchführen Bürokratendeutsch und Nazi-Wort, bei Reuters ausdrücklich verboten. Besser: vornehmen, verwirklichen, vollziehen; manchmal auch: ausführen, durchsetzen, herbeiführen, vollenden.

Ebene Verlegenheits- und Bürokratenwort.

echt Ein durch Werbesprache und Teenager-Jargon völlig ruiniertes, meist auch echt überflüssiges Wort.

Effizienz ist über seine physikalische Bedeutung („Wirkungsgrad") hinaus so beliebt geworden, dass es oft fälschlich statt „Effektivität" verwendet wird. Generale, Manager, Chefs vom Dienst müssen zunächst *effektiv* sein, d. h. das vorgegebene Ziel erreichen; darüber hinaus *effizient* sind sie nur dann, wenn sie das Ziel mit minimalem Aufwand erreichen, rationell, sparsam, leise.

Ehefrau Ursprünglich Standesamts-Jargon, dann vom *Spiegel* zur Marotte kultiviert: „Erich Meyer, Ehefrau Hilde". Auf Deutsch immer noch: mit seiner Frau, oder: Das Ehepaar Hilde und Erich Meyer.

Eigeninitiative Törichte *Verdoppelung:* Initiative heißt ja, dass einer den Anfang macht.

Einhandsegler Zunftjargon für „Alleinsegler". (Frage an die Seglerzunft: Wie nennt ihr den ersten einarmigen Weltumsegler?)

einmalig s. Erlebnis, einmaliges

einmal mehr Anglizismus („once more") für: noch einmal, wieder einmal, schon wieder, aufs Neue, abermals.

Einvernahme Juristenjargon für „Vernehmung".

einweihen sollte man nur das, was eine kirchliche Weihe verträgt.

Eisbergs, die Spitze des kann kaum noch spitz sein, so abgegriffen wie sie ist. „Die Spitze des Eisbergs, die bislang nicht unter den Teppich gekehrt werden durfte, muss endlich im Keim erstickt werden." (E. A. Rauter)

Elizabeth, Königin Eine verbreitete, aber törichte Schreibweise. Wer so schreibt, sollte die Dame englisch aussprechen und „Queen Elizabeth" nennen. Da wir sie aber „Elisabeth" aussprechen, dürfen und müssen wir sie auch so schreiben.

erfolgen Bürokratisches *Verlegenheitswort* vom stilistischen Rang des Befassens und Beinhaltens, bei Reuters ausdrücklich verboten.

erklären heißt entweder „erläutern" oder „feierlich verkünden". Ist keins von beiden gemeint, sondern nur „sagen", so sollte man *sagen* sagen (also nie: „Meyer erklärte").

Erlebnis, einmaliges Diese Floskel ist die korrekte Antwort auf die Frage: „Ein wievielmaliges Erlebnis vermittelte Ihnen der Flug mit dem Freiballon?"

erstellen Bürokratisches Universalwort vom Range des Erfolges.

fieberhaft ist schon so vieles gesucht (und so wenig gefunden) worden, dass wir das Klischee endlich in Fieberhaft nehmen sollten.

freak (engl.) heißt (1) Laune, Grille, verrückter Einfall und (2) ein Mensch, der solchen Einfällen nachgibt, auch ein Monstrum oder eine Missgeburt. Das Modewort der Disco-Szene hat mindestens einen Nachteil: Die meisten über 40-Jährigen verstehen es nicht (und unter 40 auch nicht alle).

Frontlinie Geschwätzige *Verdoppelung* von „Front" (welche die vorderste Linie ist).

frühzeitig Geschwätzige *Verdoppelung* von früh oder zeitig.

Gazetten Synonym für Zeitungen, das den Benutzer als gebildet erscheinen lassen soll. Vgl. *just.*

gefolgt von seinen Mitarbeitern ist so richtig wie „gehorcht von seinen Soldaten" oder „gewinkt von seinen Kindern" – da das Passivpartizip nur von Verben gebildet werden kann, die ein Passiv zulassen; „ich bin gewunken worden" gibt's nicht.

Gegebenheiten, örtliche Bläh- und Bürokratenfloskel für die Zustände am Ort.

gekonnt Dümmliches Modewort für „gut".

gemürbt *Spiegel*-Marotte.

geraum über eine Zeitspanne zu sagen war einst eine sehr kühne Metapher; heute klingt „geraume Zeit" altväterlich und hohl.

Geschehen, das schreckliche Geschehen usw. Schwammiges, modisches *Verlegenheitswort* für Ereignis, auch Vorkommnis, Fall, Ablauf, Entwicklung, Drama, Katastrophe. Am besten aber lässt man alles, was geschieht, gar nicht im Substantiv geschehen, sondern im Geschehwort, dem Verbum.

gezielt Gespreiztes Modewort, mit dem entweder Zielstrebigkeit vorgetäuscht oder eine von niemandem bezweifelte Zielgerichtetheit wichtigtuerisch hervorgehoben werden soll. Wer wird schon *ungezielte* Maßnahmen ergreifen?

Grauens, ein Bild des Standard-Antwort auf die Frage: Was bot die Stätte des Unglücks?

hämen „Hämte Genscher“: *Spiegel* 39/1981

Haus: ins Haus stehen, „uns steht ein neuer Redakteur ins Haus“: Unlogische modische Saloppheit – „stehen“ ist ein statisches Verbum, das nicht mit einer Richtung („ins“) verbunden werden kann. („Eine schöne Frau legt mir ins Bett“). *Spiegel* 20/79: „Der Staatspartei steht eine Protestresolution ins Zentralkomitee.“

Herausforderung Richtig, wenn es „Provokation“ bedeuten soll. Meist aber ist es ein Anglizismus für und eine schiefe Übersetzung von „challenge“. *Challenge* bedeutet: der Aufruf zur Tat, der Anstoß, die große Aufgabe, oft genug einfach *die Aufgabe.* Das Fehlen eines deutschen Standardworts dafür ist eine challenge und kein Grund, ein Wort zu wählen, das unrettbar nach Provokation klingt. Für das *Verbum* challenge bieten sich an: in Frage stellen, in die Schranken fordern, die Stirn bieten.

hieven Zwangshandlung aller *Spiegel*-Redakteure, wann immer die Wörter „hochheben“ oder „befördern“ angemessen sind. („Auf den Sitz des Präsidenten gehievt: der gemürbte Frühschöppner.“)

hinsichtlich Bürokratenwort für „im Hinblick auf“ oder für einsilbige Präpositionen wie zu, für, vor.

hinterfragen Soziologenjargon bis zur Karikatur seiner selbst; nach Hans Weigel „aus dem Anus der deutschen Sprache ausgeschieden“.

hinwegtäuschen können, darüber nicht Geblähte Floskel für: niemanden täuschen, uns nichts vormachen.

hochkarätig Modewort für wertvoll, hoch qualifiziert, tüchtig, auf der Stilebene von *blauäugig.*

in etwa Bürokratenjargon für etwa, ungefähr.

insbesondere Bürokratisches Blähwort für besonders, vor allem.

irgendwie Schlimmstes Mode-, Füll- und Verlegenheitswort der zeitgenössischen mündlichen Rede, zumal bei Teens und Twens („Landschaft törnt mich irgendwie unheimlich an, echt!“).

Jargon s. Bürokratenjargon, Soziologenjargon, SPIEGEL-Jargon, Teenager-Jargon, Zunftjargon, Blähungen.

just Altväterlich-poetisch für eben, gerade – kurioserweise just bei Jungjournalisten beliebt, die damit offenbar die Eignung zum Feuilleton beweisen wollen. Vgl. Gazetten, geraum, Salär.

Klartext, „im Klartext“: Ziemlich abgenutzt; wohl auch nur populär geworden, weil zu viele Leute zu wenig klare Texte verfasst haben.

Klischee s. Metapher

Koalitionär *Spiegel*-Jargon.

konjunkturell s. Situation, konjunkturelle

kontakten, kontaktieren Nichtübersetzung von engl. contact: mit jemand Kontakt aufnehmen.

kontrovers diskutieren Modische *Verdoppelung:* discutere (lat.) heißt schon „auseinander schlagen", das ist kontrovers genug.

konzertieren 1. ein Konzert geben. 2. Nichtübersetzung von engl. concert: besprechen, verabreden, *Konzertierte Aktion:* Nichtübersetzung von engl. concerted action = gemeinsames Vorgehen, koordiniertes Handeln.

Kreativität Mode-, Bläh- und Zauberwort für das Talent, Ideen zu haben oder schöpferisch zu sein; in Umlauf gesetzt und heilig gehalten von den „Kreativen" in den Werbeagenturen. „Brezeln zu formen ist meine Art, meine Kreativität auszudrücken", sagt heute jeder bessere Bäckergeselle. Oft ist *Fantasie* eine gute Übersetzung. Häufig scheint auch *Produktivität* gemeint zu sein: nämlich das Talent, aus einem Überfluss von Einfällen die richtigen herauszufiltern und in Aktion umzusetzen.

letzten Endes war mal richtig, als man nämlich unter „Ende" noch den *Zweck* verstand. („Was heißt und zu welchem Ende studiert man Universalgeschichte?"). Heute ist es schiere *Verdoppelung.*

letzterer und *ersterer* sind nicht nur umständlich, sondern auch noch falsch, weil der erste und der letzte keine Steigerung zulassen. Der erste – der letzte; der erste – der zweite; der eine – der andere; oder die Namen noch mal.

Leuchte Zunftjargon für „Lampe". *Lampe:* Zunftjargon für Glühbirne.

lohnenswert In Mode kommende geschwätzige *Verdoppelung* von *lohnend* oder *wert.*

Mammut Obwohl in der Eiszeit ausgestorben und heute weithin durch *Jumbo* ersetzt, ist das Tier nicht umzubringen. Wunsch-Überschrift: „Kleiner Mammut-Kongress in Deisenhofen" (veranstaltet von sieben Paläontologen).

man/frau „Eine der beliebtesten Manierismen alternativer Schreibe" *„Spiegel 13/81.* Vgl. mensch.

Mangelware bleiben Aufgeblähte und abgewetzte Floskel. „Angriffe gegen Autos blieben Mangelware" (*Die Welt,* 10. 6. 80, Überschrift im Vermischten – immerhin nahm jemand Anstoß, und in der Spätausgabe hieß es: „Angriffe gegen Autos blieben die Ausnahme").

Medien ist (1) eine historische Landschaft in Persien, (2) der Plural eines Menschen mit spiritistischen Talenten und (3) ein klassisches Modewort der Kommunikationswissenschaft, das (4) an den meisten Medienbenutzern immer noch halb verstanden vorbeirauschen dürfte. Zwei Amerikanerinnen im Gespräch: „Gossip should be declared a medium" (*The New Yorker,* 18. 2. 80).

Mehrheit, überwältigende Überzogene und abgedroschene Metapher für sehr große Mehrheit. (Wenn mich die Minderheit nicht zusammenschlägt, hat sie mich noch nicht überwältigt.) Arglose Verwendung, umso dubioser, als Diktaturen ihre 99,9-Prozent-Mehrheiten gerne als „überwältigend" hinstellen.

mensch Feministischer Jargon für *man.* Als Nestroy schrieb, „Der Zorn überweibt sie", war er noch originell.

Metaphern, abgewetzte s. Bahnhof, Eisberg, fieberhaft, Mehrheit, Pilze, Quecksilber, Rubel, Todesopfer, Urständ, Verwüstung, Wetterfrösche.

Mexiko-City ist Unfug. Eine spanischsprachige Stadt können wir Spanisch oder Deutsch benennen – aber warum Englisch? Spanisch (amtlich!) Ciudad Mexico. Deutsch: Mexiko-Stadt, die Stadt Mexiko, oder einfach: Mexiko, denn nur selten bleibt unklar, ob man Stadt oder Land meint.

Mittlerer Osten Anglizismus für *Naher Osten.* Für Engländer ist Near East der Balkan und die Türkei; also müssen sie denjenigen Osten, der für uns noch nah ist, bereits als Middle East bezeichnen.

mochte Zwangshandlung aller *Spiegel*-Redakteure (und ihrer zehntausend Nachbeter in der Provinz), wann immer das Wort *wollte* fällig wäre. („Strauß mochte nicht zugeben, dass …")

Motivation heißt „Motivierung", ist also ein Vorgang – und wird in zeittypischer Blähfreudigkeit doch dauernd an Stelle des *Motivs* verwendet, des Grundes, Antriebs, Anstoßes. Steigerung: *Motivationsstrukturen.*

nachdem „Nachdem du ein Depp bist" ist Bayerisch. „Nachdem ich ankam" ist falsch. Nachdem verlangt das Plusquamperfekt (ausnahmsweise das Perfekt: wenn nämlich der Bericht im Präsens steht).

naturbelassen Modewort der etablierten Reformhäuser wie der alternativen Makrobioten; zudem falsch konstruiert: Was ich im Naturzustand lasse (und nicht „belasse"), ist so wenig „naturbelassen" wie ein Schläfer, den ich nicht wecke, „schlafbelassen" ist.

Netzwerk Anglizismus und Blähwort für Netz, Geflecht. Das engl. *net* bezeichnet nur das Netz aus Garn oder Tüll; Eisenbahn- oder Straßennetze heißen *networks,* railway network heißt auf Deutsch aber immer noch nicht „Eisenbahnnetzwerk". *Netzwerk* gibt es auf Deutsch auch, jedoch nur in der Bedeutung: netzartig verbundene Leitungen, zusammengeschaltete Schaltelemente.

Niederschläge, zumal ergiebige: Bürokratischer Oberbegriff, der, je nach Jahreszeit, fast immer durch „Regen" oder „Schnee" ersetzt werden kann.

Nobelherberge Unerträglich abgedroschener *Spiegel*-Jargon für ein teures Hotel – in der manchmal durchaus witzigen Stilfigur des Oxymorons, des mutwilligen Zusammenspannens von Hoch und Niedrig: „Nirgends wird einem der Hauch des Alls so aufs Butterbrot geschmiert" (Alfred Kerr über Sylt).

Nobelmarke *Spiegel*-Synonym für Rolls-Royce oder Daimler-Benz – seit der 1001. Verwendung etwas schlapp.

Normalisierung Oft ein Tarnwort für die Wiederherstellung skandalöser, aber gewohnter politischer Zustände, z. B. nach Niederschlagung eines Aufstands – „im Munde totalitärer Herrscher ein Instrument totaler Sinnverdrehung" (*Süddeutsche Zeitung,* 28. 10. 80).

Nostalgie Abgeleiertes Modewort für eine uralte Sache: Das Heimweh nach alten Zeiten. Vor 2200 Jahren ergötzte Theokrit die Hofgesellschaft von Syrakus mit Gedichten über die entwichene Hirten-Idylle. Die Renaissance war „Nostalgie", Rousseau, der Klassizismus, die falschen Burgen des 19. Jahrhunderts. Von der „Nostalgie" leben Antiquitätenhändler, Museen und Opernhäuser seit Jahrhunderten. Es ist überhaupt nichts passiert, was der modisch geblähten Benennung bedurft hätte.

notwendigerweise Meist ein Blähwort für notwendig oder, noch einfacher, für *bestimmt:* „Dies führt notwendig zur Inflation". *Nicht notwendigerweise:* Anglizismus aus „not necessarily", zu Deutsch: *nicht unbedingt.*

Obergeschoss Zunftjargon für Stockwerk, Stock. Da die Zünftler wiederum unter der Vielsilbigkeit leiden, haben sie „O. G." daraus gemacht. Nun haben wir die zweisilbige bürokratische Abkürzung einer viersilbrigen bürokratischen Missgeburt statt des einsilbigen, anschaulichen deutschen Wortes.

optimal Überreiztes Modewort; fälschlich oft auch dort verwendet, wo „maximal" oder „perfekt" gemeint ist. Optimal heißt das unter den gegebenen Umständen Bestmögliche – und das kann wenig sein.

Orgie Lieblingswort der Boulevardblätter, aber auch der Agenturen für jede Veranstaltung von drei oder mehr Personen, bei denen vier oder mehr Flaschen getrunken worden sind. Merke: Orgien sind seit Ludwig XIV. ziemlich selten.

persönlich ist meist entbehrlich, denn anders als „persönlich die Hand schütteln" kann man nicht.

Pilze, aus dem Boden schießen wie die: Eine der abgedroschendsten Metaphern. Schon im Ersten Weltkrieg riet Karl Kraus, man möge endlich einmal die Pilze „wie die Munitionsfabriken" aus dem Boden schießen lassen statt umgekehrt.

Platz Es ist hier nicht der Platz… Es würde zu weit führen… Ein

Ärgernis. Eine Nachricht, deren einziger Inhalt ist, dass sie nicht kommt, ist keine. Wer keinen Platz hat, dient mir nicht damit, dass er seine Platznot beschreibt, sondern damit, dass er den Mund hält. Vgl. abgesehen davon.

Präside *Spiegel*-Jargon für „Präsidiumsmitglied".

problematisieren Soziologenjargon.

progressiv Ein Mode- und Tarnwort, derer, die sich „fortschrittlich" nicht mehr zu nennen wagen.

Quecksilber, das… kletterte auf 30 Grad: Ausgeleierte Metapher, meist auch noch falsch, weil die meisten Thermometer statt Quecksilber Äthylalkohol enthalten.

rasant ist die Flugbahn eines Geschosses, wenn sie den Boden streift (nach demselben frz. Verbum *raser,* von dem unser „rasieren" kommt). Rasant für „rasend" ist Teenager-Jargon.

realisieren heißt „verwirklichen" und sonst nichts. In der Bedeutung „sich etwas klar machen" ist es ein schlimmer Anglizismus.

relevant Modewort der Soziologen, der Meinungsforscher und anderer Statistiker. „Ein relevantes Ereignis muss in sich evident und zugleich eminent sein. Evident heißt dabei so viel wie transparent, und eminent könnte man mit signifikant verdeutschen. So erklärt sich alles von selbst." (Eike Christian Hirsch, *Stern* 18/77)

rollenspezifisch Soziologenjargon.

Rubel, den… rollen lassen Völlig ruinierte Metapher.

Rückantwort Bürokratische Verdoppelung nach Art von *Stillschweigen.*

Salär *Spiegel*-Jargon. Vgl. just.

schlussendlich Modische *Verdoppelung* für „schließlich".

Schnitt Kaufmannsjargon für „Durchschnitt" (im Schnitt). Noch nicht eingebürgert: schnittlich für durchschnittlich.

Schwankung, saisonale: Blähwort aus der Kiste konjunkturelle Situation, hauptlicher Mann, mondliche Finsternis, schriftlicher Steller.

schweigen von… ganz zu schweigen: So ausgeleiert, dass es erholsam wäre, stattdessen mal zu lesen: „von X zu schweigen" oder „zu schweigen von X".

seitens Bürokratenjargon. („Der Antrag verfiel der Ablehnung, obwohl seitens meiner sich dafür ausgesprochen worden war.")

Selbstverständnis Geblähtes Modewort der Evangelischen Akademien.

selten ist und bleibt das Seltene; die Floskel „selten schön" besagt „meist unschön" und kann nur im Teenager-Jargon „ungewöhnlich schön" bedeuten.

Seltenheit, keine Eine abstrakte und noch dazu total verschlissene abstrakte Floskel, die z. B. auf die Frage antwortet: „Was sind Schlangen hier?"

Senioren Hoffnungslos eingerastetes Höflichkeitswort für alte Menschen. Hemingway schriebe heute: „Der Senior und das Meer".

sensibilisieren Soziologenjargon.

Situation, konjunkturelle Blähwort für „Konjunktur". Vgl. Schwankung, saisonale.

sorgen für kommt von „sich Sorgen machen zu Gunsten von" und hat immer noch den Beigeschmack von Pflege und Hilfe. Töricht sind folglich Sätze wie dieser: „Hohe Seitenwindempfindlichkeit sorgt dafür, dass der Fahrer am Lenkrad immer alle Hände voll zu tun hat" (*FAZ*, 8. 7. 81), Vgl. Deutlichkeit.

Soziologenjargon s. hinterfragen, problematisieren, relevant, rollenspezifisch, Sachzwänge, sensibilisieren, Strukturen, thematisieren.

spektakulär Die Klappe, die bei vielen Korrespondenten unrettbar fällt, wenn sie „auffallend" oder „aufwendig" sagen könnten.

SPIEGEL-Jargon s. argwöhnen, aufmüpfig, Ehefrau, gemürbt, hämen, hieven, Koalitionär, mochte, Nobelherberge, Nobelmarke, Präside, Salär, vollmundig.

Stellenwert Bei nicht mathematischer Verwendung ein modisches Blähwort für Wert, Rang, Bedeutung.

Stillschweigen bewahren, strengstes: Modische Blähung und Standardfloskel für „schweigen". Vgl. Verdoppelung (obwohl hier eine Verdreifachung vorliegt).

Stress Unendlich überreiztes Modewort für alles, was man anstrengend findet (wie in Bayern „Föhn" für jedes Wetter, das Kopfschmerzen macht, aber auch für alle Kopfschmerzen, die nicht vom Wetter kommen). „Noch nie wat von Schulschtress jehört, wa?", tadelt die Sechsjährige ihre Eltern.

Strukturen zumal hierarchische und verkrustete: Soziologenjargon und Verlegenheitswort für alles und nichts.

Subkontinent Anglizismus für Südamerika oder Vorderindien. Aber Südamerika ist ein Kontinent, und die Summe von Indien, Pakistan und Bangladesch ist eben Vorderindien.

Suizid hat gegenüber dem „Selbstmord" vier Vorzüge: Es ist kürzer (Überschriftenproblem); es vermeidet das parteiliche Wort „Mord" (doch das tut „Freitod" auch); es putzt den Schreiber (Zunftjargon); es befriedigt seine Zwangsvorstellung vom Synonym. Leider hat es einen Nachteil: Es ist den meisten unverständlich.

Szene Verblasener modischer Oberbegriff für Menschen und Schauplätze, die etwas gemeinsam haben. Dem Dunkel und der Vielschichtigkeit der *Drogen-Szene* mag das Wort angemessen sein; die *Hausbesetzer-Szene* fügt den Hausbesetzern nichts hinzu.

Tagesordnung an der ... sein: Eine Floskel, die korrekt auf die Frage antwortet: „An was waren solche Überfälle?"

tägig : täglich sind nicht austauschbar. Zweitägig: von zwei Tagen Dauer. Zweitäglich: alle zwei Tage. Eine vierzehntägige Reise, das vierzehntägliche Erscheinen. Ebenso zweiwöchig: zweiwöchentlich, zweimonatig: zweimonatlich, zweijährig : alljährlich.

Tauziehen Eine Metapher, so frisch wie *Bahnhof* und *Rubel.*

Technologie ist zwar in einigen Grenzfällen etwas anderes als Technik (wörtlich: Die Lehre von der Technik, faktisch heute: Die Lehre von der Gewinnung und Verarbeitung von Rohstoffen), fast immer aber ein bloßer Anglizismus für Technik („technology"), dem Hang zur Blähung entgegenkommend. Gegenprobe: Wer „Technik" ins Englische übersetzt und nicht eine Methodik (technique) meint, landet notwendig bei technology.

Teenager-Jargon s. echt, irgendwie, rasant, selten, unwahrscheinlich.

thematisieren Soziologenjargon.

unabdingbar, unverzichtbar Politiker-Jargon. *Unabdingbar* ist wenigstens korrekt gebildet: Etwas, das nicht abgedungen werden kann (was immer das heißen mag). *Unverzichtbar* aber ist den Wörterbüchern unbekannt und grammatisch falsch: „Etwas, das nicht verzichtet werden kann" klingt höchst verzichtbar.

ungeahnt ungeahnte Möglichkeiten:

1. Abgedroschene Redensart (vgl. Zwangskoppelung)
2. Unjournalistische Formel, denn wir sind dazu da, alles wenigstens geahnt zu haben.

unjournalistisch sind Floskeln wie: abgesehen davon, dass; Bekenntnis ablegen zu; Beschreibung, jeder spotten; Platz; ungeahnt; Zusammenhang (s. diese).

unter dem Gesetz, dem Programm: übler Anglizismus.

unwahrscheinlich Universal-Komparativ des *Teenager-Jargons.*

Urständ feiern, fröhliche: Eine Floskel, die die meisten Leser noch nie verstanden haben.

Verantwortlichkeit Fehlübersetzung von responsibility, zu deutsch „Verantwortung". Verantwortlichkeiten: Fehlübersetzung von responsibilities, zu deutsch „Pflichten" (rights and responsibilities).

verbal Hässliches Modewort, meist entbehrlich oder falsch.

Verdoppelung „doppelt gemoppelt", Tautologie, Pleonasmus: s. allermeiste, Arzneimittel, Attentatsversuch, auseinander dividieren, bereits schon, Eigeninitiative, Frontlinie, frühzeitig, kontrovers diskutieren, letzten Endes, lohnenswert, Rückantwort, schlussendlich, Stillschweigen, vorprogrammieren. Vgl. Blähungen.

Verlegenheitswörter s. abzuwarten bleiben, Bekenntnis, Bereich,

Ebene, erfolgen, Geschehen, irgendwie, Struktur, wegzudenken sein.

verraten, gestehen, bekennen, offenbaren Die allerdümmsten Lieblingswörter der Illustrierten und in der Yellow Press. „Jackie gesteht: Ari würde mir den Mond schenken." (*Stern*, 38/69). „Ulrich Klever verrät: So brät man Spiegeleier." Aber Jackie hat sich gebrüstet, und Klever hat absolut nichts verraten. Nur unangenehme, geheimnisvolle und großartige Dinge eignen sich dazu, verraten oder offenbart zu werden.

vollmundig Bei Wein: voll im Geschmack. Im *Spiegel:* geblähte Metapher für „den Mund voll nehmend."

vorprogrammieren Modische *Verdoppelung:* Pro-gramm ist bereits schon das vorher Geschriebene.

wegzudenken sein, nicht mehr Standardfloskel und Verlegenheitswort für „dazugehören".

weilen Altväterlich-pompöse Blähung für „sein" oder „sich aufhalten". Gott rief weder „Adam, wo weilst du?" noch „Adam, wo befindest du dich?"

werden zu lassen Beliebte Umständlichkeit für *zu machen.* „Es gelang ihm nicht, mich zum Narren werden zu lassen."

Westbank ist weder ein Kreditinstitut noch eine Sitzgelegenheit, sondern die Nichtübersetzung von Westufer, zumal des Jordans, daher „Westbänk" gesprochen – einer der schamlosesten Anglizismen.

Wetterfrösche für Meteorologen und Wettervorhersager: Unerträglich abgedroschene Metapher.

Winde ist (1) ein Gerät zum Heben von Lasten mittels Kurbel, Trommel und Seil und (2) ein plurale tantum der Meteorologen-Lyrik die *den Wind* nicht kennt („lebhafte, von Ost auf Südost drehende, im Tagesverlauf auffrischende...")

wissen um Neckisches Blähwort der Nazis, der Lore-Romane und vieler Pfarrer für *kennen.* „Ich weiß um deine Not, mein Sohn". Vgl. die Romanhefte „Sonne um Renate – Wonne um Beate".

Witterung, Witterungsablauf, Witterungsgeschehen Bürokratische Blähungen für „Wetter" oder „Klima".

Worte : Wörter Drei Goethe-Worte, aus fünfzig Wörtern bestehend. Möglicher Grenzfall: „Gauner, Lump, Bandit!", ruft ein Bundestagsabgeordneter. Nun muss es heißen: „Nach diesen Worten...", aber „Drei Wörter, die den Bundestag erschütterten."

zeitigen Ein Wort aus der *just*-Sprache.

Zeitpunkt, zu diesem Blähwort für „jetzt" oder „zur gleichen Zeit."

Zielsetzung Die Ziele der FDP werden seit Jahren fast nur noch als die Zielsetzungen der FDP vorgestellt. Zwar kann es vorkommen, dass man *das Setzen* von Zielen hervorheben will; in neun von zehn Fällen aber ist die Zielsetzung ein Ausdruck modischer Blähfreudigkeit. Ein richtiger Satz wäre: „Der FDP-Vorstand ist zu einer Zielsetzung zusammengetreten."

zögerlich Gespreiztes Kunstwort, am besten durch „zauderlich" zu ersetzen.

zum Anfassen Abgedroschen und manchmal unappetitlich.

Zunftjargon s. Arzneimittel, bzw., dislozieren, Einhandsegler, Einvernahme, konzertieren, Medien, Niederschläge, Obergeschoss, relevant, Schnitt, seitens, Suizid, Winde, Witterung. Vgl. Bürokratenjargon, Soziologenjargon.

Zusammenhang Ein meist entbehrliches und oft ärgerliches Füllwort. „In diesem Zusammenhang betonte der Redner" – in welchem sonst? „Die Forderung nach Abschaffung aller Armeen im Zusammenhang mit der Abrüstung" – womit sonst? Oft hilft „dabei".

zutiefst Blähwort von Grabrednern für tief, sehr.

Zwangskoppelung Die allzu lange währende Ehe eines Substantivs mit dem immer selben Adjektiv: dunkle *Ahnung,* konstante *Bosheit,* massiver *Druck,* herbe *Enttäuschung,* bitterer *Ernst,* schwer wiegende *Folgen,* goldene *Mitte,* ungeahnte *Möglichkeiten,* scharfer *Protest,* ungläubiges *Staunen,* strengstes *Stillschweigen,* hektisches *Treiben,* feste *Überzeugung,* volles *Verständnis,* eklatanter *Widerspruch.*

zwischenzeitlich Mode-, Bläh- und Bürokratenwort für „inzwischen" oder „zwischendurch".

Anhang

Glossar journalistischer Fachausdrücke

Diese Übersicht ist in Zusammenarbeit mit Zeitungs-, Zeitschriften- und Funkredakteuren sowie Technikern und Herstellern entstanden. Sie sind herzlich gebeten, sie zu komplettieren oder zu kritisieren.

Anders als das ganze übrige Buch unterscheidet diese Bestandsaufnahme *nicht* zwischen gut und schlecht. Gegen einen Zunftjargon ist im Prinzip nichts einzuwenden, solange er nur innerhalb der Zunft verwendet wird. Und an seinen Vieldeutigkeiten und Widersprüchen wird sich schwerlich etwas ändern lassen.

Fachwörter, die man hier vermisst, tauchen möglicherweise im Sachregister auf (S. 275 ff).

abfahren
1. Im Funk: mit der Sendung oder mit dem Abspielen einer Aufzeichnung beginnen.
2. In Zeitschriften: zum Satz oder Druck freigeben.

Abnahme
1. Im Funk: die Begutachtung eines sendereifen Beitrags – technisch durch Ton- oder Bildingenieur, journalistisch durch Hauptabteilungsleiter oder Programmdirektor.
2. Bei Zeitschriften: letzte Begutachtung der *Blaupause* durch die *Imprimatur*-Abteilung.

abschießen Bei Boulevardzeitungen und Illustrierten: das Fotografieren einer bestimmten Person ohne deren Einwilligung.

Aktionsjournalismus
1. Aktionen mit Lesern: Man lädt sie ein, zu spenden (für Flüchtlinge), zu wählen (den Sportler des Jahres) oder selbstverfasste Gedichte einzusenden. Beliebtes Mittel vieler Lokalzeitungen zur Herstellung von *Leser-Blatt-Bindung.*
2. Aktionen mit Reportern
a) erkennbaren Reportern (Straßeninterviews)
b) getarnten Reportern (verkleidet als Bettler, Bürobote, Ladendieb, *Bild*redakteur), auch *Rollenreportage.*

anlegen, Text anlegen. Im Fernsehen: den Text zum Bild schreiben und aus dem *off* sprechen.

Anmod – Abmod (für „anmoderieren" und „abmoderieren"): Fernsehjargon für die gute alte Ansage (und Absage).

Antiqua (lateinische Schrift) Die Familie der Druckschriften, die international üblich und seit 1941 auch in Deutschland verbindlich ist. Vgl. *Fraktur, Grotesk.*

Arie In einigen Redaktionen: Spottwort für einen Pflichtartikel zu einem Ereignis, das die Leser gelobt haben wollen, z. B. zum Frühlingsanfang.

Artikel (von lat. artus = Gelenk, Glied, Teil): das Geschlechtswort; der Abschnitt eines Gesetzes oder Vertrags; die Warengattung. In Zeitung und Zeitschrift:

1. Jeder Beitrag, der eine gewisse (d. h. ziemlich unbestimmte) Länge überschreitet, z. B. Korrespondentenbericht, Hintergrundbericht, Leitartikel, Essay, *Feature, Story.*
2. In manchen Red.: Jeder mehr als 1-spaltige Beitrag.
3. In manchen Red.: der *Lauftext.*
4. Zeitungsfremde bezeichnen häufig sämtliche redaktionellen Texte, ja selbst Anzeigentexte als „Artikel".

Audiovision (AV, Audiovisuelle Kommunikationsmittel) Oberbegriff für Videogeräte, unbespielte Videobänder, bespielte Videobänder (= Programmkassetten), Bildplattenspieler und Bildplatten. Das Wort führt doppelt irre: Auch das Fernsehen selbst ist natürlich „Audiovision" (= Hörsehen); und schon der Tonfilm war „Audiovision": Bespielte Videobänder enthalten nichts, was nicht auch ein Schmalfilm fürs Heimkino enthalten könnte. Daher wird statt von Audiovision auch von *home video* gesprochen.

Aufhänger

1. Meistens: aktueller Anlass zur oder origineller Einstieg in die Darstellung eines (möglicherweise nicht besonders aktuellen) Themas, das andernfalls nicht genügend Leserinteresse wecken oder den Regeln der Zunft nicht genügen würde („Wir brauchen einen Aufhänger!").
2. Von daher oft: Der erste Absatz oder fette *Vorspann,* wenn er den Aufhänger enthält.
3. Von daher in einigen Redaktionen: Der *Vorspann* überhaupt.

Auflage Sie wird nach drei Maßstäben gemessen:

1. die *gedruckte* Auflage, die praktisch nie zu 100 Prozent verkauft werden kann.
2. Die *verbreitete* Auflage:

- Mitgliederzeitschriften (ADAC, IG Metall) und die sog. Anzeigenblätter werden überhaupt nicht verkauft, sondern nur verbreitet (was tendenziell eine geringere Lese-Intensität vermuten lässt).
- Regulär verkaufte Publikationen verbreiten kostenlos zusätzliche Exemplare z. B. an Verlagsangehörige und Geschäftsfreunde, auf

Kongressen usw. Die verbreitete Auflage ist die Summe der verkauften und der verteilten Exemplare.
3. Die *verkaufte* Auflage – immer die kleinste der drei. Sie wird wiederum nach *Abonnement* („Abo") und Einzelverkauf („EV") unterschieden.

Optimale Auflage: Die Auflage, bei der eine Publikation das beste Geschäft macht. Das ist nicht unbedingt bei der *maximalen Auflage* der Fall, weil Druck-, Papier- und Vertriebskosten dann in eine ungünstige Relation zu den Erlösen kommen können.

Aufmacher
1. In der Zeitung: das Thema auf Seite 1, das die größte *Schlagzeile* trägt – immer über dem *Bruch,* aber nicht immer ganz oben *(Bild, Hamburger Abendblatt).* Oft stehen auch zwei Aufmacher gleichberechtigt nebeneinander. Vgl. *Spitze* (2).
2. In Zeitschriften: das erste große Thema im Heft; auch die Aufschlagseite eines längeren Artikels.
3. Im Funk: die erste Meldung in einer Nachrichtensendung.

Seitenaufmacher: In der Zeitung: das tragende Thema auf anderen Seiten als der ersten.

Aufmachung
1. Der *Aufmacher.*
2. Die Art, einen Artikel in Text, Bild, Charakter, *Layout* darzubieten, ihn „aufzumachen".

Aufriss s. *Layout*

Aufsager Fernseh-Jargon: der Reporter-Bericht, wenn der Reporter ständig im Bild ist (on-statement), z. B. vor dem Weißen Haus. Vgl. *off – on.*

Aufsetzer
1. In der *FR:* der 4-Spalter, der immer auf S. 1 unten steht (von „aufsitzen lassen = einen Text unten auf die Seite stellen).
2. In der *FAZ* jedoch: Der 3-Spalter über dem Bruch, der Zweit-Aufmacher.

Ausschluss Der Zwischenraum zwischen den Wörtern, der im Satz (anders als bei der Schreibmaschine) variabel sein muss, damit die Zeilen voll werden; i. U. zum *Durchschuss,* dem Zwischenraum zwischen den Zeilen.

Ausschuss
1. Makulatur: nicht einwandfrei gedruckter Bogen, Produkte oder Exemplare, die nicht verkauft werden.
2. Die Anordnung der Seiten auf dem Druckbogen.

auszeichnen Ein Manuskript mit den Anweisungen für den Satz versehen: Schriftart, Schriftgröße, Spaltenbreite.

Autocue s. *Teleprompter*

Autotypie (griech. Selbstdruck), Rasterätzung. Im *Hochdruck:*

1. Druckverfahren zur Reproduktion von Fotos und Gemälden (i. U. zur *Strichätzung)*
2. Die dabei entstehende Druckplatte.

Balkon, auch Vorbau: Im Funk ein informierender Voraustext zur Einstimmung auf das folgende Interview.

Bericht

1. In manchen Red.: Syn. für die zwei-, drei- oder vierspaltige Nachricht (länger und oft mit mehr Deutung oder Hintergrund als die *Meldung,* aber sachlicher als *Feature, Story* oder *Reportage);* angelehnt an „Korrespondentenbericht" oder „Hintergrundbericht". „Der Bericht ist der anspruchsvollere Zwillingsbruder der Nachricht" (La Roche).
2. In anderen Red.: Universalwort für alle *Lauftexte,* wie Artikel (3).

Bildschirmgerät Gerät zur elektronischen Eingabe, Korrektur und *Positionierung* von Texten; Teil des „Rechnergesteuerten Textsystems" = RTS (so im Tarifvertrag).

Bildschirmzeitung

1. Im engeren Sinn: eine Papierkopie von *Videotext* (Faksimile-Zeitung).
2. Im weiteren Sinn: Bezeichnung der Zeitungsverleger für *Videotext* (auch ohne Papierkopie).

Bildübertragung, digitale Senden und Empfangen eines Bildes als digitales Datenpaket über ISDN bzw. Internet.
Auch ein großer Teil der Bildrecherche erfolgt inzwischen weitgehend am Computer, entweder in den Internet-Angeboten der Archive und Agenturen oder im „elektronischen Katalog": Die Bildarchive versorgen Redaktionen und Agenturen mit Katalogen, die auf CD gebrannt sind und vom Computer „gelesen" werden können. Mittlerweile gibt es auch CD-ROMs mit Bildern zu kaufen, die Copyright- und honorarfrei sind.

blackout

1. Im Fernsehen: totaler Lichtausfall
2. Im Hörfunk und Fernsehen: das Stottern oder peinliche Schweigen eines Sprechers, der den Faden verloren hat.

Blatt

1. Redakteursjargon für die eigene Zeitung oder Zeitschrift.
2. In manchen Redaktionen: die Manuskriptseite, i. U. zur Zeitungs- oder Zeitschriftenseite – eine nützliche Unterscheidung (im *Spiegel:* 3 Blatt = 1 Seite).

Blattmacher Der Redakteur, der de facto entscheidet, was wo wie ins Blatt kommt, z. B. der Chef vom Dienst, der Chefredakteur oder sein Vertreter.

Blaupause, Blauheft, Ozalid: Bei Zeitschriften eine Lichtpause zur letzten Überprüfung der druckfertigen Seite. Vgl. *Abnahme (2), Imprimatur (2), Montage (1).*

blocken Die letzte Zeile einer Bildunterschrift oder eines Vorspanns durch Hinzufügen oder Streichen exakt auf die Länge der übrigen Zeilen bringen, sodass ein Textblock entsteht. Das Blocken, in vielen *Zeitschriften* üblich, erfordert oft viel Mühe und führt nicht selten zu krampfhaftem Deutsch. Mehr und mehr wird es vom *Flattersatz* verdrängt.

blue box, auch chroma-key. Im Fernsehen: Ein Trickmischgerät, mit dessen Hilfe Personen im Vordergrund vor einen beliebigen Hintergrund gestellt werden können.

body copy Der Textblock einer Anzeige. Vgl. *Copy.*

Brotschrift, Grundschrift: Die Schrift, in der die normalen *Lauftexte* einer Zeitung oder Zeitschrift gesetzt sind.

Bruch

1. In der Zeitung: Der Knick in der Mitte. Nur was auf S. 1 *über dem Bruch* steht, wird dem Kaufinteressenten am Kiosk sichtbar. Vgl. *Aufsetzer (2).*
2. In Zeitschriften: Der Knick in der Mitte jeder Doppelseite des aufgeschlagenen Heftes, auch „Bund".

Buch s. *Produkt*

Bürstenabzug s. *Fahne*

byline (engl.) In den Nachrichtenagenturen die Autorenzeile („by Johnny Miller"), die dort nur ausnahmsweise verwendet wird und für den Autor eine Ehre ist.

caption (engl.) Das, was das Auge gefangen nimmt, also:

1. Die Überschrift
2. Die Bildunterschrift, der Bildtext, die Bildunterzeile
3. Der Untertitel (Film).

CD-ROM Elektronisches Medium (im gleichen Format wie eine Musik-CD), das enorme Datenmengen (Texte, Bilder, Grafiken) speichern kann.

Cicero, das

1. Im Bleisatz: Maß für den Schriftgrad. 1 Cicero = *12 Punkte* = 4,55 mm.
2. Im Blei- wie im *Lichtsatz:* das Maß für die Breite der Druckspalte und des *Satzspiegels.*

clip Kurzer, in sich abgeschlossener Teil einer Fernsehaufzeichnung.

clippings Zeitungsausschnitte, Clipping-Schreiben: Artikel, bes. *Features* aus Archivmaterial zusammenstellen.

Computer Allzweckgerät, das seit den 80er Jahren den Herstellungsprozess der gedruckten Medien stark verändert hat, wodurch z.B. der Beruf des Setzers nur noch in Nischenbetrieben erhalten blieb. Andererseits entstanden neue Berufe mit meist englischen Bezeichnungen wie *screen designer* oder *desktop publisher.*
In Verlagen und Agenturen gibt es immer noch „weltanschauliche"

Diskussionen über Vor- und Nachteile von PC-Welt und Mac-Welt, den beiden konkurrierenden *DTP*-Systemen .

copy Verwirrendes englisches Allerweltswort:

1. *Kopie,* Durchschlag, Abzug, Reproduktion.
2. Gerade nicht die Kopie, sondern das *Original* (Urschrift, Vorlage Muster).
3. Die Summe von Original und Kopien: Exemplar, Stück, Nummer, Ausfertigung. Daher *Copy-Preis:* Branchenjargon für den Verkaufspreis des einzelnen Exemplars einer Zeitschrift.
4. Das Manuskript, bes. das satzfertige.
5. Der *Lauftext.*

Copy Desk Nach *copy* (4): der Schreibtisch, an dem

1. entweder die *eingehenden* Manuskripte der Reporter und Korrespondenten gesichtet und zum Redigieren an die Redakteure verteilt werden, z. B. vom Chef vom Dienst.
2. oder die *redigierten* Manuskripte *(Fahnen)* von einem „Senior Editor" oder *Copy Reader* einer Qualitätskontrolle unterworfen werden, besonders auf Grammatik und Stil.

Die Tätigkeit 2 wird umso seltener ausgeübt, je weniger wichtig der Text und je kleiner die Redaktion ist (Alleinverantwortung des Reporters oder Redakteurs). In großen Zeitschriften ist sie durchweg üblich *(Schlussredaktion),* in größeren Zeitungen bei wichtigen Texten. (Leitartikel, Aufmacher).

Copy Test, Copytest Marktforschung: die Befragung einer Lesergruppe („Stichprobe"), inwieweit die einzelnen Seiten, Beiträge oder Anzeigen einer bestimmten Ausgabe einer Zeitung oder Zeitschrift „genutzt" worden sind. *Nutzung* ist der Oberbegriff für das Lesen von Texten, das Betrachten von Bildern und das Wiedererkennen von Anzeigen.

covern von engl. cover = abdecken, wahrnehmen: sich um ein Ereignis kümmern, es zum Gegenstand der Berichterstattung machen („Warum habt ihr die Hochzeit nicht gecovert?").

cursor (engl., in der Technik: der Schieber) Der Lichtpunkt, der auf dem Bildschirm die Arbeitsposition anzeigt.

Dachzeile *s. Spitzmarke (1)*

Desk Der Tisch, an dem der *Blattmacher* sitzt. Vgl. *Copy Desk, slot.*

Digitalkamera Fotoapparat, bei dem der Film durch ein elektronisches Speichermedium ersetzt wurde. Die Bilder werden schon bei der Aufnahme in elektronische Impulse „zerlegt" (digitalisiert) und können direkt in den Redaktionscomputer eingelesen werden, auch übers Telefon- bzw. ISDN-Netz.

Dokumentarspiel Im Fernsehen die Entsprechung zum Historischen Roman: Zeitkolorit und Staatsaktionen stimmen, Handlung großenteils erfunden. Vgl. *Feature.*

Dokumentation

1. Das Zusammenstellen, Ordnen, Aufbereiten von Dokumenten und anderen Unterlagen, journalistisch unter Einschluss der mündlichen Recherche.
2. Das Zusammengestellte selbst, die Dokumenten-Übersicht.
3. Ein Artikel/eine Sendung, der/die überwiegend aus dokumentarischen Texten/Originalaufnahmen besteht.
4. In großen Redaktionen (Gruner + Jahr, *Spiegel*): das Ressort, das die Arbeit (1) vornimmt; ein *Archiv,* das Material nicht nur aushändigt, sondern aufbereitet und den fertigen Artikel anhand des Materials überprüft.
5. Neuerdings: jedes größere Redaktionsarchiv.

Dolly Im Fernsehen: fahrbarer Kamerawagen mit Hochsitz.

dope-sheet (engl. vertrauliche Information über Rennpferde) Fernsehjargon: die Informationen, die es möglich machen, einen Film zu texten.

Doppelmittel Im Bleisatz: der Schriftgrad von 28 Punkten.

Drehbuch Das Manuskript, das alle *Einstellungen* eines Films enthält, unterteilt nach den sichtbaren Elementen (links) sowie Geräuschen, Musik, zu sprechendem Text (rechts). Vgl. *Drehplan, Szenarium.*

Drehplan Im Fernsehen: das Verzeichnis der mutmaßlichen *Einstellungen,* das vor einer *live*-Sendung angelegt wird; i. U. zum streng fixierten *Drehbuch.*

Druckerprotokoll Im Lichtsatz: die *Fahne* zur Korrektur.

DTP Abk. f. Desktop-Publishing: Produzieren von Druckerzeugnissen mit einem Schreibtischcomputer. Alle Arbeitsprozesse zum Erstellen einer Druckvorlage für eine Zeitung oder Zeitschrift – Textproduktion, Bildbearbeitung, Illustration, Layout, Anzeigenplatzierung – laufen innerhalb des Büros am Computer ab. Voraussetzung dafür sind Computer mit hohen Speicherkapazitäten und so genannte DTP-Programme mit Namen wie QuarkXPress, Pagemaker, Photoshop, Freehand u.a.

Dummy (engl.) Attrappe, Schaupackung; Schaufensterpuppe; Versuchspuppe (beim Crash-Test); Pappkamerad (Zielscheibe in den Umrissen eines Menschen); daher: Schaustück, Greifmuster einer geplanten künftigen Zeitschrift; gedruckt oder bloß geklebt; meist mit echten Bildern, aber blindem Text.
Bei echtem Text nähert sich das Dummy der *Nullnummer* (Pilotnummer, pilot issue): einer rundum echten Zeitschrift, mit deren Hilfe Inserenten für die Nr. 1 geworben werden und Verlag, Redaktion und Marktforschung ihre letzten Entscheidungen fällen.

Durchschuss Der Zwischenraum zwischen den Zeilen (i. U. zum *Ausschluss,* dem Zwischenraum zwischen den Wörtern). „Dann durchschießen wir's eben": Wir legen mehr Durchschuss, mehr „Luft" zwischen die Zeilen, um einen zu kurzen Text zu strecken.

Eckenbrüller In der *FR:* eine 1-spaltige Nachricht ganz oben rechts oder ganz oben links auf der Seite, zumal auf S. 1. Die Institution (nicht das Wort) ist am häufigsten auf S. 1 der *FAZ.*

Editorial (engl.)

1. Ein Artikel, der die Meinung der Redaktion wiedergibt (Leitartikel, *Kommentar, Glosse).* Vgl. *Kolumne.*
2. Eine Information über redaktionelle Hintergründe oder Interna, z. B. die „Hausmitteilung" im *Spiegel.*
3. In manchen Redaktionen jeder Artikel auf der *Editorial-Seite* (Kommentarseite, Meinungsseite), auch wenn er nicht Meinung, sondern Analyse bietet.

Einstellung, shot Im Fernsehen: Szene, die ohne Unterbrechung aufgenommen wird. Durchschnittliche Länge einer Einstellung: 6 bis 10 Sekunden, bei Spielhandlungen mehr. Im Vorspann amerikanischer Krimi-Serien gibt es Einstellungen von einer Achtelsekunde. Das Verzeichnis der geplanten Einstellungen ist das *Drehbuch* oder der *Drehplan,* der tatsächlichen die *shot list.* Vgl. *Zwischenschnitt.*

eye-catcher *s. Hingucker.*

Fahne (Im Bleisatz auch: Bürstenabzug) Der erste Abzug des gesetzten, noch nicht umbrochenen *Lauftextes,* zur Längenkontrolle und Korrektur (beim *DTP* nicht mehr erfolderlich). Vgl. *Druckerprotokoll.*

FAZ

1. Die *Frankfurter Allgemeine Zeitung*
2. Im Fernsehen: Filmaufzeichnungsgerät

Feature (engl.) Gesichtszug, Charakterzug, typische Eigenschaft, Besonderheit, Attraktion; im Kino: der Hauptfilm. Im Journalismus:

1. Allerweltswort für lebendig geschriebene Texte oder lebendig gestaltete Sendungen abseits des strengen Nachrichtenstils, in vielen Red. unter Einschluss der *Reportage* oder des Korrespondentenberichts.
2. Im engeren Sinn: nur diejenigen Artikel oder Sendungen, die i. U. zur Reportage aus Archivmaterial aufbereitet werden (im Hörfunk: Hörbild, im Fernsehen: Dokumentarbericht).

   In Zeitschriften ist das Wort kaum in Gebrauch, weil Nachrichten ohnehin nicht vorkommen.

   verfeaturen oder *verfietschern:* die trockene Information in ein Feature verwandeln.

feedback (engl.) Rückkopplung, Rückmeldung, Rückwirkung: der Einfluss, den Leser/Hörer/Fernsehteilnehmer auf die Redaktionen nehmen oder zu nehmen versuchen

- *Direktes feedback:* Leserbriefe, Hörerproteste, Einspielung von Telefonanrufen in die laufende Sendung

- *Indirektes feedback:* Markt- und Meinungsforscher informieren die Red. über ihr Echo.

Fettvoraus s. *Spitzmarke* (2) und (3)

Feuilleton (frz. Blättchen): das unter dem Strich Gedruckte, urspr. Kulturberichte und Plaudereien. Daher heute:
1. Der Kulturteil einer Zeitung
2. Die geistreiche Plauderei, Leichtgewicht mit Hintersinn („Wiener Feuilleton"), z. B. im „Streiflicht" der *Süddeutschen Zeitung* und in der Feuilletonglosse der *FAZ*. Die Grenzen zur *Glosse* (B) sind fließend. *feuilletonisch:* oft abschätzig für Texte mit zu viel Eleganz und zu wenig Substanz.

Filmvorschub Im *Lichtsatz:* die Strecke, um die der Film vorgeschoben werden muss, damit die nächste Zeile belichtet werden kann. Diese Strecke entspricht dem *Kegel* im Bleisatz.

Flachdruck
1. Die Druckverfahren, bei denen druckende und nicht druckende Teile auf einer Ebene liegen, i. U. zum *Hochdruck* und zum *Tiefdruck.* Die nicht druckenden Teile sind chemisch so behandelt, dass sie Farbe abstoßen. Das wichtigste Flachdruckverfahren ist der *Offset-Druck.*
2. Unkorrekt, aber z. T. gebräuchlich: Das Drucken nicht von Zylindern wie beim Rotationsdruck, sondern von Platten (für Buchdruck und Plakatdruck); korrekt: *Bogendruck.*
3. In der Kunst: die Lithografie.

Flachmann In einigen Zeitungen: ein flacher drei- oder vierspaltiger *Kasten,* meist mit einem Hintergrundbericht.

flash Bei Agenturen: die Blitzmeldung (vgl. *Snap*).

Flattersatz Ein Text, der absichtlich nicht geblockt wird *(s. blocken),* sondern ungerade ausläuft wie auf der Schreibmaschine; dann ist der Flattersatz *linksbündig* (links gerade, rechts flatternd). Es gibt auch *rechtsbündigen* Flattersatz (rechts gerade, links flatternd) oder beidseitigen Flattersatz, der um eine *Mittelachse* gruppiert ist.
Flattersatz ist eine beliebte Form in Zeitschriften, zumal beim *Vorspann.* Auch in Zeitungen und Büchern ist er im Vordringen. Manche Redaktionen unterscheiden: *Flattersatz* ist nur der von Grafikern ausgeklügelte Zeilenfall. Lässt man den Satz dagegen beliebig rechts auslaufen wie auf der Schreibmaschine (und in Büchern und Zeitungen gibt es nur dies), wird von *Rausatz* gesprochen.

Fleisch s. *Letter*

Fließsatz, Fließtext: Syn. für *Lauftext*

Fotosatz Ein Lichtsatzverfahren zum Setzen von Überschriften: Die Buchstaben werden durch eine Schablone auf einen Film projiziert und belichtet. Dadurch sind, anders als beim Bleisatz, beliebige Vergrößerungen und Verkleinerungen möglich.

Fraktur (gebrochene Schrift, gotische Schrift, deutsche Schrift) Die Familie von Druckschriften, die im deutschen Sprachraum vom 16. bis zum 20. Jahrhundert üblich war. Noch 1930 wurde etwa die Hälfte der deutschen Bücher in Fraktur gedruckt. 1941 wurde die Fraktur von Hitler verboten. Heute werden in der deutschen Presse nur noch die Kommentarüberschriften der *FAZ* in Fraktur gesetzt. Vgl. *Antiqua, Grotesk.*

Fußkasten s. *Aufsetzer (1)*

Galgen

1. In Zeitungen und Zeitschriften: jener unbeliebte redaktionelle Freiraum, der dann entsteht, wenn eine Anzeige weder die ganze Breite noch die ganze Höhe füllt.
2. Im Fernsehen: ein Gestell, an dem das Mikrofon so angebracht ist, dass es nicht im Bild erscheint.

Gastkommentar

Ein Meinungsartikel von einem Redaktionsfremden. Erscheint er regelmäßig, spricht man von *Kolumne.* Vgl. *Editorial.*

gestorben ist, je nach Redaktion (Wunder der Sprache!):

1. ein Thema, ein Artikel, ein Funkbeitrag, wenn feststeht, dass er nicht gedruckt oder gesendet werden soll
2. umgekehrt, wenn feststeht, dass er druck- oder sendereif ist. *(Stuttgarter Zeitung:* gestorben = erscheint; beerdigt = erscheint nicht).

Glosse

Stufe 1: griech. glossa = Zunge, Sprache

Stufe 2: lat./altdeutsch glossa = schwieriges Wort, das der Erläuterung bedarf (vgl. Glossar: Sammlung schwieriger Wörter mit Erklärungen).

Stufe 3: die Erklärung selbst. Da oft an den Rand geschrieben:

Stufe 4: Randglosse, Randbemerkung. Davon die heutige *Bedeutung* **A:** Der *Kurzkommentar.*

Stufe 5: die spöttische Randbemerkung. Davon die heutige *Bedeutung* **B:** der *sarkastische, satirische Kurzkommentar.*

In manchen Redaktionen gilt nur die Bedeutung A (die Kurzkommentare in der *Zeit* auf S. 1 rechts, die Leitglosse der *FAZ*), in manchen nur B, in manchen beides durcheinander. Man muss also nachfragen. Vgl. *Spitze (1).*

Grafik auch noch Graphik (griech. „Schreibkunst)“: die Kunst des Schreibens, Zeichnens, Stechens und Radierens, bes. zum Zweck der Vervielfältigung; der Vorgang der Vervielfältigung; das daraus entstehende Kunstblatt. Im Journalismus:

1. Der Beruf und die Tätigkeit des *Grafikers* (vgl. *Layout*)
2. Das Ressort der Zeitschrift, in dem die Grafiker und Layouter tätig sind, auch Layout genannt.
3. Die grafische Darstellung, das *Schaubild,* das Diagramm.

Grotesk (Blockschrift, serifenlose Antiqua) Eine Gruppe von Druckschriften, bei denen alle Striche gleich stark sind und an Kopf und Fuß der Buchstaben die An- und Abstriche (Serifen) fehlen, i. U. zur *Antiqua*. Üblich in den Überschriften der *Süddeutschen Zeitung*.

headline (engl. Kopfzeile): *s. Schlagzeile, Überschrift*

Heiße Probe Im Fernsehen: Generalprobe vor einer *live*-Sendung unter Beteiligung der gesamten Technik, i. U. zur Kalten Probe, bei der die Technik noch nicht beteiligt ist.

Herstellung Entgegen dem Wortsinn nicht dasselbe wie *Produktion*, sondern: in Buch- und Zeitschriftenverlagen eine Abteilung oder ein Angestellter *(Hersteller)* zwischen Lektorat/Redaktion und Setzerei/Druckerei, zuständig für die Überwachung eines korrekten und pünktlichen technischen Ablaufs, für Druck- und Papierqualität, oft auch für Kalkulation. In Buchverlagen ist der Hersteller meist schon für das *Imprimatur* zuständig, bei Zeitschriften wird er nach der Imprimatur-Abteilung tätig.

Hingucker, Hinkucker, engl. eye-catcher. In Illustrierten: ein Foto oder ein anderes grafisches Element, das den Blick auf sich zieht und damit den Beitrag *verkaufen* hilft („Wir haben noch keinen Hingucker!")

Hochdruck

1. Das älteste Druckverfahren: Die farbabgebenden, also druckenden Stellen der Druckform sind höher als die nichtdruckenden Stellen. Zeitungen wurden früher nur im Hochdruck hergestellt, inzwischen zunehmend im Offset-Druck, einem *Flachdruck*-Verfahren.
2. In der Kunst: der Holzschnitt.

Homepage Bildschirmseite, mit der jeder Teilnehmer am *Internet* sich und sein Angebot vorstellt. Verlage stellen darauf oft noch zusätzliche Informationen zu den aktuellen Ausgaben ihrer Zeitungen oder Zeitschriften vor, ermöglichen den Zugriff auf Archivbereiche ebenso wie Abo-Bestellungen oder das Zusenden von Leserbriefen als elektronische Post (E-Mail).

home video *s. Audiovision*

Hurenkind Setzerjargon für den unerwünschten Effekt, der eintritt, wenn die letzte Zeile des Absatzes die erste Zeile einer neuen Spalte ist. Hurenkinder gelten als Sünde – jedoch, je nach Redaktion

1. lediglich dann, wenn die Zeile nur aus einem Wort besteht oder kaum halb voll läuft; *blockt* man sie, so ist die Sünde vergeben,
2. auch dann, wenn die letzte Zeile voll oder fast voll läuft. Wenn der Metteur nicht mit Durchschuss helfen kann, muss der Redakteur streichen oder dazudichten.

illustrieren

1. Illustrationen herstellen, einen Beitrag mit Fotos oder Grafiken versehen (vgl. *Grafik 3)*.

2. In anspruchsvollen Zeitschriften: abwertendes Wort für das bloße Illustrieren, i. U. zum *Visualisieren.*

Imprimatur Korrekt das Impri*ma*tur (lat. „es möge gedruckt werden", urspr. die kirchliche Druckerlaubnis); in den meisten Setzereien, die Imprima*tur*"; als Stempel „Imp.":

1. Die Freigabe zum Druck, erteilt nach Vollzug aller Korrekturen vom (Chef-)Korrektor oder vom Umbruch-Redakteur; in großen Zeitschriftenredaktionen jedoch
2. das Ressort, das die Korrekturen überprüft und den Satz zum Druck freigibt.

Initial, das: Ein übergroßer *Versal,* der den Anfang eines Textes hervorheben oder längere Texte optisch untergliedern soll.

Insert Eine Schrifttafel, die ins Fernsehbild eingeblendet wird.

Internet Weltumspannendes Datennetz, das jedem, der über einen Computer und einen Telefonanschluss verfügt, erlaubt, Informationen jedweder Art zu verbreiten und solche zu recherchieren. Eine hierarchische Ordnung, die entscheidet, ob etwas ins Netz „gestellt" wird oder nicht, gibt es nicht. Alles ist möglich.
Journalisten, die im Internet recherchieren, greifen daher gern auf Angebote und Archive von Verlagen oder Agenturen zu. Bei weniger bekannten Anbietern stellt sich mitunter die Frage nach der Zuverlässigkeit der Quelle.

ISDN Abk. f. *integrated services digital network*: Datenleitungsnetz, das verschiedene Dieste (Telefongespräche, Text, Bilder, Videos, Musik) „integriert". Sie alle lassen sich über dieses Netz sehr schnell („hohe Übertragungsrate") digital – d.h. in elektrische Impulse verwandelt – übermitteln.
Über ISDN lassen sich folglich am Bildschirm erstellte Seiten von Zeitungen und Zeitschriften direkt von der Redaktion zur Druckerei senden. Das erspart u.a. bei Kopfblättern die aufwändige Produktion und den Transport von Matern.

IT-Band, international sound track. Im Fernsehen: ein Tonband, das alle *O-Töne* enthält, sodass bei internationalem Filmaustausch nur der heimische Kommentar zugemischt zu werden braucht.

IVW Informationsgemeinschaft zur Feststellung der Verbreitung von Werbeträgern; ermittelt und veröffentlicht vierteljährlich die *Auflage* von Zeitungen und Zeitschriften. Vgl. *Käufer.*

Jungfrau Setzerjargon für eine fehlerlos gesetzte Seite oder Spalte.

Kabeltext Ein Bildschirmtext, der jedoch auch Fotos und Filme enthalten kann, weil er nicht über Telefonleitung, sondern über Breitbandkabel eingespielt wird.

Kapitälchen Großbuchstabe (*Versal,* Majuskel) in der Höhe eines Kleinbuchstabens (Minuskel), sodass auch bei Versalsatz die orthografische Großschreibung erkennbar bleibt: ER HEISST FRITZ

Kasch Laut Lexikon: russische Buchweizengrütze; im Fernsehen jedoch (von „kaschieren"): Blende vor dem Objektiv, die einen Teil des Bildfelds abdeckt. Vgl. *Maske (2), Neger (1).*

Kasten

1. In den meisten Red.: ein durch Linien eingerahmter und abgehobener Text. Vgl. *Flachmann.*
2. In einzelnen Red.: Syn. für den normalen 2-Spalter.

Käufer Derjenige, der den Kauf einer Zeitung oder Zeitschrift tätigt oder das Abonnement bestellt hat – i. U. zum *Leser.* Jede Publikation hat mehr Leser als Käufer. Die Zahl der Käufer wird durch *IVW* ermittelt, die Zahl der Leser durch die *Media-Analyse.*

Kegel Das „Fleisch" der *Letter,* so weit es sich in die Senkrechte erstreckt. „8/8" heißt: eine 8-Punkt-Schrift mit dem üblichen Fleisch über und unter den Schriftzeichen, also auf 8-Punkt-Kegel.
„8/9" heißt: eine 8-Punkt-Schrift mit je einem halben Punkt zusätzlichem Fleisch über und unter dem Schriftzeichen, also auf einem 9-Punkt-Kegel. Dieselbe Wirkung lässt sich mit *Regletten* erzielen. Vgl. *Durchschuss, Punkt, Filmvorschub.*

Kill Agenturjargon: das Zurückziehen einer Meldung.

Kinken (aus der Seemannssprache): Haken, Knoten (in der Logik, dem Ablauf u. a.).

Kleintexte in Zeitschriften: alles, was nicht *Lauftext* ist, also Überschriften, Vorspann, Bildtexte, Seitentitel, Zwischentitel. Entgegen dem Wortsinn kosten die Kleintexte oft mehr Mühe als der Lauftext.

Knüller, auch Knaller (von mittelhochd. knüllen und jiddisch knellen = knallen, schlagen, stoßen): Aufsehen erregende Nachricht, „Schlager", Sensation, großer Auflagen- oder Kassenerfolg. Vgl. *scoop.*

Kolumne (von lat. columna = die Säule, engl. column):

1. Ein Meinungsartikel, den ein Autor (der Kolumnist) regelmäßig an einem bestimmten Platz publiziert –
   - im engeren (engl./amerik.) Sinn ein Gastkommentator
   - im weiteren Sinn auch ein Redaktionsmitglied

Die engl./amerik. Column ist häufig kein Meinungsartikel, sondern eine exklusive Hintergrund-Information.

2. Die Druckspalte einer Zeitung oder Zeitschrift.

Kommentar (von lat. commentarius = Aufzeichnung, Notizbuch)

1. Juristisch und philologisch: die Erläuterung, die erklärende Beigabe (zum BGB, zum „Faust")
2. Publizistisch: die Kritik, die Wertung, der Meinungsartikel, das *Editorial,* auch die Kolumne. Je nach Länge und Platzierung werden die Meinungsartikel unterteilt in Leitartikel (lang), „Kommentare" im engeren Sinn (mittellang) und Kurzkommentare, auch *Glosse* (A) genannt.
   Entgegen der theoretischen Unterteilung nach (1) und (2) sind auch

Leitartikel usw. häufig *keine* Meinungsartikel, sondern bloße Erläuterungen, besonders bei exotischen oder sonst wie komplizierten Themen: erklärende Beigabe, Hintergrund, Deutung, Analyse, „Gebrauchsanweisung" (z. B. zum Verständnis der Lage in Bolivien).

Trennung von Kommentar und Nachricht:
immer gepredigt, jedoch:
- *verwischt,* wenn der Leitartikel nur Hintergrund-Informationen liefert oder wenn umgekehrt der Korrespondent im Nachrichtenteil Meinungen einfließen lässt; auch bei vielen Überschriften;
- *nicht praktiziert* von *Spiegel* und *Bild* sowie von den Illustrierten;
- *nicht einmal gepredigt* von der *Neuen Zürcher Zeitung.*

Ein oft gelobtes Mittel zur säuberlichen Trennung: an die Nachrichten, durch ein Sternchen (*) getrennt, einen Kurzkommentar anhängen.

Kommunikation ist neuerdings von der Werbung usurpiert worden: Die Werbefachleute nennen *ihre* Arbeit „Kommunikation", sauberer manchmal auch „Auftrags-Kommunikation".

kompress setzen: ohne *Durchschuss* setzen. Vgl. *Kegel.*

Konserve In Funk und Fernsehen die fertig vorliegende Aufzeichnung, i. U. zur *live*-Sendung.

Kopfblatt Eine Zeitung, die mit eigenem Titelkopf und eigenem Lokalteil erscheint, in allen übrigen Teilen jedoch mit dem Mutterblatt identisch ist. Große Provinzzeitungen haben bis zu zwanzig Kopfblätter. Vgl. *Mater, ISDN.*

Korken Grober Fehler.

Kursivling in der FAZ: Ein Text mit kursiver Überschrift, die seinen saloppen Charakter kennzeichnen soll.

Lauftext, auch Fließtext: der zentrale, fortlaufende Text eines Beitrages, i. U. zu den *Kleintexten.* Vgl. *Artikel (3), Bericht (2), Copy (5).*

Layout engl. Plan, Entwurf, Aufriss, Grundriss, Skizze (in der angelsächsischen Presse aber überwiegend „design"):

1. Die optische Darbietung eines Druck-Erzeugnisses (Größe und Charakter der Schriften, Bilder und Freiräume)
2. Der für (1) notwendige Arbeitsprozess, auch *Aufriss* genannt (eine Seite „aufreißen", d. h. die Platzverteilung auf ihr skizzieren oder exakt berechnen; i. U. zum *Umbruch,* s. unten) Vgl. *scribble.*
3. Das Ergebnis dieser Arbeit, die *gelayoutete* Seite, in manchen Redaktionen der *Spiegel.*
4. In Zeitschriften und Boulevardzeitungen das Ressort, das diese Arbeit vornimmt, auch *Grafik* genannt. (Sein Chef steht im Impressum unter Bezeichnungen wie: Cheflayouter, Chefgrafiker, Art Director, Grafische Gestaltung, Typografisches Atelier).

Tageszeitungen wurden teils *umbrochen* (im Zwiegespräch zwischen Metteur und Umbruchredaktion/Chef vom Dienst), teils ebenfalls gelayoutet, d. h. Schrift und Bilder wurden nach einem exakt berechneten Layout vom Metteur oder Computer-Operator an die vorgegebene Seite gesetzt. Vgl. *Montage, Positionierung.*

lead (engl. Führung, Leitung, Vorsprung, Vorhand) In der angelsächsischen Presse, auch in deutschen Redaktionen (das lead, der lead):
1. Der erste Satz einer Nachricht, der „Einstieg" in die Nachricht, ihre Aufzäumung. In diesem Sinn vor allem von Agenturen verwendet, bei denen der erste Satz häufig über die Abdruckquote entscheidet.
2. Syn. für *Vorspann,* auch wenn er die Länge eines Satzes überschreitet.

Legende (von lat. legenda = das zu Lesende):
1. In manchen Redaktionen Syn. für Bildtext, Bildunterzeile
2. Im engeren Sinn: nur der Text unter einer Karte oder *Grafik* (3), der zum Verständnis der Farben und Symbole nötig ist.

Leiche Setzerjargon: das Fehlen von Wörtern, Sätzen oder Zeilen im gesetzten Text – eine üble Entdeckung, wenn der Umbruch als beendet galt.

Leitglosse Unscharfe Bezeichnung für einen Kurzkommentar (vgl. *Glosse* A), wenn er an prominenter Stelle steht, z. B. in der *FAZ* auf Seite 1 oben.

Leser Der, der in einer Zeitung oder Zeitschrift liest, i. U. zum *Käufer.* Ein *Stern*-Exemplar hat im Durchschnitt fünf Leser. Daran wirkt der Lesezirkel mit, der das Ex. durch mehrere Stationen schleust, darunter solche, wo es dutzendfach gelesen wird (Wartezimmer, Friseur). Vgl. *Media-Analyse.*

Leser-Blatt-Bindung Die Treue des Lesers zu einer Zeitung oder Zeitschrift. Treue entsteht vor allem durch Gewohnheit, redaktionelle Qualität, *Aktionsjournalismus* (1) und Werbung.

Letter, die Das Schriftzeichen (Buchstabe, Ziffer oder Satzzeichen) mitsamt dem *Fleisch,* den nichtdruckenden Teilen des Bleikörpers, der das Schriftzeichen trägt. Vgl. *Kegel.*

Lichtsatz, auch Digitalsatz: Die Schriftzeichen werden nicht körperlich gegossen wie im Blei, sondern digitalisiert, d. h. in Punkte und Linien zerlegt. Korrektur findet immateriell statt. Erst beim Belichten des druckreifen Textes auf Film oder Papier werden die digitalisierten Einzelteile wieder zu Schriftzeichen zusammengesetzt. Die Lichtsetzmaschine ist computergesteuert und kann pro Stunde bis zu 10 Millionen Buchstaben setzen.

live ist eine Hörfunk- oder Fernsehsendung, die während der Aufnahme gesendet wird. Reine live-Sendungen sind selten: Jede „Tagesschau" enthält *Konserven* mit Korrespondentenberichten.

log engl. Log, Logbuch: bei den (amerikanischen) Nachrichtenagenturen die tägliche Kontrolle des Abdruck-Erfolgs, des *Play.*

Lumbeckverfahren, lumbecken, gelumbeckt (nach dem Erfinder Lumbeck): die fadenlose Klebebindung von Taschenbüchern, Paperbacks und vielen Zeitschriften *(Geo, Capital)*: i. U. zur Rückendrahtheftung (Rückenstichheftung, Klammerheftung) wie bei *Stern* und *Spiegel.* Das Lumbecken ist zwar billiger als das herkömmliche Buchbinden, aber teurer und zeitaufwändiger als die Rückendrahtheftung; außerdem lässt das Heft sich nicht glatt aufschlagen. Doch ist die buchähnliche Wirkung des Lumbeckens bei nichtaktuellen, teuren Zeitschriften (und nur bei diesen) erwünscht. Auch hat es einen Vorteil für die Redaktion: Kein *Produkt* (s. dieses) muss symmetrisch in der hinteren Hälfte des Heftes wiederkehren (während beim *Stern* die ersten 32 Seiten immer denselben Drucktermin und dieselbe Papierqualität haben wie die letzten 32 Seiten usw.).

MAC-Welt DTP-Computer und Programme, die das Betriebssystem des amerikanischen Herstellers Apple erfordern.

Majuskel, die: Großbuchstabe, s. *Versalien.*

Marketing (von engl. to market = auf den Markt bringen, verkaufen) Die Gesamtheit aller verlegerischen und redaktionellen Maßnahmen, die ein Objekt für Käufer und Inserenten interessant machen.

Maske Im Fernsehen:
1. der Schminkraum,
2. eine Schablone, die vor die Kamera geschoben wird, z. B. um den Eindruck des Durch-ein-Fernglas-Blickens zu erwecken. Vgl. *Kasch.*

Mater (lat. Mutter) Beim *Hochdruck* eine Tafel aus Pappe oder Kunststoff, in die der fertige Satz eingeprägt wird, um davon die Druckplatte zu gießen. Von einer Druckform lassen sich viele Matern herstellen, und Matern sind leicht zu transportieren. Sie wurden daher für den Druck von Zeitungen an mehreren Druckorten (z. B. *Bild*) und bei der Herstellung von *Kopfblättern* verwendet. Dank der neuen Technik (*DTP, ISDN*) ist dieses Verfahren kaum mehr üblich.

MAZ
1. Im Fernsehen: magnetische Bildaufzeichnung. Ein mit elektronischer Kamera aufgenommenes Bild kann gleichzeitig *live* gesendet *und* mitgeschnitten werden. Der MAZ-Mitschnitt ermöglicht Archivierung und Kontrolle sowie (beim Sport) die sofortige Wiederholung.
   mazen: im MAZ-Verfahren aufzeichnen.
2. Meldestelle für Anzeigen im Zeitschriftenwesen (überprüft halbjährlich, ob die Verlage die Anzeigen exakt abrechnen).

Media-Analyse (MA) Die alljährlich in der Bundesrepublik stattfindende aufwändigste Marktforschung der Welt. Sie soll die Zahl der *Leser* ermitteln und zugleich die Leserschaft nach Alter, Geschlecht, Einkommen usw. aufschlüsseln. Damit wird sie zur Bibel der Werbeagenturen. Vgl. *Reichweite.*

Meldung Unscharfes Wort für eine Nachricht, das (je nach Redaktion) abgrenzen soll:

1. die *Kurzmeldung* von ein- und mehrspaltigen Nachrichten
2. die *einspaltige Nachricht* vom mehrspaltigen „Bericht" (häufigste Verwendung)
3. die *nüchterne Nachricht* von *Feature, Reportage, Story.*

Minuskel, die Kleinbuchstabe, i. U. zur Majuskel.

Mittel Bei Überschriften im Bleisatz: der Schriftgrad von 14 Punkten

Montage

1. Im Hochdruck: Der Umbruch, wenn er nach *Layout* aus *Lichtsatz* geklebt wird; wird zunehmend durch Bildschirm-Umbruch abgelöst *(Positionierung).*
2. Im *Flachdruck* und *Tiefdruck:* Das Zusammenfügen *(Montieren)* der Texte und Bilder einer Seite nach *Layout* auf einer Folie.
3. Der Raum, in dem die Montage stattfindet.

Mutter und Tochter Computerjargon: Mutter (auch „master") ist das zentrale, übergeordnete Bildschirmgerät des Chefs vom Dienst (Schichtführers, Dienstleiters), dem die Töchter (auch „slaves") der einzelnen Redakteure zugeordnet sind.

Nachricht Eine Information über Tatsachen, die für die Adressaten vermutlich neu und interessant sind und unter diesem Aspekt aus möglichen Zusammenhängen gerissen werden; i. U. zum *Kommentar* (2) unter striktem Verzicht auf die Meinung des Schreibers; i. U. zur *Reportage* ohne subjektive Elemente und Impressionen; i. U. zum Korrespondentenbericht ohne (oder mit vorsichtiger) Deutung; meist (aber nicht zwingend) ohne die unterhaltenden Elemente des *Features.* Vgl. *Meldung, Report, Summary.*

Nachspann, Abspann. Die Nennung derer, die an einer Fernsehsendung mitgewirkt haben, sofern sie am Schluss der Sendung erfolgt.

Neger

1. Im Fernsehen und im Fotoatelier: Bleche oder Stellwände zur Abschirmung unerwünschten Lichteinfalls. Vgl. *Kasch.*
2. Im Fernsehen: Schrifttafeln, von denen Texte abgelesen werden können, ohne dass sie im Bild erscheinen. Vgl. *Teleprompter.*
3. Syn. für ghostwriter (einen, der für Prominente Reden oder Bücher schreibt).

Neue Medien Oberbegriff für *Audiovision, Kabeltext,* Videotext, Kabelfernsehen und Satellitenfernsehen.

Nullzeit Im ZDF 19.00 Uhr, in der ARD 20.00 Uhr, also der (ausnahmslos pünktliche) Beginn der Hauptnachrichtensendungen.

off – on Fernsehen: im on sein = im Bild erscheinen; im off sein = nicht im Bild erscheinen. Vgl. *Aufsager.*

Offset-Druck Ein Druckverfahren, bei dem druckende und nichtdruckende Teile auf gleicher Ebene liegen (i. U. zu *Hochdruck* und *Tiefdruck*). Die nicht druckenden Teile sind chemisch so behandelt, dass sie Wasser annehmen und dadurch Farbe abstoßen.

off the record (engl. „weg vom Protokoll"): nicht zur Veröffentlichung.

O-Ton, Originalton Im Funk: alles Hörbare, was das Mikrofon während der Aufnahme einfängt; i. U. zum Text, der im Studio dazugesprochen wird. Vgl. *IT-Band.*

Ozalid s. *Blaupause*

Pagina lat. Seite: die Seitenziffer. Paginieren: mit Seitenzahlen versehen.

PC-Welt Computer und Programme verschiedener Hersteller, die auf dem Betriebssystem MS-DOS bzw. Windows des amerikanischen Herstellers Microsoft basieren.

Petit Der Schriftgrad von 8 *Punkten,* der im Zeitungssatz dominiert.

play engl. Spiel, Spielraum, Bewegung: bei den (amerikanischen) Nachrichtenagenturen der Abdruck-Erfolg (Wie viele Zeitungen haben die Rede des Politikers X in der Fassung von AP, wie viele in der von dpa usw. gedruckt?) Vgl. *log.*

Playback Fernsehen: Das nachträgliche Zusammenfügen von Bild und Ton. Der Sänger bewegt die Lippen entweder zum Gesang eines anderen oder zu seinem eigenen, der schon vorher (unter technisch günstigeren Bedingungen) aufgezeichnet worden ist.

Positionierung Der Umbruch, so weit er auf dem *Bildschirm* vorgenommen wird. Vgl. *Layout.*

Producer Im Hörfunk ein Angestellter, der Sendungen technisch vorbereitet und ihren Ablauf überwacht. Oft ist er auch für die Auswahl der Musik zuständig. Bei *live*-Sendungen nimmt er die Höreranrufe entgegen. Vgl. *Realisator.*

Produkt auch Lage, Buch: der Teil einer Zeitung oder Zeitschrift, der in einem Arbeitsgang gedruckt wird.

Zeitungen bestehen meist aus zwei bis vier Produkten, die lose ineinander gelegt und dadurch für den Leser erkennbar sind; die erste Seite eines neuen Produkts ist ein bevorzugter Platz, z. B. zur Eröffnung des Lokal- oder Wirtschaftsteils.

Zeitschriften bestehen aus bis zu zwölf Produkten, deren Grenzen jedoch wegen der Rückenheftung für den Leser nicht erkennbar sind. Dagegen spielen sie wegen ihrer unterschiedlichen Produktionstermine eine entscheidende Rolle in den Planungen der Redaktion (die frühen *Vorprodukte* – das späte *Hauptprodukt*). Vgl. *Lumbeckverfahren.*

Produktion

1. Der gesamte Prozess der Herstellung einer Zeitung, Zeitschrift oder Sendung, von der Idee des Redakteurs bis zur Beendigung des Druckvorgangs/der Schneidearbeit.
2. Im engeren Sinn: der technische Teil von (1), also Satz und Druck.
3. In vielen Zeitschriften: der Dachbegriff für den Arbeitsgang, der mit dem Beschluss, ein Thema aufzugreifen, anläuft: Recherche – Bildbeschaffung – Niederschrift – Layout – Überschrift – Bildtexte.

4. In manchen Redaktionen: die Abteilung, die für die Gestaltung des *Titels* (4) und die Bebilderung optisch aufwändiger Themen sorgt.

Produktionsredakteur In manchen Zeitungen ein Redakteur, der für ein bestimmtes Ressort oder eine bestimmte Seite die Chef-vom-Dienst-Funktion wahrnimmt, d. h. sie betreut vom Layout über das Satzfertigmachen der Manuskripte (vgl. *Copy Desk*) und das Formulieren der Überschriften bis zum *Imprimatur.*

Punkt Im Bleisatz: Maß für den Schriftgrad. 1 Punkt = 0,376 mm. 8 Punkte = *Petit.* 12 Punkte = *Cicero.*

Rausatz s. *Flattersatz*

Realisator Im Fernsehen: einer, der Autoren, Reportern, Redakteuren hilft, ihre Ideen in Bilder umzusetzen, sie zu *visualisieren.* Oft hat er überdies ähnliche Funktionen wie im Hörfunk der *Producer.* Auch die Grenze zum Regisseur ist fließend.

Reglette Im Bleisatz: Metallstreifen zur Erzeugung von *Durchschuss.*

Reichweite

1. Die Entfernung, bis zu der ein Rundfunksender störungsfrei empfangen werden kann.
2. In der *Media-Analyse:* die Zahl der Bundesbürger über 14 Jahre, die von einem *Medium* erreicht werden. Sie wird entweder in absoluten Zahlen ausgedrückt (8 Millionen) oder als Prozentsatz.

Die Reichweite hat nichts zu tun mit der *Struktur* (in der MA „Zusammensetzung") der Leserschaft. Die *FAZ* hat unter ihren Lesern einen ungleich höheren Anteil von Akademikern als *Bild,* aber die *Reichweite* von *Bild* unter Deutschlands Akademikern ist höher.

Report Ein Bericht, der *alles über…* enthält (*Spiegel*-Report über Rauschgift usw.). Er kann, wie das *Feature,* völlig aus dem Archiv stammen, enthält aber meist nicht die unterhaltenden Elemente des Features, auch nicht die subjektiven der *Reportage.* Eine Kurzform des „alles über…" ist das *Summary.*

Reportage

1. In vielen, zumal kleineren Zeitungsredaktionen: jeder Text, den einer schreibt, der selber irgendwo hingegangen ist (statt nur Agenturberichte oder *Waschzettel* zu redigieren).
2. Im Hörfunk: ein aktueller Bericht mit hörbarem authentischen Hintergrund („Ich stehe hier auf dem Marktplatz von…"), meist *live* übertragen.
3. Im engeren Sinn bei Zeitungen und Zeitschriften: die Hohe Schule des Journalismus, an der Grenze zur Literatur. Die Reportage ist zwar eine Information über Tatsachen wie die Nachricht, von der Nachricht jedoch durch dreierlei unterschieden:

- Sie bringt nur oder überwiegend solche Tatsachen, die der Autor selbst gehört oder gesehen hat. Sie gibt Beobachtungen wieder, nicht Reflexionen.

- Sie darf subjektive Färbungen und Impressionen enthalten; Urteile zu fällen bleibt dem Leser überlassen.
- Sie ist nicht hierarchisch aufgebaut wie die Nachricht (im ersten Absatz das Wichtigste, im letzten Absatz das Unwichtigste), sondern dramaturgisch.

Roter Hering Fernseh-Jargon: ein optisches oder akustisches Hilfsmittel zum Wiedererkennen von Personen oder Situationen (Leitmotiv, „der Mann mit der Augenklappe"). Vgl. *Spitzmarke* (5).

Rubrik (von lat. ruber = rot)

1. Die *Überschrift*
2. Eine Spalte, ein *Kasten,* eine ständige Einrichtung in einer Zeitung oder Zeitschrift (Leserbriefe, Horoskop, Aktuelles Lexikon usw.), oft *Ständige Rubrik* genannt.
3. Die Anzeigenrubrik („Rubrik-Anzeigen").

Satzspiegel Der bedruckte Teil einer Zeitungs- oder Zeitschriftenseite, d. h. ohne den Außenrand; gemessen in *Cicero.*

Scanner Gerät zum Einlesen und Digitalisieren von Bildern und Texten.

Scheckbuch-Journalismus

1. Der Kauf von Informationen, die nur für viel Geld zu haben sind *(Spiegel, Stern)*
2. Der Kauf des Exklusivrechts an einer Information, die sonst frei fließen würde.

Schiff Im Bleisatz: Metallplatte mit Rahmen für den *Umbruch* oder zum Aufbewahren von *Stehsatz.*

Schlussredaktion In großen Zeitschriften das Ressort, das die Manuskripte prüft, ehe sie gesetzt werden: auf Einhaltung der vorgegebenen Länge (vgl. *Layout),* auf grammatische Korrektheit, z. T. auch auf Qualität überhaupt. Vgl. *Copy Desk, Imprimatur, Produktion.*

Schmalzbohrer Fernsehjargon: Kopfhörer für Regie-Anweisungen.

Schnürsenkel Funkjargon: das Tonband in den Koffergeräten, die bei Außenaufnahmen verwendet werden.

Schöndruckseite Im *Hochdruck* eine Seite, auf der Fotos (Autotypien) *schlecht* drucken; i. U. zur schön druckenden *Widerdruckseite.* Die Begriffsverwirrung hat historische Gründe. Bei einem 8-Seiten-Produkt sind Widerdruckseiten 1, 3, 6, 8 – Schöndruckseiten 2, 4, 5, 7.

Schriftart s. *Antiqua, Fraktur, Grotesk.*

Schriftgrad Die Größe der Schrift, gemessen in *Punkten.* Vgl. Petit, Cicero, Mittel, Tertia, Text, Doppelmittel.

Schusterjunge Der weniger sündige Bruder des *Hurenkinds:* der Effekt, dass die letzte Zeile der Spalte die erste Zeile des neuen Absatzes ist.

scoop (engl. Schöpfkelle, Schippe: das Abgeschöpfte, der Gewinn, der große Fang): sensationeller Exklusivbericht, Steigerung von *Knüller.*

screen designer Je nach Arbeitsplatz.
1. Layouter, der das Layout einer Publikation am Bildschirm erstellt.
2. Grafiker, der am Bildschirm Illustrationen und Grafiken aufbereitet.
3. Programmierer und Gestalter von Internet-Seiten (*homepages*); auch Web-Designer.
4. in kleineren Betrieben: Grafiker, der alle gedruckten Produkte des Unternehmens gestaltet — vom Briefkopf bis zur Werbebroschüre.

scribble engl. Gekritzel, Skizze: ein roh gezeichnetes *Layout* (2).

slot (engl. Schlitz, Durchlass) Der Arbeitsplatz und die Funktion des Chefs vom Dienst oder Schichtführers in den englischsprachigen Agenturen. Vgl. *Desk.*

slow motion (engl. langsame Bewegung) Im Fernsehen: die Zeitlupe, wenn sie nicht durch Überdrehen bei der Aufnahme entsteht, sondern nachträglich durch elektronische Dehnung eines normal aufgenommenen Films, i. U. zur *quick motion,* dem Zeitraffer.

slug Stichwort über einer Agenturmeldung zur geografischen oder thematischen Einordnung („Libanon"). *Master slug:* Oberbegriff zum slug („Nahost").

snap engl. Knall, Klick – bei Agenturen: die Eilmeldung; auch der Satz, aus dem eine Eil- oder Blitzmeldung entsteht. Vgl. *flash.*

Spiegel
1. Syn. für das Layout einer Seite, s. *Layout* (3).
2. Vor allem bei Zeitschriften: die schematische, verkleinerte Darstellung aller Seiten einer Ausgabe (auch Heftspiegel, Seitenspiegel, *Struktur,* „Kuchenbrett" genannt). Der *Blattmacher* bestimmt danach die Verteilung der redaktionellen Plätze.

Spieß Im Bleisatz: *Reglette,* die sich hochgeschoben hat und fälschlich mitdruckt.

Spitze
1. In vielen Redaktionen ein Syn. für *Glosse* (A oder B), besonders die *Lokalspitze.*
2. In der *FR:* der Aufmacher!

Spitzmarke
1. Eines der vielen Wörter für die sog. Dachzeile (s. *Überschrift*).
2. Die gefetteten ersten Wörter einer Kurzmeldung oder Personalie, auch *Fettvoraus* genannt.
3. Die Überschrift eines Bildtextes (ebenfalls „Fettvoraus" genannt).
4. In einigen Zeitungen: die Ortszeile über der Nachricht.
5. In Zeitschriften: ein Bildsymbol oder ein Schriftzug, das/der auf jeder Seite eines längeren Beitrags wiederkehrt („Wiedererkenner"). Vgl. *Roter Hering.*

statement (engl. Behauptung, Aussage) Im Fernsehen: eine Erklärung oder Stellungnahme, die nicht, wie beim Interview, durch Fragen unterbrochen wird. Vgl. *Aufsager.*

Stehsatz Fertig gesetzte Texte, die
- entweder planmäßig schon für die nächste Ausgabe in Satz gegeben worden sind
- oder diesmal übrig geblieben, aber vermutlich beim nächsten Mal verwendbar sind, i. U. zum *Übersatz* (2).

Stichzeile s. *Überschrift* (3)

Story (engl. Geschichte, Erzählung):
1. Ein Feature mit erzählerischem, personalisiertem Anfang – das klassische *Spiegel*-Modell (einem Bericht über japanische Exporterfolge wird das Erlebnis *eines* Japaners oder *eines* deutschen Käufers vorangestellt).
2. Der Kern einer Nachricht, die Aussage, der Knalleffekt. („Und was ist die Story?", fragt der Redakteur ungehalten, wenn er sie dem Manuskript des Volontärs nicht zu entnehmen vermochte.)

Strichätzung im *Hochdruck:*
1. Druckverfahren zur Reproduktion von Linien (Zeichnungen, Landkarten), d. h. nicht von Grautönen wie bei der *Autotypie.*
2. Die dabei entstehende Druckplatte.

Struktur, Heftstruktur, Blattstruktur (vgl. *Spiegel* 2):
1. Der Anzeigenbelegungsplan, aus dem die redaktionellen Freiräume hervorgehen.
2. Die Verteilung des Redaktionsplatzes auf Ressorts oder Themen. *Strukturkonferenz:* In Zeitschriften ohne feste Ressortplätze das Ringen der Ressorts um den Platz.

Summary (engl. Zusammenfassung, Übersicht, Abriss, Kompendium; in deutschen Red. auch „Summy"; syn. mit abstract, epitome):
1. Die Kurzfassung eines längeren Berichts, z. B. kurz auf S. 1, lang auf S. 5.
2. De facto – wenn auch meist nicht so benannt – ein Oberbegriff für Ständige Rubriken wie „Stichwort", „Aktuelles Lexikon" oder „Aktuelles Wörterbuch": *alles über* (Bolivien, die Neutronenbombe, den Dialektischen Materialismus usw.) in 20 bis 40 Zeilen.

Szenarium Rohfassung des *Drehbuchs.* Vgl. *treatment.*

take, das (engl. Portion)
1. Im Funk: Abschnitt einer Ton- oder Fernsehaufnahme.
2. Bei der Synchronisation: ein Filmabschnitt von 10 bis 30 Sekunden, der isoliert geprobt und synchronisiert wird.
3. Bei den Nachrichtenagenturen (auch „Teil"): die Portion, nach der die Agentur einen längeren Bericht unterbricht, um ihn mit neuem Kopf („Bundestag 2") wieder aufzunehmen – entweder gleich danach oder nachdem aktuellere Meldungen dazwischengeschoben worden sind. Ein take hat maximal 20 Zeilen bei dpa und AP (à 65 Anschläge = 160 Wörter), 22 Zeilen bei Reuters.
4. Eine Bildschirmseite.

Teleprompter, auch Autocue, Abspannroller: im Fernsehen ein Lesegerät (unterhalb des Objektivs der Fernsehkamera), dessen Geschwindigkeit vom Sprecher gesteuert werden kann. Es heißt Teleprompter, wenn es sich um ein Papierlaufband, und Autocue, wenn es sich um eine Laufschrift auf einem *Monitor* handelt. Vgl. *Neger* (2).

Teleskopie Die Ermittlung der Einschaltquoten beim Fernsehempfang, verwandt mit der *Media-Analyse.*

Teletext Das in Österreich gebräuchliche Wort für *Videotext.*

Tertia Bei Überschriften im Bleisatz: der Schriftgrad von 16 Punkten.

Text

1. In der Redaktion: (a) *Lauftext,* Fließtext, (b) alles Geschriebene, i. U. zu den Bildern.
2. In der Anzeigenabteilung: der redaktionelle Platz (Text + Bild!), i. U. zu den Anzeigen.
3. Bei Überschriften im Bleisatz: der Schriftgrad von 20 Punkten.

Text anlegen: s. *anlegen.*

Tiefdruck, auch Kupfertiefdruck

1. Druckverfahren, bei dem die druckenden Stellen der Druckform tiefer liegen als die nicht druckenden: Winzige Näpfchen werden in Kupfer geätzt oder graviert; nur in ihnen bleibt die druckende Farbe zurück.
2. In der Kunst: die Radierung.

Tischredakteur In manchen Red.: der Redakteur im engeren Wortsinn, der Redigierer, Überschriftenmacher, Platzdisponent; i. U. zum Reporter oder Korrespondenten. Vgl. *Produktionsredakteur.*

Titel (von lat. titulus = der Zettel an der Schriftrolle, der ihren Inhalt mitteilte):

1. Die *Überschrift,* die *Schlagzeile* (vgl. *Seitentitel, Zwischentitel)*
2. Bei Zeitungen: der „Kopf" der Seite 1
3. Bei Zeitungen mit Kopfblättern: das einzelne *Kopfblatt*
4. Bei Zeitschriften: die Titelseite, das Deckblatt, auch *cover* (Branchenjargon, den Lesern meist unbekannt)
5. Im Buchhandelsjargon: das Buch, sofern das Werk und nicht das einzelne Exemplar gemeint ist („Die drei Simmel-Titel wurden 200 000 Mal verkauft").

trailer (von engl. trail = Schleppe, Pfad) Im Fernsehen: Vorspann einer (oder Hinweis auf eine) Sendung, falls er regelmäßig wiederkehrt.

treatment Im Fernsehen: der Text, anhand dessen entschieden wird, ob ein Film gedreht werden soll. Je nach Sender ist dieser Text

- nur 1 bis 5 Seiten lang und damit eher ein Exposé
- 5 bis 30 Seiten lang und schon mit Elementen des *Szenariums.*

Türke „einen Türken bauen" Im Bildjournalismus und im Fernsehen: durch gestellte Szenen oder raffinierte Schnitte den Betrachter beeindrucken und irreführen.

Überlauf Der Teil des Textes, der auf eine andere Seite überläuft. Manche Redaktionen unterscheiden: *Überlauf* nur, wenn der Text auf die *nächste* Seite überläuft; sonst *Umlauf* (häufig bei Rückendrahtheftung; vgl. *Lumbeckverfahren, Produkt).*

Die meisten Redaktionen beginnen den Überlauf/Umlauf absichtlich mitten im Satz, um den Leser zum Weiterlesen zu verführen. Die *FAZ* läuft umgekehrt immer nur nach einem Absatz über. Im *Kölner Stadtanzeiger* sind Überläufe verboten.

Übersatz

1. Alle fertig gesetzten Texte, die in der jüngsten Ausgabe keinen Platz hatten, gleichgültig, ob sie in der nächsten Ausgabe noch verwendbar sind *(Stehsatz)* oder nicht.
2. Nur die nicht mehr verwendbaren Texte.

Überschrift, auch Titel, Rubrik, „Zeile". Sie kann aus einem, zwei oder drei Elementen bestehen:

Immer aus der

1. *Hauptzeile, Schlagzeile, headline* (oft auch *Titel* oder *Rubrik* im engeren Sinn).

Meistens ferner aus der

2. *Unterzeile*

Oft (statt der Unterzeile oder zusätzlich zu ihr) aus der unterstrichenen

3. *Dachzeile,* Kopfzeile, Kopftitel, Titelzeile, Vorzeile, Vorschlagzeile, Stichzeile, *Spitzmarke* (1).

Umbruch s. *Layout, Montage, Positionierung.*

Versalien (Sing. der Versal), auch Majuskeln: die Großbuchstaben. NATO kann man in Versalien setzen oder „gemischt": Nato (ein Versal, drei Minuskeln). Vgl. *Kapitälchen.*

Videotext (international *Teletext*) Text, der auf einen Fernsehbildschirm projiziert werden kann. V. wird von den Rundfunkanstalten angeboten und drahtlos übermittelt.

visualisieren (vom engl. visualize = sich vor Augen führen)

1. In Zeitschriften: die Veranschaulichung eines Textes durch Fotos, Fotomontagen, Zeichnungen, Schaubilder, die weit über das bloße Dazustellen von Bildern *(illustrieren)* hinausgeht. Klassische Felder der Visualisierung sind die Titelbilder von *Spiegel* und *Stern.*
2. Im Fernsehen: das Dazustellen eines Bildhintergrunds (hinter dem Korrespondenten der Kreml, hinter dem Nachrichtensprecher beim Stichwort „Mitbestimmung" ein Tisch mit sechs Hüten und sechs Helmen); im weiteren Sinn: das Ins-Bild-Umsetzen von Ideen. Vgl. *Realisator.*

Vorbau s. *Balkon*

Vorspann, auch *Motto, lead, Aufhänger:* ein (meist gefetteter, auch kursiver) Voraustext mit zwei völlig verschiedenen Funktionen:

1. In der Zeitung: eine Zusammenfassung des folgenden Lauftextes, die dessen Lektüre allenfalls entbehrlich macht (vgl. *Summary).*
2. In den meisten Zeitschriften, oft auch in Boulevardzeitungen: ein Anreißtext, der den Sachverhalt nur teilweise darlegt und auf den folgenden Lauftext Appetit machen soll. Vgl. *lead.*

Waschzettel Ein Text, der von Behörden, Parteien, Vereinen, Pressechefs zu Gunsten der Presse vorbereitet worden ist. Je kleiner die Zeitung, desto größer die Bereitschaft, Waschzettel unverändert abzudrucken; je größer die Redaktion, desto größer im Allgemeinen die Bereitschaft, Waschzettel mindestens umzuschreiben, besser noch mit eigenen Recherchen anzureichern.

Widerdruckseite s. *Schöndruckseite*

Yellow Press (nach der Schmuckfarbe gelb, die von den amerik. Vorbildern bevorzugt wurde), auch Regenbogenpresse, Soraya-Blätter (weil sie in Deutschland zur Zeit von Kaiserin Soraya aufblühten und sich an ihr emporrankten): Publikumszeitschriften, die im Preis wie auch im Niveau an der unteren Grenze des Marktes liegen.

Zeile In manchen Red. ein Syn. für die *Überschrift.* („Wir haben noch keine Zeile!")

Zeitschriften-Typen Von den Marktforschern werden unterschieden:

1. *Publikumszeitschriften* – solche, die sich *an alle* wenden: Illustrierte, Programmzeitschriften, Yellow Press. Dabei wird noch unterteilt:

a) general interest magazines – Zeitschriften, die *alles* bringen, i. U. zu den

b) Programmzeitschriften.

2. *Zielgruppenzeitschriften* – solche, die sich an einen soziologisch/demografisch bestimmbaren Teil der Bevölkerung wenden, z. B. *Eltern. (Brigitte* ist ein Grenzfall zwischen 1 und 2.)
3. *Spezialzeitschriften* – solche, die sich an den Teil der Bevölkerung wenden, der ein *Hobby* gemeinsam hat, z. B. *Tennismagazin.*
4. Fachzeitschriften *(Computerwoche)*
5. Verbandszeitschriften *(ADAC-Motorwelt)*
6. Kundenzeitschriften *(Drogerie-Journal)*
7. Werkzeitschriften

Zoom Gummilinse, Transfokator. An der Fernsehkamera: stufenlose Veränderung der Brennweite, sodass z. B. ein Detail aus dem Hintergrund groß herausgegriffen werden kann.

Zwiebelfisch Setzerjargon: Ein Buchstabe, der aus einer falschen Schrift in den Text geraten ist.

Zwischenschnitt Im Fernsehen eine *Einstellung* abseits der gerade agierenden Person (eigentlich also „Zwischeneinstellung). Zwischenschnitte beleben den Ablauf und erleichtern das Schneiden.

Zwischentitel, Zwischenüberschrift: eine Überschrift im Text, zur optischen Gliederung eines längeren Artikels und als Leseanreiz.

Literaturverzeichnis

Abend, Michael
Verständliche Fernsehnachrichten. In: Straßner, Nachrichten
Arntzen/Nolting (Hrsg)
Der Spiegel. Analyse, Interpretation, Kritik. München 1977
Asmuth/Berg-Ehlers
Stilistik. Wiesbaden 1978
Ballstaedt/Mandl u. a.
Texte verstehen – Texte gestalten, München 1981
Baroth, H. D. (Hrsg)
Schriftsteller testen Politikertexte, München 1967
Baumann, Hans-Heinrich
Linguistik für den Verbraucher, München 1974
Bausinger, Hermann
Deutsch für Deutsche. Dialekte, Sprachbarrieren, Sondersprachen. Frankfurt 1972
Bayer/Seidel
Verständlichkeit („Praxis Deutsch", 7/1979)
Betcke, Bruno
Deutscher Sprach- und Stilratgeber, Rosenheim 1959
Betz, Werner
Aufs Maul geschaut. Deutsch – wie es wurde und wirkt. Zürich 1975
Bosshart, Louis
Untersuchungen von Verstehbarkeit von Radio- und Fernsehsendungen. In: Rundfunk und Fernsehen, 24 (1976)
Böttcher/Ohrenschall
Gutes Deutsch kann jeder lernen, Bad Wörishofen 1982
Braun, Peter
Tendenzen in der deutschen Gegenwartssprache, Stuttgart 1979
Breitenstein, Rolf
Die wirksame Rede, Düsseldorf 1981
Brühl, Fritz
Sprache im Hörfunk. Versuch eines Erfahrungsberichts. In: Muttersprache, 89 (1979)
Carstensen, Broder
SPIEGEL-Wörter, SPIEGEL-Worte. Zur Sprache eines deutschen Nachrichtenmagazins. München 1971

Diederich, Georg
Textgestaltung in Wirtschaft und Verwaltung, München 1977
Döhn/Klöckner
Medienlexikon, Baden-Baden 1979
Drosdowski, Günther (Hrsg)
Stilwörterbuch (Der Große Duden, Band 2)
Duve, Hans Ernst
Juristisch eindeutig und trotzdem allgemein verständlich – ein unlösbares Problem? (Vortrag auf dem Deutschen Notartag 1981)
Eggers, Hans
Deutsche Sprache im 20. Jahrhundert, München 1973
Sprachwandel – Sprachnormen – Sprachvorbilder. In: Mogge.
Einwag, Otmar
Wir aber predigen. Kritische Marginalien zur kirchlichen Sprache. Ms. o. J.
Endres, Walter
Zur Ausdrucksweise im betriebswirtschaftlichen Studium. In: Zeitschrift für betriebswirtschaftliche Forschung, 9 (1969)
Fackler, Maxim
Über uns gesagt. Kleiner Leitfaden für die Sprachpflege in der Zeitung. München 1975
Flesch, R. A.
The Art of Readable Writing, New York 1949
Früh, Werner
Lesen, verstehen, urteilen. Untersuchungen über den Zusammenhang von Textgestaltung und Textwirkung. Freiburg 1980
Ganter, Richard
Die Sprüchemacher, Reinbek 1980
Gass, Franz Ulrich
Was kommt an in Wort und Bild? Erfolgsgrundlagen werblicher Kommunikation, Darmstadt 1982
Gesellschaft für deutsche Sprache Fingerzeige für die Gesetzes- und Amtssprache, Wiesbaden 1980
Glaser, Hermann
Das öffentliche Deutsch, Frankfurt 1972
Gleiss, Alfred
Unwörterbuch. Sprachsünden und wie man sie vermeidet. Frankfurt 1981
Glinz, Hans
Der deutsche Satz, Düsseldorf 1970
Glotz/Langenbucher
Der missachtete Leser, Köln 1970
Grebe, Paul (Hrsg)
Grammatik (Der Große Duden, Band 4)

Habermas, Jürgen
Umgangssprache, Wissenschaftssprache, Bildungssprache. In: „Merkur", 4 (1978)
Hallwass, Edith
Mehr Erfolg mit gutem Deutsch, Stuttgart 1979
Hattemer, Klaus
Die Sprache als Kommunikationsmittel des Versicherers. In: „Zeitschrift für die gesamte Versicherungswirtschaft", 4 (1980)
Hennig/Huth
Kommunikation als Problem der Linguistik, Göttingen 1975
Heringer, Hans Jürgen
Verständlichkeit – ein genuiner Forschungsbereich der Linguistik? In: Zeitschrift für germanistische Linguistik, 7 (1979)
Hirsch, Eike Christian
Deutsch für Besserwisser, Hamburg 1976
Mehr Deutsch für Besserwisser, Hamburg 1979
Hirte, Werner
Besser schreiben. Eine Stilkunde für jedermann. Leipzig 1967
Jean Paul
Vorschule der Ästhetik (1804):
XIV. Über den Stil oder die Darstellung
XV. Fragment über die deutsche Sprache
Kampmann, Helmut
Sprachnormen und Zwecksprache in Zeitungsredaktionen. In: Mogge.
Kayser, Wolfgang
Das sprachliche Kunstwerk. Eine Einführung in die Literaturwissenschaft. München 1978
Klein, Heijo
DuMonts kleines Sachwörterbuch der Drucktechnik und grafischen Kunst, Köln 1979
Korn, Karl
Sprache in der verwalteten Welt, Frankfurt 1958
Koszyk/Pruys
Handbuch der Massenkommunikation, München 1981
Kraus, Karl
Die Sprache (1937), München 1969
Krautmann, Axel
Zur Analyse von Verständlichkeitsproblemen bei der Gestaltung von Gebrauchsanleitungen (Beiträge zum Produkt-Marketing, Band 10)
Küchenhoff, Erich u. a.
Die Darstellung der Frau und die Behandlung von Frauenfragen im Fernsehen, Stuttgart 1975

Langer/Schulz/Tausch
Verständlichkeit in Schule,Verwaltung, Politik, Wissenschaft. München 1974
La Roche, Walther von
Einführung in den praktischen Journalismus, München 1980
La Roche/Buchholz (Hrsg)
Radio-Journalismus, München 1980
Leonhardt, Rudolf Walter
Das Deutsch des deutschen Fernsehens. Die ärmliche Sprachschule der Nation. In: „Die Zeit", 5. 12. 1980
Lichnowski, Mechthilde
Worte über Wörter, Wien 1949
Mackensen, Lutz
Gutes Deutsch in Schrift und Rede, Reinbek 1968
Maier, Hans
Sprache und Politik, Osnabrück 1977
Maletzke, Gerhard
Ziele und Wirkungen der Massenkommunikation, Hamburg 1976
Meyer, Werner
Journalismus von heute, Percha 1980 ff.
Mittelberg, Ekkehard
Wortschatz und Syntax der Bildzeitung, Marburg 1971
Mogge, Birgitta (Hrsg)
Die Sprachnorm-Diskussion in Presse, Hörfunk und Fernsehen. Stuttgart 1980
Möller, Georg
Praktische Stillehre, Leipzig 1968
Moser, Hugo (Hrsg)
Sprachnorm, Sprachpflege, Sprachkritik. Düsseldorf 1968
Neue Zürcher Zeitung:
Sprachlich-technisches Vademecum, 1971 ff.
Oberländer/Reinhardt
Presse-Sprache, Stuttgart 1971
Peisl/Mohler (Hrsg)
Der Mensch und seine Sprache, Frankfurt 1979
Rath/Brandstetter
Zur Syntax des Wetterberichts und des Telegramms, Mannheim 1968
Rauter, E. A.
Vom Umgang mit Wörtern, München 1980
Ratzke, Dietrich
Handbuch der Neuen Medien, Stuttgart 1982
Reiners, Ludwig
Stilfibel, München 1971
Stilkunst. Ein Lehrbuch deutscher Prosa. München 1976

Renckstorf, Karsten u. a.
Zur Wirkung von Darstellungsformen in Fernsehnachrichten, Berlin 1981

Reuters
Style Book, Bonn 1981

Riesel, Elise
Der Stil der deutschen Alltagsrede, Leipzig 1970

Rost, Walter
Deutsche Stilschule, Hamburg 1960

Ruge, Peter
Praxis des Fernsehjournalismus, Freiburg 1975

Sanders, Willy
Linguistische Stiltheorie. Probleme, Prinzipien und moderne Perspektiven des Sprachstils. Göttingen 1973

Saur, Karl-Otto
100 x Fernsehen und Hörfunk, Mannheim 1978

Schirm, Rolf W.
Kürzer, knapper, präziser. Der neue Mitteilungsstil moderner Führungskräfte. Düsseldorf 1970

Schlemmer, Johannes
Über die Verständlichkeit des gesprochenen Worts im Hörfunk. In: Rundfunk und Fernsehen, 16 (1968)

Schneider, Wilhelm
Ausdruckswerte der deutschen Sprache. Eine Stilkunde. Darmstadt 1968
Stilistische deutsche Grammatik, Freiburg 1969

Schneider, Wolf
Wörter machen Leute. Magie und Macht der Sprache. München 1976

Schopenhauer, Arthur
Über Schriftstellerei und Stil (Kap. XXIII der „Parerga und Paralipomena", 1851)

Schramm/Roberts (Hrsg)
The Process and Effects of Mass Communication, Chicago 1971

Schult/Buchholz (Hrsg)
Fernsehjournalismus, München 1982

Schulz/Enkemann u. a.
Verständlich informieren. Ein Trainingsprogramm für Schüler. Freiburg 1975

Schwarze, Christoph
Sprachpflege – Sprachkritik – Spracherziehung. Thesen und Empfehlungen zum Sprachgebrauch in den Medien. In: Mogge

Seibicke, Wilfried
Wie schreibt man gutes Deutsch? Eine Stilfibel. Mannheim 1969

Seidler, Herbert
Allgemeine Stilistik, Göttingen 1971
Seiffert, Helmut
Stil heute. Eine Einführung in die Stilistik. München 1977
Sowinski, Bernhard
Deutsche Stilistik, Frankfurt 1973
Stave, Joachim
Wörter und Leute. Glossen und Betrachtungen über das Deutsch in der Bundesrepublik. Mannheim 1968
Steiner, George
Klasse, Kind, Geschlecht und Sprache. In: „Merkur" 4 (1978)
Sternberger/Storz/Süskind
Aus dem Wörterbuch des Unmenschen, Hamburg 1968
Stickel, Gerhard
Untersuchungen zur Negation im heutigen Deutsch, 1970
Stock/Zacharias
Deutsche Satzintonation, Leipzig 1971
Storz, Gerhard
Laienbrevier über den Umgang mit der Sprache (1937)
Straßner, Erich
Niveau und Verständlichkeit von Texten in Hörfunk und Fernsehen (Vortrag im Bayerischen Rundfunk, 1975)
Sprache in Massenmedien. In: Althaus/Henne (Hrsg), Lexikon der germanistischen Linguistik, Tübingen 1980
Straßner, Erich (Hrsg)
Nachrichten. Entwicklungen – Analysen – Erfahrungen. München 1975
Süskind, W. E.
Vom ABC zum Sprachkunstwerk, Stuttgart 1953
Teigeler, Peter
Verständlichkeit und Wirksamkeit von Sprache und Text, Stuttgart 1968
Satzstruktur und Lernverhalten, Bern 1972
Tern, Jürgen
Der kritische Zeitungsleser, München 1973
Thiekötter, Friedel
Autor, Text und Leserinteresse. Düsseldorf 1974
Thomas, M. W. (Hrsg)
Porträts der deutschen Presse. Berlin 1981
Wagenschein, Martin
Verstehen lehren, Weinheim 1968
Weigel, Hans
Die Leiden der jungen Wörter. Ein Antiwörterbuch. Zürich 1974

Weizsäcker, C. F. von
Sprache als Information. In: Sprache und Wirklichkeit, München 1967
Wember, Bernward
Wie informiert das Fernsehen? München 1976
Winkler, Christian
Die Klanggestalt des Satzes. In: Der Große Duden, Band 4, S. 637 – 666
Wustmann, Gustav
Sprachdummheiten, Berlin 1966
Zimmer, Dieter E.
Trends und Triften in der deutschen Gegenwartssprache. In: „Die Zeit", 17./24. 4. 1981
Zimmermann, H. D.
Die politische Rede. Der Sprachgebrauch Bonner Politiker. Stuttgart 1969

Namen- und Sachregister

Kursiv gesetzt sind (1) Wörter der deutschen Sprache, die im Text kritisch betrachtet werden, und (2) unter den journalistischen Fachausdrücken die Jargonwörter, die im Duden entweder nicht oder mit einer anderen Hauptbedeutung verzeichnet sind (z. B. *covern, Neger).*